KB269008

고구려 성곽

간도의 용두레 우물에 묻힌 고구려 성곽

초판 인쇄 2011년 1월 31일
초판 발행 2011년 2월 10일

지 은 이 김호림
펴 낸 이 최종숙

책임편집 이태곤
편   집 오수경 · 임애정
디 자 인 안혜진
마 케 팅 문택주

펴 낸 곳 글누림출판사 / 서울시 서초구 반포4동 577-25 문창빌딩 2층
전   화 02-3409-2055 FAX 02-3409-2059
이 메 일 nurim3888@hanmail.net
홈페이지 http://www.geulnurim.co.kr
등   록 2005년 10월 5일 제303-2005-000038호

ⓒ 김호림 2011

정가 24,000원

ISBN 978-89-6327-107-1 03910

간도의 용두레 우물에 묻힌

고구려 성곽

김호림 지음

연변, 그곳에는 고구려가 있었다

　내가 살던 고향마을인 연길의 소영자가 바위벼랑 기슭의 옛 무덤 때문에 유명하다는 사실을 십여 년 전 평양에서 연수할 때 우연히 「노동신문」에 실린 기사를 통해 알게 되었다. 그때 북한 학자들은 그들이 복원한 대동강변의 '단군릉'에서 '단군'의 인골이 5천년 후에도 발견될 수 있다는 근거를 '소영자'에서 찾고 있었다. 이 기사는 소영자에 석기시대의 인골이 여전히 남아 있었다는 사실을 역설했다.

　나는 소영자에서 반세기 넘어 살아온 부친이 소영자를 잘 모르고 있었다는 사실도 이때 처음 알게 되었다. 놀랍게도 연변의 많은 사람들이 부친처럼 고향의 산과 물에 담긴 옛 역사를 거의 모르고 있었다. 연변 이주민 좌표계로 되는 '용정龍井' 즉 '용드레우물'과 구리불상이 발견되었다고 해서 생긴 지명인 '동불사銅佛寺'도 실은 천 년 전 역사의 오랜 흔적이다. 19세기 후반 한반도에서 배달민족이 남녀부대 쪽박 차고 두만강을 건너기에 훨씬 앞서 연변은 선인先人들의 삶의 현장이었던 것이다.

　이런 유적들을 답사하고 기사화해서 나뿐만 아닌 여러 사람들의 궁금증을 함께 풀고 싶은 욕심은 그때부터 무시로 일어났다. 그러나 이런 유적은 연길에만 해도 수십 개나 되는 등 그야말로 부지기수여서 도대체 어디서부터 손을 대야 할지 막막했다.

3년 전 한국 「평화문제연구소」에서 연변 고구려 성곽 답사 프로젝트 진행을 맡아줄 것을 제안했다. 정말이지 갈림목에서 허둥지둥하는 길손에게 인도자가 나선 셈이었다. 그런데 정작 시작하고 보니 답사과정에서 풀어야 할 과제가 한두 개가 아니었다.

길림성 고대유적의 자료내원은 이미 주요하게 공개 발표된 일부 조사보고를 제외하고 대부분 길림성의 각 현과 시 문물지文物志에 의거하고 있다. 이에 따르면 지금까지 연변지역에 알려진 크고 작은 고대 성곽은 약 120개에 달한다. 현재 돈화시는 연변지역에 포함되어 있으나 그 전에는 다른 고장이었다. 유적의 분포를 보아도 안도현 동쪽과는 갈래가 전혀 다르다. 따라서 연변지역의 유적 가운데 돈화에 소속된 15개의 성곽을 포함시키지 않더라도 고대 성곽은 100여 개나 된다. 그러나 이중에 고구려 성곽이 확실하게 몇 개나 되는가에 대해서는 한국, 북한, 일본 등의 주변국은 물론 소재국인 중국에서도 주장이 엇갈리고 있다. 일례로 각 현과 시 문물지를 기초로 편찬한 「중국문물지도집 · 길림분책中國文物地圖集 · 吉林分冊」이 확정한 연변지역의 고구려 성곽은 연길 북쪽의 흥안고성과 동쪽의 성자산산성 두 개 뿐이다.

연변지역의 고구려 성곽에 대해서 이렇게 혼선을 빚는 까닭은 많은 성곽에서 딱 부러지게 고구려 시기라고 할 수 있는 유물이 잘 나오지 않기 때문이다. 그렇다고 이런 성들을 전부 발해 시기나 그 후의 시기로 보는 것도 문제가 아닐 수 없다. 왜냐하면 한반도의 고구려 유적에도 고구려 기와 등이 전혀 보이지 않는 성과 보루들이 적지 않기 때문이다.

문헌기재에 따르면 고구려 세력은 책성柵城을 설치하여 북옥저지역을 통제할 정도로 오래 전에 지금의 연변지역에 이르렀다. 668년 고구려가 멸망한 직후인 698년부터 이곳은 또 새로 설립된 발해국의 통치 지역이었다. 고구려와 발해 두 조대의 시간적인 차이는 너무 짧기 때문에 고구려와 발해 두 시기의 문화특점은 구분하기 힘들다. 그래서 연변지역의 각 현과 시 문물지에서 많은 성곽이 발해성곽과 요·금 시기의 성곽으로 판정되고 있다.

「연변문물간편延邊文物簡編」에서는 "무릇 돗자리무늬와 그물무늬, 노끈무늬가 함께 출토된 유적은 고구려 유적으로 서술해야 한다"는 기준을 세우고 있다. 여기에서 서술한 그물무늬는 네모무늬라고도 한다. 상기 무늬 중 그물무늬와 노끈무늬의 기와는 통상 고구려 유적지에서 많이 볼 수 있다. 이밖에도 성곽의 위치와 특이한 지세, 축성구조, 부근의 유적과 유물 역시 고구려 유적을 판정하는데 묵과할 수 없는 부분이다. 이런 요소를 감안하면 연변지역의 고구려 성곽은 기존의 수량을 훨씬 벗어난 약 50개에 달한다. 연변이 일찍 동명왕 10년B.C.28년에 고구려의 세력권에 들어간 지역이라면 가히 수용할 수 있는 숫자라고 생각한다.

솔직히 연변지역의 고구려 유적 답사는 자료수집 뿐만 아니라 답사 자체가 아주 어려웠다. 필자가 살고 있는 북경에서 연변조선족자치주 수부 연길까지는 약 1,500킬로미터 길이다. 3년 반 남짓한 시간동안 땅으로 하늘로 이 길을 다녀온 게 거의 스무 차례, 그러니 연길까지만 무려 7만 킬로미터를 왕복한 셈이다. 일부 성곽은 국경지역 혹은 유적 발굴 현장이어서 중앙언론사의 기자 신분으로도 접근 자체가 어려워 많은 곡절을 겪어야 했다. 또 어찌어찌하여 고구려가 민감한 문제로 비화되면서 연변 현지에서 '고구려'라는 이름을 거론할 때면 상대방의 눈치를 살펴야 했다. 현지의 일부 학자는 고구려 성곽을 답사한다고 하자 아예 만나는 것조차 기피했다. 여태껏 연변지역 전부의 고구려 유적과 관련한 전문적인 글이 나오지 못한 이유를 이때 비로소 조금 알 것 같았다.

답사를 하며 고대유적의 현주소를 확인하는 과정에서 문헌기록에 없는 일부 성곽을 찾아 처음으로 문자화 할 수 있었고 성곽에 숨은 옛 기억을 찾을 수 있었으며 또 일부 특이한 유적이나 유물을 발견하여 처음으로 기록할 수 있었던 점이 지금도 가슴을 뿌듯하게 한다. 따분하고 고달픈 답사에 재미를 주던 부분이 이게 아니었던가 한다.

답사기들은 「평화문제연구소」의 정기 간행물인 월간 「통일한국」의 코너 '고구려탐방'에 게재되었으며 중국의 조선문 간행물 「연변일보」, 「중국민족」 등에 일부 전재되었다. 기사들을 책으로 묶으면서 상당 부분을 학자들의 지적과 2, 3차의 재답사 등에 따라 보완, 수정했다. 그럼에도 미숙한 점이 적지 않으리라고 생각하며 여러분들의 조언과 비평을 머리 숙여 겸허히 받아들이고자 한다.

이 지면을 빌어서 "고구려 유적 답사"를 제안하고 또 제일 든든한 후원자가 되어준 「평화문제연구소」와 답사의 전반 과정에 걸쳐 가르침을 주신 연변대학 발해연구소 전 소장인 방학봉 교수님, 물심양면으로 도와주신 용정시 오정묵 의원님, 연변대학 고경수 교수님…… 그밖에도 일일이 거명할 수 없는 많은 지인과 친구들에게 진심으로 고맙다는 인사를 드린다.

이 답사기가 역사를 사랑하고 고구려를 사랑하며 연변을 사랑하는 사람들에게 작은 도움이라도 되었으면 하는 바람이다.

2011년 새해, 북경에서

천지와 고구려장성

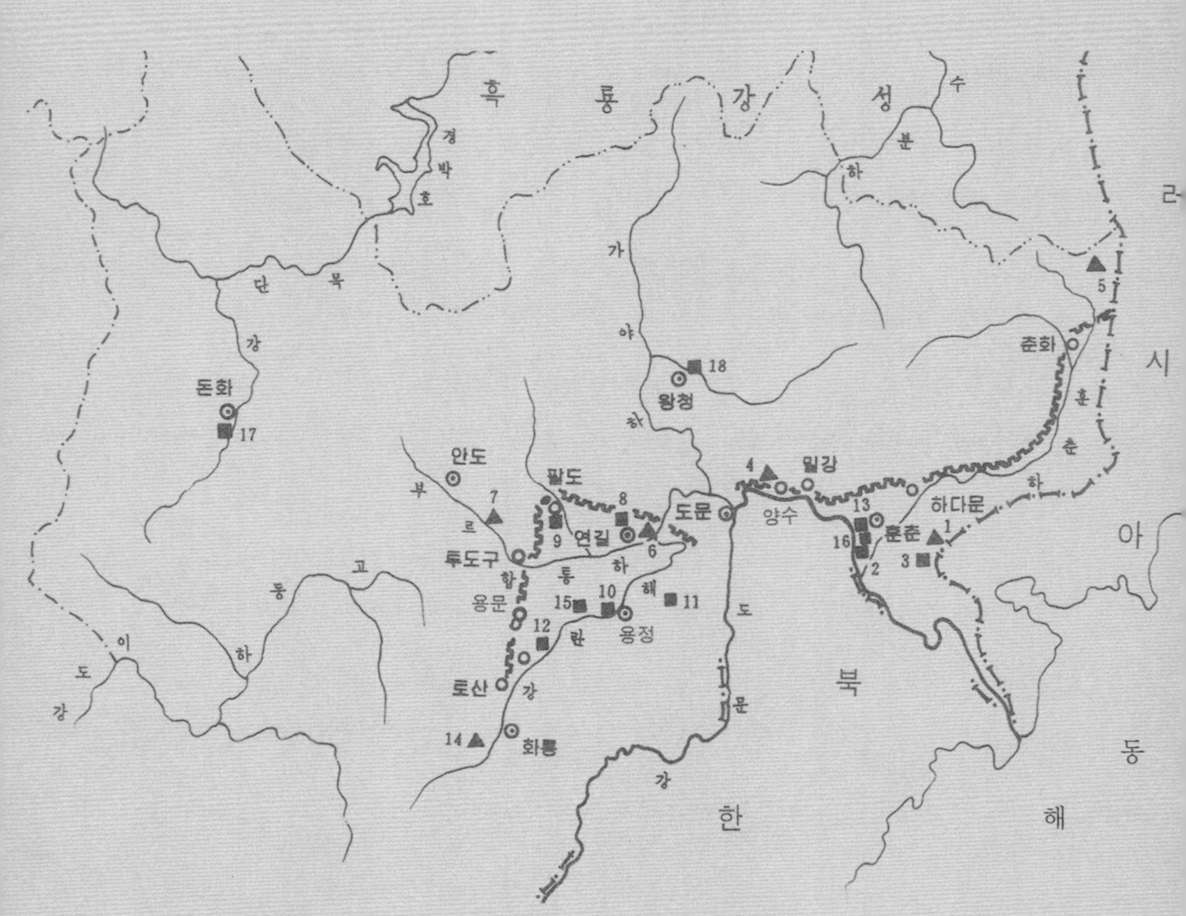

흑 룡 강 성
수
분
하
경박호
가
야
하
단
목
러
시
춘화
5
돈화
17
왕청
18
훈춘하
안도
팔도
4 밀강
하다문
부
르
7
9 연길
8
도문
양수
13
1
16 훈춘
투도구
6
2
3
함
통
하
해
동
하
용문
15 10
11
12 란
용정
도
14 화룡
로산 강
문
북
강
한
이
도
강
고
동 해

백두산 천지에 있는 천년의 '괴물'

답사일정을 미리 짜놓았지만 막상 연길에 도착하자 백두산 천지가 답사의 첫 순위로 바뀌는 이변이 생겼다. 천지에 '괴물'이 나타났다고 현지에서 한창 법석을 놓고 있었던 것이다. 어쩌면 뜻하지 않은 행운이 때를 맞춰 현지에서 기다리고 있는 것 같았다. 동행자들과 합의를 보고 먼저 백두산 쪽으로 차머리를 돌렸다.

백두산 천지의 '괴물'은 근년에 부쩍 세간의 화제가 되고 있지만 그렇다고 새삼스런 이야기는 아니다. 백두산의 제일 권위적인 문헌으로 알려져 있는 중국의 <봉천통지奉天通志>, <장백산지長白山志>, <장백회정록長白滙征錄> 등에는 모두 '괴물'의 기재와 서술이 있다. 지금까지 수집된 이런 천지 '괴물'의 목격기록은 무려 20여 종에 달한다. 이런 설법의 이유는 모두 충분하지는 않지만 인간의 원초적인 탐험의 욕구와 전설의 현장에서 기우奇遇를 바라는 심리를 매콤하게 자극하는 것이다.

▲ 백두산 비탈의 봇나무

　연길에서 백두산 기슭의 북쪽 산문^{山門}까지는 승용차로 불과 세 시간 정도밖에 걸리지 않았다. 매표소에서 티켓을 사면서 하늘을 유유히 헤엄치는 흰 구름을 우러러 풍백^{風伯}과 우사^{雨師}에게 꾸벅 절이라도 올리고 싶은 심정이었다. 그러나 산을 오르는 사이 어디선가 안개가 천군만마처럼 밀려와 산정을 덮어버렸다. 거짓말처럼 잠깐 사이에 벌어진 일이었다. 말로만 듣던 백두산의 기이한 풍운조화였다.

　천문봉^{天文峰}에 오르니 산봉우리 사이로 운무가 오락가락 넘나들고 있었다. 천지는 자오록한 운무에 잠겨 흡사 깊이를 모를 거대한 나락을 방불케 했다. 보아하니 백두산이 '괴물'의 정체를 감추려고 작심을 한 것 같았다. 솔직히 천지호반 등정을 타깃으로 삼았지만 그렇다고 꼭 '괴물'을 볼 수 있다고 생각한 것은 아니었다. 하지만 천지호반의 안개처럼 뽀얗게 피어오르는 실망을 덮어 감출 수는 없었다.

▲ 구름과 안개가 자욱한 백두산 천지

정말이지 이 불가사의한 '괴물'이 수수께끼 같은 존재가 되어 사람들을 천지호반으로 유혹하지 않나 싶었다. 또 이 '괴물'이 무언가 메시지를 주고자 세상에 등장했을 지도 모른다는 생각이 번갈아들었다. 백두산 역시 성산이냐 아니냐를 두고 '괴물'처럼 논란에 잠겨 있기 때문이다.

<고기古記>에 이르기를, "옛날 환인桓因이 서자庶子 환웅桓雄에게 천부인天符印 3개를 주어 세상을 다스리게 하였다. 환웅이 무리 3,000명을 거느리고 태백산太伯山 마루의 신단수神壇樹 아래에 내려와 그곳을 신시神市라고 이르니 그가 곧 환웅천왕桓雄天王이다." 라고 하였다.

이처럼 한국의 고대문헌에서 백두산에 관한 기록은 태백산의 이름으로 처음 나타나며 백두산이라는 명칭은 <고려사>에서 "압록강 밖의 여진족을 쫓아내어 백두산 바깥쪽에서 살게 했다"고 하는 등 일부 문헌에 잠깐 얼굴을 보일 따름이다.

그건 그렇다 치고 백의겨레가 백두산을 민족의 발상지로 간주하고 성지로 삼았다면 백두산 주변에는 성소가 될 사당이나 사찰이 있었을 것이며 또 역대 왕이나 성인들이 무시로 이곳을 찾아 국태안민을 기원하였을 것이다. 한반도에는 예로부터 단군을 기려온 여러 사적들이 남아 있으며 단군을 모시고 있는 사당도 무려 100여 개나 된다지 않는가. 그러나 백두산 주변에는 그러한 흔적이 남아 있거나 전해지는 이야기가 별로 없다.

이로부터 일부 학자들은 백두산이 한민족의 "조종의 산"이라는데 반기를 들고 있다. 고고학적인 견지에서 볼 때 이 주장은 한낱 지어낸 거짓말이라는 것이다. 문헌기록에 따르면 백두산은 조선왕조 후기에 이르러서야 왕실의 발상지를 상징하는 성산으로, 또 한민족의 독립정신을 상징하는 영산으로 숭앙을 받았다는 것이다.

오히려 백두산을 장백산이라고 부르는 중국에서는 만주족의 시조 전설이 둥지를 틀고 있다. 이에 따르면 하루는 삼선녀三仙女가 백두산 동쪽의 부쿠리산布庫里山 기슭 호수에 내려와 목욕을 했는데, 갑자기 까치가 나타나 붉은 과일을 떨어뜨려 이 과일을 막내가 먹었으며 그가 태기를 느껴 낳은 아이가 바로 애신각라愛新覺羅요, 이 애신각라가 건주여진의 시조로 되었다는 것이다.

문헌기재에 따르면 여진인은 금나라를 세운 후 백두산을 "흥망지지興亡之地"로 간주, 선후로 "호국령응왕護國靈應王", "개천굉성제開天宏聖帝"로 봉하며 사찰을 세우고 해마다 제사를 지냈다고 한다. 2000년 여름, 천지호반의 돌 제단 유적에서 "태백의 신太白神"이라는 의미의 여진문자를 새긴 옛 돌비석이 발견되기에 이른다.

"잠꼬대 같은 소리네. 지금까지 믿어온 게 남의 성산이라니?" 일행 중 누군가 화를 내듯 언성을 버럭 높인다.

"그럼 백두산은 우리와 별로 상관없는 산이란 말인가?"

보아하니 일행은 마음 한구석에 뭔가 막혀 있는 것처럼 시원치 않다는 반응이었다. 하긴 백두산이 "조종의 산"이라는 건 단군 이래의 깨뜨릴 수 없는 철칙으로 알고 있었으니 그야말로 마른하늘에 내린 날벼락과 같은 이야기렷다. "백두산이 무너지고 동해바다가 메워진다"는 성어는 바로 이런 장면을 두고 생긴 말이 아닐까……

잠깐 짚고 넘어가야 할 대목이 있다. 약 1,000년 동안 고려나 조선시기의 강역은 두만강 밖까지 미치지 못했기 때문에 백두산이 국경 밖에 위치하고 있었다는 점이다. 하지만 조선 숙종肅宗시기의 <승정원일기承政院日記>에서 영의정 홍명하洪命夏가 국왕에게 "백두산은 오랑캐의 땅에 있지만 실은 우리나라 산과 강의 조상입니다"라고 아뢰었다는 기록이 나타나듯 한반도의 산들이 백두산에서 기원되었다는 지리인식은 오래전부터 깊숙이 자리잡고 있었다. 백두산은 만주 땅에서 단연 으뜸으로 꼽히는 고봉으로, 주변 여러 민족이 너나없이 모두 숭앙하는 성산이다.

말하다 보니 백두산이 한민족의 성산이 되는 이유를 억지로 찾는 것 같아 도리어 씁쓸한 기분이었다. 설명을 듣는 일행 역시 저마다 생감을 씹은 표정이다. 당장이라도 그게 무슨 허접스런 이야기이냐고 질타를 폭포처럼 쏟아 부을 듯이.

이런 논란을 잠재울만한 증거물이 얼마 전 수면 위로 부상했다. 백두산 지역에서 고대 대형 제사유적이 처음으로 발견된 것이다. 2008년 백두산 북서쪽으로 72km 떨어진 길림성 무송현撫松縣 만량진萬良鎭 해발 900m

지점에서 돌로 축조한 6개의 방형 제단과 2개의 원형제단을 비롯하여 우물과 비석 등 고대 제사유적이 대량 발굴되었다. 방형제단은 동남쪽으로 백두산을 바라보고 일렬로 배치되었으며 이 부근에 대형 원형 제단이 있었다는 것이다. 그동안 천지 부근에서 여진족의 임시 제단을 발견한 적은 있지만 이 같이 대형 제사유적이 백두산 지역에서 대거 발견된 것은 이번이 처음인 걸로 알려진다.

만량진에서 발견된 이런 방형과 원형 제단 그리고 내몽고 홍산紅山문화의 방형과 원형 제단, 길림성 통화通化시 여명黎明문화의 방형과 원형 제단 등 단군시기로 추정되는 제단은 여러 곳에 존재한다. 이중 일부는 백두산 지역과 멀리 떨어진 내몽고와 요녕성에 위치한다. 이런 방형과 원형 제단은 연속성이 있을 수 있다는 게 학자들의 공통된 의견이다. 이런 유적의 발견은 한민족의 이동경로에 따라 어느 한곳이 아닌 정착하는 곳마다 민족의 설화를 계승하여 여러 곳에 태백산이 존재했을 가능성을 현실화하고 있다.

진짜 백두산이 고구려 때 성산으로 추앙받은 흔적은 천지호반에 남아 있다고 한다. 북한 학계에 따르면 1956년, 천지에서 흘러나오는 승사하乘槎河의 어구에서 고구려 특유의 붉은색 기와가 약 100장 발견되었다는 것이다. 이렇듯 높은 지대에 있은 대량의 기와는 백두산 혹은 백두산을 매개로 한 천신 제사를 위한 사당 건축용 재료인 걸로 추정할 수 있다. 그러나 백두산은 발해가 멸망한 직후인 서기 946년과 947년 각각 대규모로 폭발했다. 당시 화산폭발지수는 인류가 역사기록을 남긴 지난 수천 년 간 가장 컸던 것으로 추정된다. 그때까지 백두산 정상부에 다다소소 유적이 있었더라도 전부 훼손되었을 가능성을 보여주는 부분이다. 게다가 중국 측 문헌에도 상기내용이 등장하지 않아 북한 측의 주장은 다소 신빙성이 떨어진다.

또 백두산을 배경으로 삼은 여진족의 시조 신화에도 한민족의 낙인이 찍혀있다

▲ 백두산 천지

는 주장이 대두하고 있다. <청태조무황실록靑太祖武皇實錄>에 따르면 백두산 꼭대기에 있는 둘레 80리의 못은 달문達門이라고 불린다. 한자어의 통할 달達, 드나들 문門은 모두 만주어에서 성씨를 가리키는 말이며 정작 만주어에서 '깊은 물'이나 '못'을 뜻하는 'tunggu'는 '달문'의 발음과 연관을 찾기 힘들다. 흥미로운 것은 달達이라는 이 낱말이 일찍 고조선 때부터 나타나고 있으며 고구려 때에 이르러서는 옛 지명에서 자주 등장한다는 점이다. 달達은 '산'이나 '높은 곳'의 뜻을 나타내던 옛날 말의 하나인 '다라'의 이두식 표기이다. 유감스럽게도 이런 옛날 말은 <삼국사기>와 <삼국유사> 등의 문헌을 통해 불과 100개 정도만 전해질 따름이며 이중에 '문門'자는 그림자도 보이지 않는다. 그러나 문門 역시 달達과 함께 옛날 말이었다고 한다면 '達'의 국어 한자음이 '들'이기 때문에 '門'의 국어 한자음도 모음조화법칙에 따라 '모/몬/몰/못'이었으리라는 추정을 할 수 있다. '달문'은 결국 '달모→달몬→달못'이며, '達門'은 옛날 말인 '달못'의 발음을 따온 만주어의 한자 표기일 가능성이 크다는 이야기이다. 한국어와 만주어 등 북방민족의 언어에는 서로 음차音借하여 동일한 한자 어휘로 표현되는 경우가 적지 않

다. 혼인한 두 집의 어버이나 친족이라는 의미의 어휘 '사돈査頓'이 바로 제일 쉬운 사례의 하나이다. 한국어와 만주어 등 북방민족의 언어는 서로 인친姻親으로 맺어진 '사돈'인 것이다.

▲ 천지 폭포

"야호"하는 주위의 떠들썩한 소리가 갑자기 돌멩이처럼 날아와 일행의 얘기를 중동무이한다. 마침 짙은 안개가 바람에 가시고 천지가 한 폭의 그림처럼 시야에 떠오르고 있었던 것이다. 하지만 아쉽게도 이 황홀경은 사람들의 환성이 공기 속으로 흩어지기도 전에 홀연히 운무 뒤로 자취를 감춘다. 선민의 자취가 비껴있는 천지는 그야말로 신비한 '괴물'의 이야기처럼 알지 못할 아쉬움을 품고 있는 것 같았다.

그러고 보면 천지에서 괴물 목격담이 자주 출현하는 게 무슨 의미가 있는 일 같기도 하였다. 후세 사람들을 고대 미지의 세계 탐험으로 부르는 신령스런 백두산의 손짓일지 모른다는 생각이 들었다.

고구려장성, 삼백리를 이은 천년의 미스터리

　사람들은 장성하면 십중팔구는 진시황이 쌓았고 명나라 때 보수했다는 만리장성을 뇌리에 떠올린다. 발해 기슭의 산해관山海關에서 서북지역의 가욕관嘉峪關까지 장장 6천 킬로미터 정도 이어진 만리장성은 우주선에서도 육안으로 보이는 인공축조물이라는 소문을 낳을 만큼 이름이 자자한 고대유적이다.

　하지만 막상 천리 밖의 연변에서 만리장성은 세상 저쪽의 이야기나 다름없다. 그러니 장성이 바로 마을 뒷산에 있다는 건 황당한 엽기 자체로 비쳐진다. 연길 동북쪽의 광흥廣興촌에서 만난 왕씨 성의 촌민은 아예 살다가 별꼴 다 보겠다는 기색이었다.

　"아니, 그게 어떻게 우리 마을에 있지요?"

　수림에 들어가서 비늘 달린 물고기를 찾고, 강물에 들어서서 네 발 가진 짐승을 찾는 사람을 만나면 그런 표정을 지을까 싶다.

우리는 잠깐 할 말을 잃고 농가 마당에 어정쩡하니 서있었다. 북산 꼭대기에 둔덕처럼 높이 솟은 봉화대가 무덤덤하게 마을을 내려다보고 있었다. 봉화대에 철심처럼 박혀있는 송신탑은 천 년 전 하늘에 뭉게뭉게 피어오르던 연기를 세상 저쪽으로 말끔히 밀어버리고 있는 것 같았다.

▲ 연길 동북쪽 소돈대에서 본 장성터

문물지文物志를 비롯한 문헌기록에 따르면 연길 지역의 옛 장성은 서북쪽 팔도八道향의 쌍봉산雙鳳山과 태암台巖촌 부근의 평봉산平峰山, 동북쪽의 청차관淸茶館을 거쳐 바로 도문시 장안長安진의 이 광흥촌 북산을 지난다. 이 옛 장성은 만리장성과 천리 너머 떨어진 것은 물론이요, 형태도 전혀 달라 아무런 연관이 없는 것으로 알려진다. 또 잔존한 성벽의 상당부분은

길게 뻗은 흙무지나 돌무지 정도로 오인을 받기
십상이다. 그래서인지 마을사람들은 봉화대면
몰라도 장성이 있다는 말은 난생 처음 듣는다는
것이다.

▲ 연길 서북쪽 평봉산의 장성 흔적

"혹여나" 하고 우려되었지만 장성의 흔적은
의외로 적지 않았다. 0.5~1미터 높이의 토성이
군데군데 끊어지기는 했지만 산등성이를 따라
마을 동쪽 끝머리의 욕지산浴池山까지 이르고 있
었던 것이다. 욕지산 산정에는 아직도 옛 초소
자리와 건물자리가 온전하게 남아 있었다. 성벽은 동쪽으로 부르하통강
을 건넌 후 더는 보이지 않고 계림鷄林 북산의 봉화대에서 맥이 끊어지고
있었다.

화룡시 서성西城의 이도구二道溝에서 시작되는 것으로 알려진 옛 장성은
이처럼 연길 동쪽의 하룡河龍촌 부근에서 끝나며 전 구간을 걸쳐 무려 3
백리150km에 달한다. 현지 일부 산악인들은 계림 북산부터 도문시 월청진
月晴鎭 삼동三洞부근에 이르는 산등성이에서 10여 개의 봉화대와 토성 등
고대유적을 발견하고, 이를 장성의 동쪽 연속이라 주장하고 있다. 우연한
일치일까, 이전에 밀수꾼들은 북한과 중국을 왕래할 때 바로 이 산등성이
를 타고 다녔다고 한다. 먼 옛날에도 이곳에서 두만강 기슭까지 통하는
오랜 교통로가 있었을 가능성을 보여주는 대목이다. 혹여 산악인들의 이
발견은 연변장성의 전모를 밝히는데 열쇠가 될지도 모른다.

각설하고, 현지에서 장성이 있다는 것을 알고 있는 사람은 학자나 일부 산악인을 제외하고도 적지 않았다. 용정시 세린허細鱗河촌에 살았던 김무석 씨가 바로 그 중의 한 사람이다. 그는 어릴 때 마을 노인들로부터 뒷산에 있는 토성이 바로 장성이라고 귀에 못이 박힐 정도로 들었다고 한다. 언제인가 밭을 만들면서 토성을 파보았다던 노인에 따르면 토성은 속에 풀 따위가 섞였으며 흙벽돌처럼 꽁꽁 다진 자국이 선명하더라는 것이다. 판축版築한 것으로 보이는 이런 토성은 산등성이를 타고 마을 북쪽의 동불사銅佛寺 쪽으로 갔으며 초겨울 나뭇잎이 다 떨어지면 산 위에 토성의 윤곽이 아주 선명하게 드러났다고 한다. 잠깐 짚고 넘어가야 할 점은 동불사의 장성이 관선官船과 사수泗水 지역을 지나 팔도로 이어진다는 것이다. 그가 말한 '토성'이 바로 옛 장성 줄기의 일부라는 점을 확인시켜 주는 부분이다.

▲ 연길 동북쪽 TV송신탑 부근의 고구려장성터

　그러나 우리를 안내하여 오랜 만에 고향을 찾은 김무석 씨는 산길을 따라 오르다가 탄식을 낙엽처럼 연방 떨어뜨렸다. 이전에 땔나무 등 남벌로 벌거숭이가 되었던 산이 다시 본연의 모습으로 돌아가고 있었던 것이다. 빼곡한 수풀 속에 묻힌 장성은 그야말로 강물에 떨어뜨린 바늘 찾기나 다름없었다.

　장성은 이곳에서 이야기로 남아 있지만 그렇다고 옛 기억을 전부 지워버린 게 아니었다. 세린하 부근의 지명에 사진처럼 그대로 찍혀 있었던 것이다. 바로 서남쪽의 용정과 화룡의 접경지에 '장성촌長城村'이라고 하는 마을이다. 그러나 장성촌 서쪽의 산에도 성벽은 없고 돈대만 홀로 남아 있었다. 산꼭대기에 위치한 돈대는 수십 미터의 둘레에 높이가 3, 4미터나 되어 멀리서도 금세 눈에 띄었다. 장성의 일부 구간은 이처럼 성벽이 아닌 돈대와 망대, 봉화대 등으로 이어지고 있었다.

　장성은 장성촌에서 계속 서남쪽으로 화룡의 약수동藥水洞과 용문龍門을 차례로 지나며 이도구의 동산에 이르러서야 마지막으로 토성의 흔적을 보이고 있었다. 사실 이도구 남쪽 팔가자八家子의 서산에서도 망대 등의 군사시설이 발견되었으며 이 때문에 현지에서는 장성의 서쪽 끝머리를 팔가자 부근으로 보아야 한다는 주장이 나오고도 있었다.

　장성이라면 평지를 최대한 성안에 넣고 있는 게 특점이다. 적군에게 산을 넘어 대열을 정돈할 여지를 주지 않고 또 곡물이 산출되는 땅을 지키는 것이 목적이기 때문이다. 그런 시각에서 보면 장성이 투도頭道 벌을 품에 안은 팔가자의 서산까지 연결된다는 설도 신빙성이 없는 게 아니다.

　이러니저러니 연길, 도문, 용정, 화룡 등의 지역을 아우른 3백리의 옛

▲ 광흥북산 봉화대

장성은 지면조사에 한정되고 유물이 발견되지 않았으며 문헌적인 고증이 없었기 때문에 확실한 축성연대가 상당기간 밝혀지지 않았다. 일부에서는 발해시기 중경을 수비하기 위한 군사시설이었으며 그 후 동하국 시기에 계속 사용되었다고 주장하였다. 또 금나라시기의 장성이라는 설도 있었다. 1986년, 연변박물관 고고학자들이 청차관 부근의 장성 돈대 단면에서 목탄표본을 채집, C14 연대측정을 진행한 결과 1580±75년전^{수륜교정}으로 수치를 얻었다. 이로부터 고구려 때 축성된 장성이라는 주장이 우세하게 되었다. 연변지역은 고구려가 B·C 28년 북옥저를 정벌하고 책성을 설치하는 등 실질적인 지배를 해왔기 때문이다. 따라서 옛 장성은 고구려가 4, 5세기 북부 읍루세력의 침입을 방어하고 북옥저에서 고구려 세력의 통치와 안전을 도모하기 위해 쌓은 것으로 보인다.

솔직히 고구려 3백리의 장성은 명나라 만리장성의 거창한 규모에 전혀 비길 바가 아니다. 또 장기적인 수비를 위한 견고한 방어선이라기보다 변방의 성곽들을 연결하는 보조시설에 불과하다. 그러나 연변에 현존하는 최대의 유적으로서 사상 전대미문의 방대한 군사시설이라는데 의미가 있다. 어마어마한 이런 시설은 약 2백년 후 만주 땅에 또 하나 나타난다. 고구려가 영류왕^{榮留王} 14년^{A.D. 631년}부터 당나라의 진공에 대비하여 무려 16년간 부여성^{지금의 농안부근}에서 시작하여 서남으로 바다에 이르기까지 천리장성을 쌓았던 것이다. 『삼국유사』에 따르면 이때 남자들은 모두 장성

축조공사에 나가고 여성들이 밭갈이를
했다고 한다. 천리장성은 규모나 형태가
모두 연변 3백리의 옛 장성과 유사한 걸
로 분석된다. 이에 따라 3백리의 옛 장
성 토목공사에도 천리장성을 축조할 때
의 상황이 엇비슷하게 벌어졌으리라고
볼 수 있겠다.

▲ 장성촌

　이 옛 장성은 나중에는 제구실을 하
지 못했거나 인력과 물력만 소모한 '치렛거리'에 지나지 않았나 싶다. 장
성에서 양군이 싸웠다는 기록은 사서에도 전무하며 또 장성의 바깥쪽 전
연요새로 주장되는 오호령五虎嶺산성이나 송월松月산성 등 고대성곽에도 전
투기록이 발견되지 않고 있기 때문이다. 산등성이에 피폐한 언덕으로 서
있는 장성유적은 어쩌면 역사에 글 한줄 바로 남기지 못한 아쉬움 그 자
체가 아닌지 모른다.

　그나마 유적지에 가까스로 담겨있던 옛 기억도 후세의 무심한 인간들에
게 토막 나고 있었다. 언제인가 계림의 북산을 오르던 산악인 이승희 씨는
봉화대를 파는 도굴꾼을 발견하고 실소를 금치 못했다고 한다.

　"그게 옛 무덤이 아닙니다. 괜히 헛수고 하지 마세요"

　그러나 도굴꾼은 도무지 미덥지 않는 눈치였다는 것이다. 길가는 나그
네가 싱겁게 도굴을 염려해서 거짓말을 하는 줄로 알았던 모양이다.

　장성 성벽 역시 무지한 도굴꾼의 파괴 못지않게 개간의 보습으로 동강
난 곳이 한 두 곳이 아니다. 또 오랜 세월을 거치면서 자연적으로 끊어져

없어진 성벽도 적지 않다. 특히 하천 유역의 평지에는 성벽이라곤 거의 보이지 않는다. 다행히 잔존한 성벽 중에는 아직 몇 리씩 되는 것이 여럿 있으며 일부는 높이가 몇 미터나 되는 등 예전의 모습을 더듬을 수 있게 한다.

▲ 산정초소가 있는 욕지산

이러한 장성의 참모습을 찾기 위한 사학자와 산악인들의 답사는 1980년대부터 지금까지 내처 끊어지지 않고 있다. 그중에는 이도구에서 계림까지 장장 3백리를 주파한 괴력의 인물도 있다. 이처럼 어려운 노력임에도 불구하고, 기점과 종점이 어디인지 논쟁이 많은 등 장성의 일부 구간은 여전히 혼선을 빚는다. 변장邊墻이라고 불리는 훈춘 경내의 옛 장성과 한데 연결하여 고구려 8백리 장성이라고 하는 설도 등장하고 있다.

3백리 옛 장성은 한 마리의 신비한 용처럼 머리와 꼬리는 물론 몸통의 일부까지 숨기고 있었다. 한 조각 두 조각씩의 일부나마 세상에 드러나고 있는 옛 기억의 편린들…… 어쩌면 연변의 산과 들에 그려진 이 미스터리한 거대 유적은 선인들이 후세에 남겨놓은 천년의 타임캡슐 일지도 모른다.

화룡시

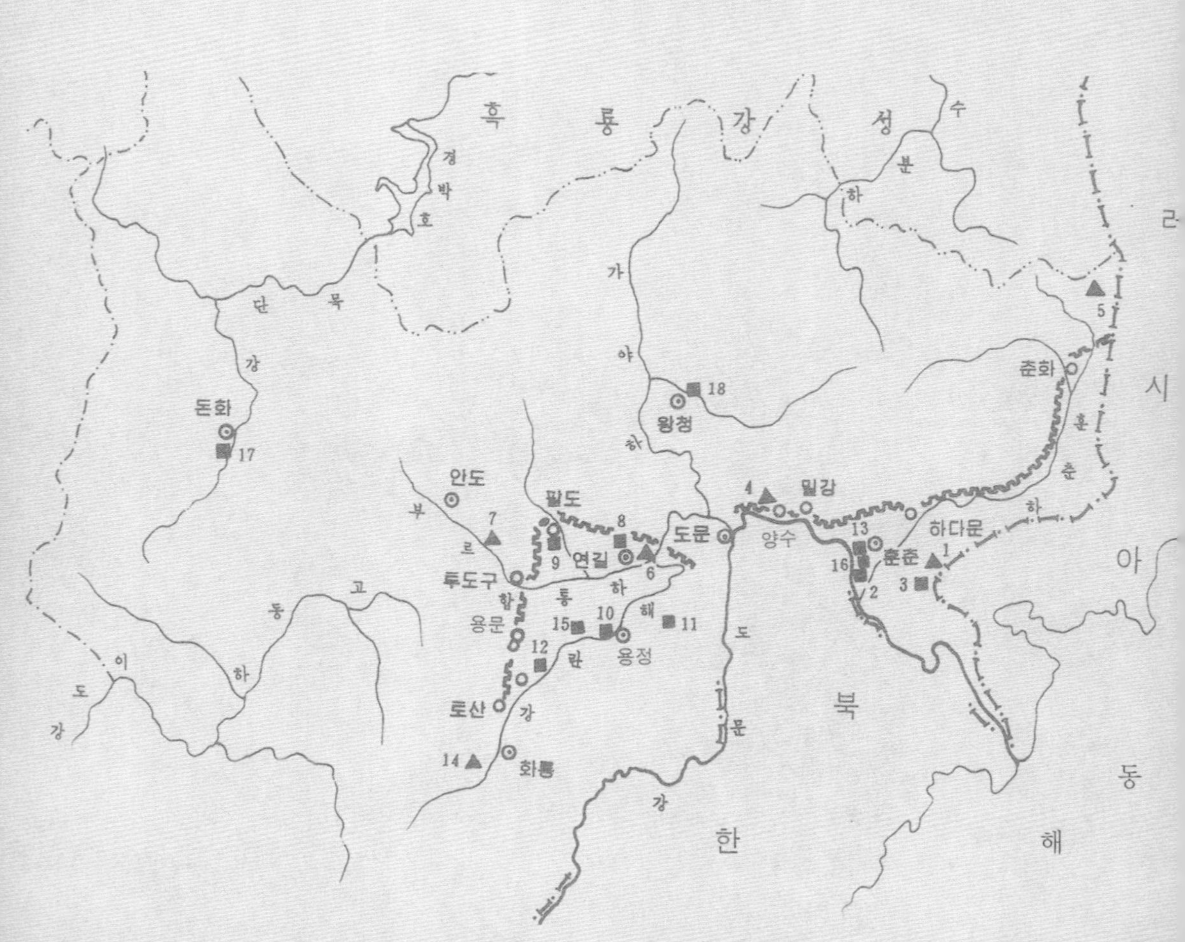
흑 룡 강 성
수
분
하
경박호
단 목 강
가야하
근
돈화
17
5
춘화
왕청
18
시
안도
팔도
밀강
4
도문
하다문
7
8
양수
13
훈춘
부르하통하
9
연길
6
16
1
투도구
2
3
함
용문
15
10
해
란
강
11
아
12
용정
도
로산
14
화룡
두만강
이도강
고동하
북한
동
해
한
동해

백두산 입구의 요새, 고성리 고성

백두산 천지로 통하는 두만강 왼쪽 기슭의 대로는 고성리^{古城里}에 이른 후 두만강 상류를 앞두고 갑자기 뚝 끊어지는 듯했다. 마을 서쪽에 강을 사이에 두고 높은 산봉우리들이 울바자처럼 빙 둘러서 있기 때문이다.

차머리를 돌려 잠깐 고성리에 들렸다. 바로 마을 남쪽에 두만강이 흐르고 있었다. 돌이 허옇게 드러난 강바닥 위에는 시멘트로 된 다리 하나가 놓여 있었다. 다리 저쪽은 북한의 대홍단군 삼장리라고 하는 마을로, 붉은 글자가 쓰인 구호판이 다리 옆에서 하늘을 찌르고 있어 사뭇 이색적이었다. 옛날 삼장리와 고성리 주민들은 서로 장소를 바꿔가며 '국제운동회'를 했다는데 이는 현대판 '전설'이 아닌지 의심스러웠다.

고성리는 화룡시 숭선진^{崇善鎭}의 소재지이다. 1885년 청나라가 두만강 유역에 월간국^{越墾局}을 설치하면서 이곳을 숭화사^{崇化社}라고 부르고 동쪽의 노과^{蘆果} 일대를 선화사^{善化社}라고 불렀다고 전한다. 훗날 이 두 곳을 숭선사^{崇善社}로 합병하면서 숭선이라고 부르게 되었던 것이다.

고성리는 바로 부근의 석라자^{石砬子}산에 있는 옛 산성 때문에 지어진 이름이다. 그런데 이 석라자도 이미 이름을 바꿨는지 마을에는 산을 알고 있는 사람이라곤 없었다. 후문이지만 촌민들은 조선족 원주민이 아닌 타향 이주민들이 대부분이었다. 석라자는 고성리에서 서쪽으로 불과 수백 미터 떨어져 있었는데, 올기강이 석라자 동북쪽의 계곡에서 나와 남쪽으로 두만강에 흘러들고 있었다. 강기슭의 대로를 뭉텅 끊어놓은 올기강은 자칫 두만강으로 오인할 만하였다. 그렇지 않아도 1960년대 '문화대혁명'의 동란을 피해 북한으로 도망하던 '반동분자'가 올기강을 넘은 후 두만강을 건넌 줄 알고 "김일성만세"를 외쳤다가 곧바로 쫓아온 민병들에게 체포된 사건도 있었단다.

1930년대 김일성부대는 올기강 지역에서 일본 마에다 경찰토벌대를 궤멸시키는 큰 전과를 올렸다고 한다. 그때의 공적을 기리여 올기강은 몇십 년 전부터 홍기하^{紅旗河}라고 달리 불리고 있었다.

아무튼 석라자는 동쪽은 물론 올기강을 마주한 북쪽 변두리나 두만강을 마주한 남쪽 변두리 역시 도끼로 깍아 놓은 듯한 높은 바위들이어서 전혀 등반할 엄두가 나지 않았다. 대로를 따라 200미터쯤 서쪽으로 들어가니 돌무지 사이로 산위를 향한 달구지길이 보였다.

산중턱에서 경운기가 퉁퉁 소리를 내며 힘들게 내려오고 있었다. 잠깐 길을 피하다 말고 깜짝 놀랐다. 경운기에 산더미처럼 실린 것은 장작이 아닌 누런 볏단이었기 때문이었다. 이거 물고기가 하늘을 날아갈 일이지, 그래 산꼭대기에 벼가 자란단 말인가?…… 황당하기 그지없는 이 의문은 금방 풀렸다. 석라자 위는 여느 산등성이와는 달리 수십 정보나 되는 넓은 평지였던 것이다. 고성리 고성은 산위에 있지만 산성이 아니라 '평지성'이라고 불리는 원인을 이제야 알 것 같았다.

현지인에 따르면 이곳은 하늘 아래 첫 벌이라는 뜻의 천벌이라고 부른다고 한다. 서북쪽에서 동남쪽으로 흐르는 올기강을 경계로 서쪽 벌을 윗천벌, 동쪽 벌을 아래 천벌이라고 하는데, 청나라 때 그 뜻에 따라 윗 천벌을 상천평上天坪, 아래 천벌을 하천평下天坪이라고 했다고 한다. 지금은 한어이름을 그대로 따서 상천벌, 하천벌이라고 부른다.

▲ 고성리고성에서 본 고성리(숭선)

▲ 고성리고성 전경

▲ 고성리고성 성터자리

1950년대 말, 숭선에서는 두만강의 물을 끌어 천벌에 논을 풀었다고 한다. 그래서 산 위의 벌에도 황금 벼이삭이 춤추게 되었던 것이다. 그야말로 "해가 서쪽에 뜬 셈"이다. 산지대인 저쪽 북한 측도 물이 필요한 건 이쪽과 마찬가지였다. 그래서 지난 시절 강물 유량의 배분 때문에 두만강 양안에서 이러쿵저러쿵 실랑이를 벌인 적도 있다고 한다.

석라자 동쪽은 논이 아니라 콩밭이었다. 콩밭과 논 사이에는 밭의 경계선인 듯 키 높은 둔덕이 있었다. 여기까지 논으로 개답하지 않을 걸 보니 물을 둔덕 너머까지 끌어들이기는 무리였던 모양이다. 벽돌처럼 반듯한 돌들이 둔덕의 흙을 비집고 간간이 머리를 내밀고 있었다. 나중에 알고 보니 이 둔덕이 고성 서쪽 성벽의 일부였다. 서쪽 성벽의 남쪽에는 수레가 드나들만한 크기의 결구가 있었다. 남쪽과 동쪽, 북쪽이 절벽인걸로 미뤄 산성으로 드나들 곳은 서쪽이 유일했다. 따라서 이 결구를 성문자리로 보는 게 합당할 것 같았다.

고성은 석라자의 동쪽 변두리에 있었는데 강기슭을 쳐다보면 산봉식 산성이요, 산위의 벌에 올라서면 평지성으로 보이는 등 자못 특이한데가 있었다. 성벽을 쌓은 현무암 돌덩이들은 대부분 흙에 파묻혀 얼핏 보기에는 토성을 방불케 했다. 성벽은 불규칙적인 제형 모양으로, 서쪽과 동쪽의 전부 그리고 북쪽의 일부를 인공적으로 축성한 것 외에는 모두 바위벼랑 자체를 담으로 이용하고 있었다. 고성은 단일한 성곽으로, 옹성이나 내성이 없었으며 또 치와 각루도 보이지 않았다. 석라자 동쪽 끝머리에는 수풀이 우거져 있었는데 모양이 온전한 돌담은 여기에 숨어있었다. 높이가 1미터를 넘는 돌담에는 어느새 풀과 잡목이 뿌리를 내리고 있었다. 남아 있는 돌담은 밑 너비가 5~6미터, 윗 너비가 1.5~2미터로 옛날의 형태를 어느 정도 짐작할 수 있었다. 성벽은 다듬지 않은 돌들을 서로 맞물려 비스듬히 쌓아 올렸는데 이런 기법은 연변지역의 여느 고구려 석성과 다르지 않았다. 동쪽 담의 중간 부분에 이르러 성문자리로 보이는 결구가 또 하나 나타났다. 이곳에서 약간 서쪽으로 떨어진 수풀은 건물 자리였던 듯 초석 모양의 돌들이 여기저기 널려 있었다.

▲ 고성리고성 동쪽 성문자리

전문가들의 고증에 따르면 고성의 동쪽 성벽의 길이는 60미터, 서쪽 성벽의 길이는 180미터, 남쪽 성벽의 길이는 250미터, 북쪽 성벽의 길이는 220미터이며, 고성의 전반 둘레의 길이는 710미터이다. 크기로 보아 성곽이라고 하기에는 너무나 왜소한 몸집이었다. 그러나 이 때문에 고성리 고성의 특이한 위치와 지세가 더 두드러지는지도 모른다.

석라자는 두만강과 올기강, 두 강의 합수목 둔덕을 선택하고 북쪽과 동쪽, 남쪽에 해자 격으로 강을 두르고 있다. 또 삼면이 벼랑바위인 석라자는 화기火器가 없었던 옛날 산 자체가 바로 난공불락의 천연요새였다. 백두산으로 통하는 두만강 기슭의 길목에 빗장을 가로 지른 석라자 그리고 장수처럼 그 등성이를 타고 앉은 고성은 백두산 입구의 초소와 파수꾼을 방불케 한다.

옛날 성내에서 밭을 일굴 때 벽돌과 기와, 쇠로 된 활촉 따위의 유물이 일부 발견되었다고 전한다. 그러나 가을걷이가 끝난 밭에는 콩 그루터기만 남아 있을 뿐 이런 유물은 한 점도 찾아볼 수 없었다. 1960년대 말까지 마을에 있었다는 '고구려 가마솥'도 마찬가지였다. 현지에서 고구려 병사들의 밥솥이라고 구전되고 있는 이 세발짜리 쇠솥은 높이가 무릎을 넘는 큰 기물이었다고 하는데 이 역시 언제부터인가 종적이 묘연하다고 한다.

학계에서는 성곽에 현존하는 유물이 전무한 탓으로 고성리고성의 축성연대를 두고 여러 가지 설이 대두하고 있다. 일부 학자는 고성 서쪽으로 2킬로미터쯤 떨어져 있는 대동촌大同村 남쪽 유적지의 발해유물로 미뤄 발해고성이라고 주장하고 있으며, 또 일부 학자는 이 대동촌의 고분에서 발견된 명나라 때의 유물로 미뤄 요·금시기의 고성이라고 추정하고 있다. 이와는 달리 고성이 위치한 산의 지세와 축성기법 그리고 고성 동쪽의 노과盧果에 있는 평지성 토성리고성을 한데 묶어 고구려 성곽으로 보는 학자들도 적지 않다.

　정작 현지에서 이름을 날리고 있는 건 고성리라는 마을 이름을 만든 석라자가 아니라 그 앞에 사자처럼 버티고 서있는 군함산軍艦山이었다. 군함산은 강 왼쪽 기슭에 있는 배 모양의 높은 산을 이른다. 두만강을 향해 '뱃머리'를 쑥 내민 군함산은 항간에서 고성리 하면 금방 눈앞에 떠올리는 지표물이다.

　고성리의 명물은 이 군함산 하나뿐만이 아니었다. 청정한 두만강 상류에서 자란 생생한 물고기가 각별한 인기를 받고 있었다. 산에서 내려 한 식당에 들렀더니 식탁에 오른 건 현지에서 일명 '돌쫑개'라고 불리는 물고기 요리였다. 특별히 주문한 산천어는 아침에 들어오기 바삐 동이 났다고 한다. 식당주인에 따르면 '모래무치', '싸리고기', '숭어'…… 등 두만강의 일미로 불리던 물고기 가운데서 일부는 이미 자취를 감춘 지 오래라 한다.

　"옛날에는 신을 신고 강에 들어서면 물고기가 신 안에 막 들어 왔다고 하는 데요……" 자랑 삼아 하는 식당주인의 이야기가 거짓인지 과장인지 언뜻 분간이 되지 않는다.

　사실 고성리에 물고기를 맛보려고 온 게 아니라 고성 답사를 왔다고 알려주자 식당주인은 대뜸 의아하다는 표정을 지었다. 이 마을에 옛 성곽이 있다는 건 이번에 처음 듣는단다. 유명한 미식거리인 물고기 화제와는 달리 고성은 지구 밖의 생소한 이야기였던 것이다. 천년의 유적은 그렇게 마을 이름에 간신히 화석처럼 남아 옛날의 존재를 알리고 있었다.

토성리, 천년 늪골의 전설

늪골이라는 마을이름은 호랑이가 담배를 피울 적의 옛말로 이미 사라져 있었다. 1백여 년 전, 간민들이 석두천石頭川이 흘러내리는 두만강 상류의 용산龍山 골짜기의 늪가에 마을을 세웠다고 전한다. 그래서 불린 마을이름이 늪골이었고, 또 훗날 거기에 섰던 장터 역시 동네 이름을 따서 늪골장이라고 불렸다고 한다. 1885년, '봉금령'이 해제되고 청나라 지방관청에서 지명을 등록할 때 늪골을 중국말로 비슷한 음을 따서 루궈盧果로 적었고 그것이 다시 우리말로 음역이 되어 노과가 되었다고 한다.

화룡 시가지를 떠난 차는 금방 산길에 들어섰고 서남쪽으로 약 70km 내처 우중충한 산발을 끼고 달렸다. 나중에 찻길은 두만강 하곡지대에 위치한 노과의 복판을 가로지나면서 마을을 두 쪽으로 동강내고 있었다. 안내인에 따르면 지금의 노과는 작은 시골동네가 아닌 진으로 되어 있으며 인구도 약 800가구나 된다고 한다. 이렇듯 '이무기'가 '용'으로 승천한 후

'이무기'의 둥지였던 늪도 옛 지명과 더불어 가뭇없이 종적을 감추고 있었다.

▲ 고성이 있는 산기슭의 토성리

　　그러나 늪골이든 노과이든 막론하고 이 마을의 원주민은 19세기 후반 두만강을 건너온 간민들이 아닌 것만은 확실하였다. 이 지역에는 천 년 전에 벌써 선민들이 정착하여 살고 있었기 때문이다.

　　노과촌 동남쪽의 두만강 기슭에는 산에서 흘러내리는 냇물을 중심으로 적지 않은 유물이 널려 있다. 이 유적지는 동서 길이가 500m, 남북 길이가 200m에 달한다. 현재 유적지는 경작지로 되어 있지만 아직도 옛날의 기억이 담긴 기와조각을 드문드문 만날 수 있다. 1979년, 길림성 고고학훈련반이 이곳을 조사할 때 돌도끼와 돌로 만든 화살촉, 흑요석 석기 등의 석기와 일부 토기조각을 발견했다고 한다. 그 후 1984년, 연변조선족 자치주 문물조사팀도 이 유적지 동쪽에서 압지무늬의 평기와, 네모무늬의 기와, 사개 식의 반원 통기와 등의 유물을 채집했다. 이런 유물로 미뤄보아 이 유적지는 한 시기가 아닌 원시사회와 발해시기에 걸쳐 모두 사용된 걸로 보인다. 그러나 유적지에서 성곽의 흔적은 전혀 눈에 뜨이지 않고 있었다.

고대 성곽은 이 유적지가 아니라 두만강 기슭을 따라 서쪽으로 1km 정도 떨어진 곳에 있었다. 성곽이 있다는 동네는 토성리土城里로 동네이름에 벌써 성곽의 흔적이 흠씬 묻어나고 있었다. 그런데 정작 동네 어구에서 만난 촌민 박창길 씨에 따르면 토성은 없고 대신 돌로 쌓은 담이 있다는 것이었다. 그는 성터자리에 살다가 새집을 짓고 이사를 했다고 한다.

"토성이 아니라니요?" 지명대로 어련히 토성이려니 했던 우리는 잠깐 어정쩡했다.

박 씨의 안내를 받아 성곽 쪽으로 가면서 보니 토성리는 동서가 약 100m, 남북이 50m 정도인 자그마한 동네였다. 박 씨에 따르면 옛날에는 그래도 수십 가구 되었지만 지금은 전부 떠나버리고 10여 가구 밖에 남지 않았다고 한다.

마을의 서쪽 끝머리에서 박 씨는 남쪽의 강기슭으로 발길을 옮겼다. 몇 걸음 걷지 않았는데 길가에 기다란 담이 나타났다. 머리통만한 돌들이 담을 가린 풀들 사이로 비죽비죽 발을 내밀고 있었다. 이 담은 북쪽으로 동네 농가의 바자굽과 이어져 있으며, 두만강에서 20m쯤 떨어진 곳에 이르러 급작스레 끝나고 있었다. 성터에는 키를 넘는 잡초들이 무성하여 도무지 발을 옮겨놓기 힘들었다. 박 씨는 20여 년 전 이곳에 동네의 농가 한두 채가 있었다고 했다. 그때의 흔적인 듯 성터 서북쪽에는 움 모양의 큰 구덩이가 있었다. 성터를 돌아보니 성벽의 유적은 불과 수십 미터밖에 되지 않았으며 그나마 서쪽과 북쪽 두 곳밖에 없었다. 다만 분명한건 성 벽은 현무암으로 쌓은 것으로, '토성'과는 10만 8천리나 떨어져 있었다는 것이었다.

분명 석성인데 왜서 동네의 이름을 엉뚱하게 '토성리'라고 지었을 까?…… 혹시 성 외곽에 진짜 토성이 있었는지 모른다. 그러나 이 동네에 석성이 아닌 토성이 있었다는 기록은 전무한 걸로 알려진다.

토성리고성은 단일성이 아니라 외성과 내성 두 부분으로 구성되었으 며, 내성은 또 북쪽성과 남쪽성으로 나뉘어져 있다. 고성은 불규칙적인 네모모양이며, 방향각이 350도이다. <화룡현문물지和龍縣文物志>의 기록에 따르면 외성의 동쪽 성벽은 135m, 서쪽 성벽은 75m, 남쪽 성벽은 418m, 북쪽 성벽은 388m로 둘레길이가 1006m이다. 성내에 있는 첫 번째 내성 은 외성 중부의 북쪽 성벽과 붙어 있는 북쪽성으로, 동쪽과 서쪽, 남쪽 세 쪽의 성벽만 쌓았으며 북쪽 성벽은 외성의 북쪽 성벽을 이용하고 있 었다. 이 내성은 동서가 52m, 남북이 60m이며 성벽 밑 너비가 5m, 윗 너 비가 1m이며 남아 있는 성벽의 높이가 0.5m 정도였다. 두 번째 내성은 외성 중부의 남쪽 성벽에 붙어 있는 남쪽성으로, 동쪽과 서쪽, 북쪽의 성 벽을 쌓았으며 남쪽은 남쪽 성벽을 이용했다. 이 내성은 동서가 80m, 남 북이 36m이며 성벽 밑 너비가 9m, 윗 너비가 3m였으며 남아 있는 성벽의 높이는 1.5m 정도였다. 고성의 성터에는 외성이든 내성이든 모두 문 자리가 똑똑하게 알리지 않고 있었다.

현재 외성 남쪽의 성벽과 첫 번째 내성의 성벽은 아예 평지로 되어 있었다. 남아 있는 성벽은 모두 두 번째 내성의 성벽 일부라고 한다.

성터에서 이리저리 나뒹구는 돌들은 소외된 역사의 한 모퉁이를 그대로 치부처럼 드러내고 있었다. 주인처럼 성터 자리를 차지한 잡초들은 저마다 슬픈 연가를 연주하고 있는 개개의 음악부호 같았다.

한때 두만강 기슭에 비석처럼 서있던 천년의 성곽은 어떻게 사라진 걸까? … 혹여 대서양에 묻혔다는 전설의 고대 대륙처럼 두만강에 실려 어디인가 종적을 감추고 있는지도 모른다.

그러나 신화와 같은 그런 이야기는 더는 없었다.

"촌에서 물탱크를 만들었는데요, 여기의 돌들이 많이 들어갔습니다."

박 씨에 따르면 촌에서는 두만강의 강바닥보다 20m 남짓이 높은 더기의 밭에 물을 주기 위해 밭머리에 물탱크를 만들었다고 한다. 아닌 게 아니라 동네 뒤쪽에 언덕처럼 솟아있는 물탱크에서 성곽의 돌과 비슷한 돌덩이들이 듬성듬성 보이고 있었다. 부근의 인공 도랑도 이런 돌들로 쌓여 있었다. 성곽의 돌은 동네에 새로 일어서는 가옥의 초석으로, 바자굽의 지경돌로 하나둘씩 뽑혀갔다고 한다.

다행히 토성리고성은 고고학발굴이 있었던 1980년대까지 상당 기간 모양새를 갖추고 있었다. 그래서 현지의 문물지에 서너 줄의 기록이라도 남길 수 있었던 것이다.

그때 성터에는 토기 조각이 일부 있었다고 전한다. 또 현지인들은 또 성내에서 토기와 철기 등의 유물을 발견한 적 있다고 한다. 그러나 발굴된 유물이 너무 적어 고성의 확실한 축성연대는 아직 밝혀지지 않고 있었다.

▲ 고성의 성벽을 허물어 만든 마을의 물탱크

'토성리'는 지명과 마찬가지로 너무나 많은 미스터리를 안고 있었다.
일부 학자들은 부근 노과촌에 있는 고대 유적으로 미뤄보아 토성리고성 역시 이곳의 원주민이었던 북옥저인이 축성했을 가능성을 제기한다. 다시 말해서 B·C 28년 북옥저를 정벌하고 북옥저 지역을 실질적으로 지배했던 고구려가 축성했으며 그 후 발해시기에 계속 사용했다는 것이다. 지리적 위치를 보더라도 고구려인이나 발해인의 성산인 백두산과 밀접한 관계가 있다는 점이 이 주장을 받쳐준다. 토성리에서 서쪽으로 20km더 들어가면 두만강 기슭의 백두산 진입로에서 제일 마지막 성곽인 고성리古城里고성이 있다. 따라서 일각에서는 고성리고성 역시 고구려시기에 축성된 고대 성곽으로 추정하고 있다.

▲ 토성리고성 북쪽성벽

축성연대를 떠나서 토성리고성은 백두산으로 통하는 두만강 기슭의 요로에 자리잡은 요새였다. 이렇게 두만강 기슭에 서로 연달아 있는 요새라면 전례대로 성곽의 외곽 쪽에도 무엇인가의 시설물이 있지는 않을지 궁금했다.

마을 남쪽 강 건너의 산이 손을 내밀면 금방 닿을 듯 보였다. 가파른 산등성이는 비탈에 험하게 일군 밭 때문에 두창을 앓는 사람처럼 듬성듬성 '민머리'가 되어 있었다. 저쪽 북한 땅의 특유한 풍속도였다. 그 때문에 맞은 편 산꼭대기에 홀로 서있는 소나무는 초병처럼 유표했다. 산의 위치나 모양새로 보아 산꼭대기에 봉화대나 돈대의 흔적이 있을 것 같았다. 그러나 강 건너는 엄연히 국경 저쪽의 다른 나라인지라 '도강'을 애초부터 포기해야 했다.

한순간 옛날의 선민들이 그렇게 부러울 수 없었다. 적어도 그때의 강 저쪽은 배가 있어도 건널 수 없는 그런 '금지구역'이 아니었을 것이다. 푸른 물이 찰랑이는 두만강은 여전히 동쪽으로 유유히 흘렀지만 보이지 않는 국경선은 소소리 높은 절벽처럼 양안을 가로막고 있었다.

토성리의 성곽, 현대인들의 마을에 있는 고성 역시 지척에 가까웠지만 도저히 다가갈 수 없는 머나먼 세계였다.

용연龍淵, 잣대굽이마을의 기담

　용연의 원명은 잣대굽이마을로, 마을 동쪽 두만강 기슭의 산굽이가 흡사 잣대를 굽혀놓은 것 같다고 해서 지어진 이름이라고 한다. 용연은 화룡시의 남평진南坪鎭에서 동쪽으로 불과 15Km 정도 떨어져 있지만 앞뒤로 높은 산에 꽉 막혀 격세지감을 느낄 정도였다. 촘촘히 들어앉은 농가 사이에 반듯한 포장도로가 잣대처럼 가로세로 금을 긋고 있었는데, 고대와 현대 사이에 넘을 수 없는 경계선을 만들고 있는 것 같았다.

　한낮의 햇살이 쨍쨍 내리비추는 마을에는 한적한 분위기가 감돌고 있었다. 태고연한 역사의 저쪽에서 선민들이 홀연히 뛰쳐나와 지척에서 기척소리를 낼 것 같았다. 유적지의 표지석이 있나 해서 차를 자주 멈추고 이리저리 기웃거렸지만 농가와 돼지우리, 장작더미, 울바자 밖에 더 보이는 것은 없었다.

▲ 성벽 흔적

▲ 용연마을 어귀에 있는 옛 연자방아

옛날 용연에서는 움을 파거나 집을 지을 때 원시사회 시기의 유물이 적지 않게 나왔다고 한다. 마을에서 대량의 네모돌과 돌도끼, 돌로 만든 화살촉, 돌칼, 인골 등이 발견되었다는 것이다. 이런 유물들은 동네 부근 산비탈에서도 자주 발견되었다고 한다.

▲ 기와조각 일부

공교롭게도 그때 마을에서 발견된 무덤자리는 바로 우리가 차를 세운 근처라고 한다. 바자굽을 넘어 건너오는 촌민의 말은 우스개 소리처럼 들렸다. 이곳은 마을 한가운데를 가로 지나는 골목이었는데 아무리 보아도 주변에 별로 특이한 데가 없었기 때문이다.

"옛날의 물건이 발견된 건 오래 전의 일이지요. 지금까지 그 자리가 서너 번은 변했습니다."

그렇다면 지금 후세들이 선인들의 무덤 위에 집을 짓고 살고 있다는 이야기이었다. 천년의 세월이 흐르는 동안 이곳에는 '음지'가 '양지'로 변하는 상전벽해의 변화가 일어난 것이다.

몇십 년 전에 마을 북쪽 언덕에서는 이와는 달리 형체가 완연한 옛 무덤 5개가 발견되었으며 토기 등의 유물이 출토되었다고 한다. 그러나 촌민에 따르면 마을 밖에 있는 훗날 밭을 일구면서 이 고분마저 전부 훼손되었다는 것이다. 그야말로 인간은 폭탄보다 더 막강한 파괴력을 과시하고 있었다. 혹여나 해서 북쪽 언덕에 올라갔지만 토기 조각마저 찾을 수 없었다.

아닌 게 아니라 조바심이 부쩍 들었다. 이번 용연행에서 1번지로 삼았던 마을 동북쪽의 유적지마저 이처럼 모조리 소실되었을까 우려되었던 것이다. 더구나 이 유적지는 땅 밑이 아닌 지표면에 드러나 있는 걸로 전하고 있기 때문이었다. 마을 동쪽은 전부 밭이었는데, 서쪽에 있는 촌락과 옅은 골짜기 하나를 경계선처럼 사이에 두고 있었다.

실올 같은 희망은 시간이 흐를수록 가물가물 사라지는 듯 했다. 갑자기 일행 중 하나가 탄성을 질렀다. "이것 봐요, 여기가 틀림없네요." 마침내 둔덕 남쪽의 밭고랑에서 옛 기와조각을 찾았던 것이다. 막 먼지가 일던 잿더미에서 다시 불씨가 살아 올랐다. 이곳에서 일행이 주은 기와조각은 반식경도 되지 않아 스무 개를 넘었다. 기와조각은 붉은색 기와와 회색 기와가 주종을 이뤘는데, 천 무늬와 네모무늬, 그물무늬, 빗살무늬 등으로 아주 다양했다. 옛날에는 끈 무늬 기와와 압지무늬 기와도 발견되었다고 하지만 이런 기와는 원체 그리 많지 않았는지 지금은 하나도 보이지 않았다. 1979년, 화룡현 문물조사팀이 조사할 때 이곳에서는 대량의 기와조각과 더불어 토기 조각들도 적지 않게 나왔다고 한다. 그러나 이런 토기들은 기와조각처럼 그렇게 많이 보이지는 않았다.

어쩌면 이런 기와조각이라도 주을 수 있다는 게 천만다행인지 모른다. 옛날 유적지에 있었던 기와나 토기 조각은 접시 크기만 했다는데, 현재로선 애기 손바닥 크기의 조각마저 찾기 힘들기 때문이다.

기와와 토기조각이 널려 있는 곳은 남북 길이 약 100m, 동서 너비 약 50m 되는 범위였다. 이 유적지 중부에는 네모 모양의 밭두렁 모양으로 융기된 부분이 있었다. 현지 촌민들은 이 융기된 부분을 옛날의 '토담'이라고 전하고 있었다. 그들에 따르면 옛날 이런 융기 부분은 땅 색깔이 주변과 전혀 다르고 그 위에 흙무지가 세 개나 있었다는 것이다. 이 흙무지는 일직선 위에 놓여 있었으며 서로 약 30m 정도 떨어져 있으며, 잔존한 높이가 각기 0.5m 내지 1m 정도였다고 한다. 치나 망루로 추정되는 이런 흙무지는 둔덕 높이와 엇비슷하게 되어 그 자리를 분간하기 어려웠다. '토담'의 모양과 방향 등은 어느 모로 보나 잔존한 성곽의 유적과 매우 흡사하였다. 옛날 이 토담 안에는 또 크고 작은 돌덩이들이 널려 있었다고 한다. 이런 돌덩이는 현지에서 나는 돌이 아니어서 무척 유표했다고 하는데, 개간할 때 밭으로 옮겨간 탓으로 하나도 남아 있지 않았다. 돌의 위치나 모양을 봐서 이런 돌들은 건축할 때 사용되었던 초석일 가능성이 십분 크다.

출토된 유물에 따르면 용연에는 원시사회와 고구려, 발해시기의 유적이 서로 중첩되어 나타나고 있었다. 용연의 동북쪽 2,3km 이내에는 '토담' 유적지와 비슷한 시기의 평지성과 산성이 있다. 주변 환경이나 발굴된 유물로 미뤄보아 용연의 '토담' 유적지는 옛날 주거지로 사용했던 작은 성새였던 것으로 보인다.

일행은 유적지가 있는 밭을 발걸음으로 가로세로 재고 또 재었다. 석기시대의 고분은 빗물처럼 땅속에 잦아들었고, 고구려 시대의 유적지마저 형체를 잃어가고 있는 것이 현주소가 아닌가. 혹여 다음에 올 때는 이 유적지도 고분처럼 어디론가 사라질지 모른다는 우려가 발목을 잡았던 것이다.

▲ 돌호박

▲ 연자방아

"그때 밭에 있던 기와들은 모두 밭머리에 버렸지요……"

아직도 유물을 찾는 줄 알았던지 촌민이 저만치에서 던져오는 말이다. 그에 따르면 현재 밭머리에 있는 돌무지가 바로 밭에 있던 물건들을 버린 곳이라고 한다. 둥근 모양의 강돌과 네모 모양의 돌 등 돌무지에 있는 돌들은 각양각색이었다. 그런데 기대했던 기와와 토기 조각은 한 장도 없었다. 그렇다고 작은 둔덕을 이루고 있는 돌무지를 맨손으로 전부 파헤치기는 무리였다. 손을 털고 물러나려는데 우묵하게 구멍이 뚫린 돌덩이가 눈에 띄었다. 풀을 헤치고 꺼내보니 돌절구였다. 변두리가 울퉁불퉁한 돌절구는 오랜 풍상세월의 흔적인 듯 잔구멍이 숭숭 뚫려 있었다. 돌절구의 색깔이나 재질은 돌무지에 있는 여타의 돌과 엄연히 구별되었다.

돌절구는 유적지 부근에 이 하나만 있는 것이 아니었다. 돌무지 남쪽의 밭두렁에 엎어진 돌덩이도 이와 비슷한 모양이어서 뒤집어 보았더니 역시 돌절구였다. 보아하니 이 부근에 유물이 적지 않게 널려 있는 것 같았다. 아니나 다를까, 유적지의 서남쪽 저지대에 연자방아가 반나마 땅속에 파묻혀 있었다. 검은 재질의 이 연자방아는 두만강 중하류지역에는 없는 돌로 만들어져 있었다. 신기하게도 이 연자방아는 이곳에서 동쪽으로 약 20km 떨어진 두만강 기슭 '무명산성'의 연자방아와 한날 한시에 태어난 쌍둥이처럼 엇비슷했다. '무명산성' 역시 천여 년 전에 축성된 것으로 추정되는 신비의 고성이다. 이 두 연자방아에는 혹여 전설 속의 기이한 인연이 닿아 있는지도 모른다.

기담奇談같은 이야기는 거기에서 끝나지 않고 있었다. 연자방아 옆의 밭고랑에서 한 뼘 가량 크기의 쇠못 하나를 발견한 것이다. 녹이 쓸다 못해 자칫하면 부러질 것 같은 이 쇠못은 못이라기보다 전체가 얼룩덜룩한 녹 그 자체였다. 발견된 위치나 쇠못의 크기, 모양을 봐서는 근대에 흔하게 볼 수 있는 그런 작품이 아니었다.

"관 널에 사용된 못으로 보는 게 맞을 것 같은데요" 일행 중 누군가 자기의 의사를 밝혔다. 이 쇠못은 옛날 연변지역의 고분에서 늘 출토되었던 유물과 몹시 흡사하다는 것이다. 와중에는 이 쇠못이 고분 근처가 아니라 유적지 부근에서 발견된 걸로 미루어 옛날 수레 등에 사용했을 가능성을 점치는 사람도 있었다.

용이 하늘로 날아올랐다는 용연에는 기담 같은 이야기가 적지 않은 것 같았다. 용연은 마을 앞에 깊은 늪이 있어서 생긴 이름이라고 한다. 옛날 이 푸른 늪은 두만강에 잇닿아 있었고 고깃배가 낙엽처럼 떠다녔다고 한다. 그런데 갑인甲寅년의 산사태 때 늪은 흙과 모래에 파묻혀 종적 없이 사라지고 논밭으로 둔갑하였다는 것이다.

땅 밑으로 사라진 푸른 늪과 하늘 위로 날아간 용…… 하지만 이제는 이런 '전설'은 사라지고 세상에 용연이라는 마을 이름만 외롭게 남기고 있을 뿐이었다. 전설의 '주인공'은 실체로 있지 않고 그저 옛 이야기에 남아 있는 것이다. 천년의 유적지도 이 쇠못처럼 녹이 쓸고 한줌의 흙으로 영영 사라지지 않을까……

열여덟 고개 저쪽의 산성, 삼층령三層嶺 산성

경사가 급한 굽이 때문에 '비행기 커브'라고 불리는 산굽이를 지나자 이번에는 걸음마다 차돌이 발치에 차인다고 하여 일명 차돌령嶺이라고 불리는 백석령白石嶺이 나타난다. 화룡 시내에서 용화勇化를 경유하여 삼층령으로 가는 열여덟 고개는 그야말로 갈수록 심산유곡으로 들어가는 느낌이 들었다.

미구에 산기슭을 은띠처럼 두른 두만강이 지척에서 소리 내어 흘렀고 멀리 서쪽에 자그마한 벌이 나타났다. 뒤이어 벌 변두리에서 주먹을 내지르듯 불쑥 튀어나온 산등성이 하나가 보였다. 두만강을 따라 구불구불한 구렁이처럼 기어간 강기슭의 대로는 이 산에 가로막힌 듯 하였다. "설마" 하면서 고개를 돌리는데 바로 이 산이 삼층령이라고 일러주는 안내인의 말이다. 아닌 게 아니라 산기슭에 이르자 산등성이를 타고 앉은 돌담이 울바자처럼 확연히 윤곽을 드러냈다.

▲ 남전동 잔존 성곽

　　안내인으로 나선 이풍부 씨는 산성 북쪽 기슭의 대동大同마을 태생이었다. 그에 따르면 삼층령에 오르는 길은 세 갈래가 있는데, 각기 삼층령의 북쪽과 동쪽, 서쪽에 위치한다. 그러나 우리가 선택한 노선의 북쪽을 제외하고 기타의 산길은 벼랑 쪽에 있어서 등산이 무척 어렵다는 것이다. 오솔길은 대동마을 남쪽의 숲속을 가로질러 산꼭대기를 기어오르고 있었다. 옛날에는 산성 안에 경작지가 있었는데 촌민들은 이 길을 통해 밭으로 다녔다고 한다. 우리는 산비탈의 경사가 심해서 자주 다리쉼을 해야 했다.

　　오솔길은 산등성이의 북쪽 성벽에 작은 결구를 만들고 있었다. 부근 촌민들이 성내에 있는 밭으로 다니면서 일부러 만들어 놓은 것으로 알려진 이 결구는 자칫 성문터로 오인할 수 있었다. 그러나 삼층령 산성에서는 아직까지 확실한 성문터를 찾지 못한 것으로 알려진다. 다만 동쪽 골짜기의 어딘가에 있을 것으로 추정할 따름이다. 성벽은 자연적인 산세를 따라 서쪽과 북쪽, 남쪽 삼면의 산등성이에 쌓여 있었다. 산성은 성벽에 둘린 넓은 산골짜기였는데 서쪽이 높고 남쪽이 낮은 모양을 이루고 있었다. 북쪽의 서반부와 서쪽의 북반부는 인공으로 쌓은 돌담이었으며 별반 허물어진 데가 없이 아직까지 완정한 모양을 보존하고 있었다.

"뜰에 쌓은 돌담도 쩍하면 무너지는데요… 이건 무슨 유별난 솜씨인지 모르겠네." 이 씨가 부지중 감탄하는 말이다. 그는 아예 담 위에 올라가 발을 쿵쿵 굴러본다. 아니나 다를까, 돌담은 땅에 뿌리를 내린 듯 꿈쩍하지 않는다.

성벽은 돌들을 평행하게 서로 맞물려 쌓았으며 작은 돌멩이들을 사이사이에 박아 넣고 있었다. 이런 공법으로 인해 돌담은 지금까지

▲ 멀리서 본 산성 성벽

허물어지지 않을 정도로 견고한 것 같았다. 성벽은 대개 12층 정도까지 쌓아올렸으며 높이와 윗 너비가 모두 2m 정도였다. 북쪽 성벽은 동쪽으로 700m쯤 연장된 후 험요한 자연적인 산세를 담으로 이용하고 있었는데 강기슭의 절벽까지 이어지고 있었다. 삼층령 산성은 전체 둘레가 불과 1,000m 남짓한 중등 규모의 성곽이었다.

성내에는 망루나 초소, 치, 이중성벽과 같은 보조시설과 건물 유적이 단 하나도 보이지 않았다. 이곳에서 밭을 다룰 때 철촉 몇 개가 발견되었다는 현지 문물지의 기재가 있지만 무성한 수풀 속에서 그때의 밭 흔적

▲ 산성 동문터

을 찾기는 어려웠다. 촌민들이 하나 둘씩 산 아래 마을을 떠나면서 산 위의 밭은 폐답된 지 오래였던 것이다.

이 씨에 따르면 불과 30년 전에는 이곳에 호랑이도 출몰했다고 한다. 밤중에 과수원 보초막에서 개짖는 소리에 놀라 문을 나가보니 어둠속에서 푸른 불이 뚝뚝 떨어지더란다. 이튿날 문밖에 찍혀있는 발자국을 보고서야 호랑이인줄 알았다는 것이다. 그러나 지금은 산에서 간혹 노루나 산토끼 따위를 볼 수 있을 따름이란다. 30년 전의 이야기가 벌써 전설 속의 기문 같은데 아득한 천 년 전의 역사는 더 말할 나위가 있겠는가!

삼층령 산성은 발치에 있는 두만강을 염두에 두었는지 물이 없었다. 연변지역의 산성치곤 아주 특이한 사례였다. 그런데 이 씨에 따르면 골짜기에 작은 샘물이 있었다는 것이다. 부근 촌민들은 옛날 산성에 오를 때면 종종 이 샘물을 마셨다고 한다. 지금은 겨울이라 샘물이 바싹 말라서 보이지 않을 따름이란다. 샘물 역시 옛날 산성 부근에 출몰했던 호랑이처럼 종적을 감춘 모양이다.

산마루에서 보니 산성 남쪽 기슭에 마을이 하나 있었다. 이 씨에 따르면 물푸레밭골이라는 의미의 남전동楠田洞인데 지금은 용연촌 6대라고 불린단다. 이 남전동에서 서남쪽으로 1km쯤 떨어진 두만강 기슭의 둔덕에는 고구려시기의 성곽 유적이 있는 걸로 알려지고 있다. 그래서 삼층령 산성의 축성연대가 미정이라는 설과는 달리 일부 학자들은 용연의 평지 성과 묶어 삼층령 산성 역시 고구려 성곽으로 보고 있다. 산성 성벽의 독 특한 공법 역시 이 주장에 무게를 실어주고 있다.

삼층령은 강을 사이에 두고 북한의 무산군 지초리와 마주하고 있으며 그 외 삼면은 첩첩한 산발이었다. 성곽은 바로 삼층령의 산등성이를 따라 이어지고 있었다. 주변에 높은 산을 두른 산성은 고로봉식의 모양새였다. 산성 북쪽의 수백 미터 떨어진 곳에는 15리7.5km 장재로 불리는 산등성이 가 있는데 여기에는 화룡 시가지로 통하는 옛 산길이 있다. 산성의 독특 한 위치로 볼 때 옛날 두만강 기슭의 교통요로를 수비하던 군사요새일 가능성이 십분 높다는 이야기가 된다.

▲ 산성 올라가는 길

▲ 남전동 연자방아

어느덧 해가 서쪽에 기울었지만 두메산골이라 밥집을 찾을 수 없었다. 이 씨는 남전동에 막역지우로 보내던 유 씨 성의 지인이 있다고 하면서 그리로 발길을 돌렸다. 유 씨의 집은 남전동 북쪽에 자리하고 있었다. 집 마당에 들어서려다가 울바자 귀퉁이에 있는 연자방아에 발목을 잡혔다. 연자방아는 색깔이나 다슨 흔적을 보아 꽤나 오래된 물건이었다.

"제가 이 마을에 이사 올 때부터 이런 게 있었지요" 유 씨는 손을 꼽아 헤어보더니 그게 벌써 50여 년 전의 일이라고 말한다. 그에 따르면 연자방아의 일부는 뒤뜰의 어느 귀퉁이에 파묻혀 버림을 받고 있다고 한다. 연자방아는 다만 옛날 물건이라는 기억으로 간신히 남아 있을 따름이었으며 그 이상의 아무런 이야기도 들을 수 없었다.

주변을 돌아보니 집 서쪽 둔덕에 쌓아올린 돌담 역시 근대의 담이 아니었다. 둔덕에 기대인 담은 돌들을 벽돌처럼 맞물려 비스듬하게 올려 쌓고 있었는데, 작은 돌멩이를 사이사이에 끼워 넣는 등 삼층령 성곽과 닮은 데가 있었다. 불과 2~30m 정도 잔존한 이 담은 옛날 남전동에 있던 삼각모양 석성의 일부라고 유 씨가 말한다. '삼각성'은 산기슭에 동네가 들어설 때부터 이곳에 있었다는 것이다. 이에 따르면 '삼각성'은 200여 년의 '봉금'시기를 앞선 유적지였다. 부근 용연에서 발견된 석기시대와 고구려시기의 유적은 '삼각성'의 축성연대에 신비의 광환을 드리우고 있는 것이다.

문헌기재에 없는 고대의 '삼각성'은 그렇게 유령처럼 홀제 삼층령 기슭의 땅속에서 솟아나 있었다.

▲ 산성 성벽

"동네 노인들이 그러시는데 성곽 안에 있은 집안이 잘 되었답니다. 옛날의 성곽 자리는 풍수가 참 좋대요" 유 씨가 자조삼아 하는 말이다. 그러고 보니 바로 '삼각성'의 동문 밖에 있는 그의 집은 허름한 초가와 다름없었다.

'삼각성'의 성터 흔적을 보아 석성은 둘레가 수백 미터에 달하는 작은 성곽이었다. 촌락이 일어서면서 이 석성은 허물어지고 일부 돌들은 농가 주변의 담 등으로 변신하였다. 성안의 옛 우물자리 근처에 회색 질그릇 조각이 군데군데 널려있었지만 용연의 성곽 유적지와는 달리 기와조각

따위는 전혀 보이지 않았다.

　부근의 삼층령 산성에 건물터가 전혀 발견되지 않았고 또 수원이 몹시 부족한 것은 산성 수비군이 평소에 산성이 아닌 부근의 평지성에서 생활했을 가능성이 점쳐지는 부분이기도 하다. 이 주장대로라면 용연의 성곽 유적지는 산성에서 거리가 너무 떨어져 있으며, 바로 산기슭에 위치한 삼각성이야말로 이에 적합한 곳이라는 지적이다. 용연의 성곽 유적지는 기와가 널려 있을 정도로 공공건물이 들어앉은 이름 있는 성새이고, 유물이 별로 없는 삼각성은 그저 단순한 주거지로 사용되었을 가능성이 크다는 것이다. 그렇지 않더라도 산성은 삼각성 주민들이 유사시에 언제든지 달려갈 수 있는 대피소와 다름없었다. 이러니저러니 해도 산성 하나에 딸린 두 개의 평지성은 실로 고대 성곽에서 보기 드문 조합이었다.

　한편 마을 부근에서 산채처럼 쌓인 검은 색의 둔덕이 시야를 어지럽혔다. 강기슭에 웬 석탄무지가 있나 했더니 이것은 두만강의 강바닥에서 건져 올린 쇳가루라고 한다. 두만강 상류의 무산 철광에서 흘러내린 철광석의 흔적이었다. 옛 역사와 기억 역시 이 철광석의 흔적처럼 두만강 기슭의 어딘가에 꽁꽁 밀봉, 보존되어 있지 않을까…… 아쉽게도 유물과 기재가 거의 전무한 탓으로 고대 성곽의 진실을 가린 장벽 역시 열여덟 고개처럼 첩첩이 겹쳐있는 것이다.

수묵화로 떠오른 송월^{松月}의 산성

　송월촌은 화룡 시내에서 서남쪽으로 8km 떨어져 있으며, 바로 화룡의 일경一景으로 불리는 송월저수지로 이름이 자자한 마을이다. 또 송월촌은 독립군이 일본 토벌군을 격파한 '청산리대첩'으로 유명한 청산리 입구에 위치한다.

　아이러니하게도 마을의 이름을 따서 불리는 송월산성은 저수지처럼 부근에 있었지만 '청산리대첩'처럼 접근할 수 없는 다른 세계였다. 동네에 들려서 산성으로 가는 길을 묻자 대뜸 '금지령'이 떨어졌던 것이다.

　"관두세요, 거긴 들어갈 수 없어요" 송월촌의 토박이인 이월보70여 세 옹은 몇 해 전만 해도 산성이 있는 골짜기에 자주 드나들었다고 한다. 그런데 골짜기 어구에 산지기 집이 들어서고 개를 기르면서부터 부득불 발길을 끊었다는 것이다.

　"그놈의 개가 너무 사나워서 웬만해선 부근에 얼씬할 수 없지요"

잠깐 밭머리에서 이 옹이 안노인과 함께 호박씨를 줍는 모습만 멋쩍게 지키고 섰다. 동네 남쪽을 흘러 지나는 해란강의 물소리가 귓가에 요란하게 들린다.

실망한 필자의 모습이 안쓰러웠던지 이 옹은 산성의 이야기를 호박씨처럼 땅바닥에 널어놓는다.

"이전에 마을 노인들이 그러시는데, 산성에 중들이 살았다고 합니다. 지금은 절이 없지요……"

산성에 절이라니?…… 자료에서 전혀 보지 못했던 내용이다. 혹여 마을에서 산성의 '호박'을 줍게 될지 모를 일이었다. 유감스럽게도 이 옹이 알고 있는 산성의 이야기는 마을 서쪽의 저수지에 막힌 해란강의 강줄기처럼 거기서 금방 동강이 나고 말았다.

송월촌은 조선족들로 이뤄진 마을로 이전에는 100여 가구나 되었다고 하는데 지금은 고작 40여 가구 밖에 남지 않았다. 이 옹에 따르면 마을 사람들은 산성이름은 잘 몰라도 산성이 있는 골짜기는 어른이나 아이나 모두 동네 골목길처럼 익숙하다고 한다. 토성골이라고 부르는 곳으로 불과 10여 년 전만 해도 송월촌은 물론 아래쪽의 탄광마을에서도 자주 버섯을 캐러 다녔다는 것이다.

안노인은 호박씨를 다듬다말고 동네 서쪽 어구까지 기어이 필자를 따라 나선다. 그는 동네에서 불과 수백 미터 떨어진 토성골을 가리키며 명심하라는 부탁을 잊지 않았다. 산지기가 기르는 개가 야성이 살아나서 무척 사납다는 것이다.

▲ 송월산성 부근의 송월촌

▲ 송월산성-토성골

아닌 게 아니라 골짜기 어구에 미처 발을 들여놓기 무섭게 개 짖는 소리가 사뭇 요란하다. 발길을 멈추고 집주인을 불렀지만 인기척이라곤 없다. 어딘가 낮일을 나간 모양이었다. 잠깐 망설이다가 골짜기 북쪽의 산비탈을 오르기로 했다. 그런데 이 막부득이한 선택이 다른 발견으로 이어질 줄은 정말 몰랐다.

북쪽 산기슭에는 흙을 파간 커다란 구덩이가 있었다. 구덩이를 지나 조금 더 북쪽으로 들어가자 오솔길 모양의 흔적이 보였다. 오솔길은 산비탈을 올라가면서 도랑처럼 작은 골을 만들고 있었다. 물이 흘러 내려 생긴 골이 아니어서 뭔가 이상하다 싶었다. 오솔길 양쪽을 오르내리다 말고 저도 몰래 무릎을 탁 쳤다. 이 '오솔길'은 길이나 골이 아니라 산비탈에 인공적으로 만든 참호였던 것이다. 참호 양쪽에는 무릎 높이로 흙을 올려 담을 쌓고 있었다. 참호는 산기슭에서 내처 산등성이의 성벽 부근까지 이어지고 있었다. 보아하니 북쪽에서 오는 위협에 대비하고 골짜기의 성문 수비를 보강하기 위한 시설물인 것 같았다.

문물지에 기록되어 있지 않는 '호박'은 그렇게 수풀 속에서 '넝쿨'채 드러내고 있었다. 천년을 잠자던 산성 기억의 일부가 생뚱맞게 '개 짖는 소리'에 소스라쳐 깨어난 것 같아서 실소를 금할 수 없었다. 방금까지 개에게 퍼부었던 저주는 어느덧 하늘가에 구름처럼 가뭇없이 흩어진다.

누런 낙엽 사이로 거뭇거뭇한 구렁이처럼 거대한 몸체가 시야를 막아 나섰다. 산등성이를 타고 앉은 토성이었다. 높이가 3m 남짓한 토성은 바깥쪽 경사가 심한 탓에 기다시피 올라야 했다. 토성은 윗 너비가 2m 정도로 넓어서 두 사람 정도가 가지런히 걸어 다닐 수 있었다.

산성은 고로봉식으로 산세를 따라 산등
성이에 축성되어 있었다. 서북부의 일부
구간을 벼랑 자체 그대로 이용한 것 외의
부분은 모두 인공적으로 흙을 쌓은 것이었
다. 골짜기 어구의 서쪽 비탈에서 흙을 파
내면서 약 30m의 구간이 파괴된 것 외에
는 성곽의 전부가 거의 그대로 보존되어

▲ 멀리 보이는 송월산성 토성골

있다. 성곽은 타원형 모양으로 성내의 골짜기가 잎줄기처럼 세로 쭉 금을
긋는 듯 흡사 한 떨기의 꽃잎을 방불케 했다. 토성은 북쪽과 서쪽, 남쪽
모서리에 네 개의 각루를 설치하고 있었다. 각루는 모두 지름이 약 6m로
작지 않았다. 성벽 안쪽에는 평평하게 다듬은 건물자리가 여러 곳 있었
다. 순시병이나 초병들이 이용했던 막사자리인 것 같았다. 둘레의 길이가
2,480m인 이 산성은 대형 성곽이었지만 성벽 위의 각루와 북쪽 성벽 밖
의 참호를 제외하고는 별다른 시설물이 없는 단일성이었다.

산성에는 크고 작은 골짜기가 세 개나 되었다. 남북 양쪽의 골짜기는
좁은데다가 경사가 너무 심해 거기로 걸어 다닌다는 자체가 일장 고역이
었다. 통행이 극심하게 불편한 이 골짜기에는 완만한 평지가 없어서 유적
을 기대하기 어려웠다. 큰 토성골이라고 불리는 가운데의 골짜기는 이에
비해 경사가 완만하고 골이 무척 넓었다. 이 골짜기의 중심부분에는 건물
터로 추정되는 평탄한 둔덕이 있었다. 둔덕 동쪽의 낙엽 사이로 건축용으
로 추정되는 돌덩어리들이 보였다. 좀 전에 이 옹이 화제에 올렸던 절 자
리는 바로 이 둔덕을 이르는 말이었다.

▲ 토성골 건물터

　　사실 산성에서 유일한 대형 건물터에 절이 들어섰다는 것이 도무지 믿기 어려웠다. 이토록 큰 산성이 불과 수십 평 정도의 절을 수비하기 위해 세워졌다는 게 어불성설이기 때문이다. 좌우가 꽉 막힌 둔덕의 주변 환경을 보아도 절이 들어설 만한 자리가 아니었다. 더구나 성내에서는 절과 관련된 유물이 발견된 적 없는 걸로 전한다. 다만 지금까지 흙으로 빚은 회색 질그릇 조각과 갈색 질그릇 조각 3점을 채집했을 따름이다. 또 언제인가 성내에서 쇠로 만든 화살촉을 발견했는데 그 모양이 삼각형, 버들잎 모양이었다고 전한다. 이 역시 절이 아니라 성곽 수비군과 관련된 유물이었다. 이런 점을 보면 마을 노인들이 이야기하는 전설은 엉뚱한 허구로 빚어진 것 같다.

송월산성은 절이 있었든지 없었든지를 막론하고 아직까지 축성연대를 두고 확실한 결론이 없는 걸로 알려진다. 일부 학자들은 부근에 발해의 문화유적이 많은 걸로 미뤄보아 발해시기에 해란강 유역에 축성한 산성으로 추정하기도 한다. 또 일부 학자들은 송월산성 서남쪽의 산위에 있는 돈대들과 한데 묶어 화룡, 연길, 용정 등의 지역을 가로탄 3백리 장성의 전연요새로 주장한다. 해란강 유역은 훈춘 경내와 부르하통강 지역과 더불어 북옥저 지역에서 고구려의 주요한 통치구역이였으며, 송월산성 역시 이 지역의 안전과 방위를 위해 고구려가 장성 외부에 수축한 성곽이라는 것이다.

▲ 호박씨를 파내는 송월촌 노인

▲ 토성

잠깐 노트에 적은 기록을 정리하고 나서 목도 축일 겸 둔덕 동쪽에 있다고 하는 옹달샘을 찾았다. 그런데 옹달샘은커녕 물 흔적도 찾을 수 없었다. 혹여 위치를 잘못 기억했는가 하고 어정쩡했는데 그게 아니었다. 토성골의 샘물이 꿀맛 같다고 소문이 나서 몇 해 전 여기에 산기슭까지 인수(引水) 파이프를 가설하고 옹달샘을 땅 밑에 파묻었던 것이다.

샘터 아래의 도랑은 구불구불 산기슭을 내려 멀리 동쪽으로 해란강에 흘러들고 있었다. 이미 바닥이 바싹 마르고 풀이 무성하게 자란 도랑은 화려했던 지난날을 오래 전부터 멀리하고 있었다.

꽃잎처럼 흩날리는 낙엽이 바람을 타고 머리 위에, 어깨 위에 소리 없이 내려앉는다. 두둥실 밝은 달밤이면 나무와 달과 사람이 한데 어울려 그야말로 송월산성이라는 이름처럼 한 장의 슬픈 그림을 땅 위에 그릴 것 같다. 아쉽게도 골짜기 어구에서 컹컹 하고 들리는 개 짖는 소리는 금세 이 그림을 얼음조각처럼 산산이 깨뜨려 버리고 있었다.

빼곡한 잡목 사이를 뚫고 산지기의 집과 담이 가까스로 보였다. 기척을 낼라 조심조심 골짜기 어구로 접근하였다. 삼면이 가파른 산에 에둘린 산성에서 유일한 출입구인 이곳은 관문과 같은 형국이었다. 집과 담은 바로 남북 토성이 한데 어울리는 골짜기의 가운데에 위치하고 있었다. 결국 산성의 '현대판' 보루는 이곳에 있었던 성문자리를 빗자루처럼 말끔히 쓸어버리고 있는 것이다.

▲ 말라버린 토성골의 시냇물

그렇다고 산성의 비경이 하늘 아래 영영 소실된 건 아니었다. 산성 기슭에 있는 송월저수지가 마치 거울과 같이 주변의 풍경을 그대로 담고 있는 것이다. 맑은 물에 거꾸로 비껴 있는 산과 나무는 하늘 아래에 그려진 한 점의 아름다운 수묵화를 방불케 했다. 아니, 어쩌면 호수에 자취를 숨긴 천년 잠룡潛龍의 거대한 그림자인지도 모른다.

▲ 성벽 위의 흙둔덕

팔가자^{八家子}산성, 옛날 옛적의 이야기

　화룡시 서성^{西城}에서 남쪽으로 약 5km 떨어진 팔가자진^{八家子鎭}은 이름 그대로 옛날 여덟 가구의 인가만 살고 있었다고 해서 지어진 이름이다. 그러나 그건 호랑이가 담배를 피우던 때의 옛말이요, 지금은 인가가 하도 조밀하여 '팔백가진^{八百家鎭}'으로 개명해야 한다는 우스개가 떠돌 정도이다.

　팔가자 남산은 투도^{斗道}벌 서남쪽에서 제일 높은 봉우리로, 멀리서도 금방 알아 볼 수 있었다. 그런데 빗자루로 쓴 것처럼 밋밋한 산비탈에는 흰색의 열사비를 제외하곤 뭔가 눈에 확 뜨이는 게 없었다. 산성 자체가 전부 흔적 없이 사라진 게 아닌가 하는 위구심이 갈마들었다. 아니나 다를까, 현지 태생이라고 하는 택시기사는 산성 이야기가 나오자 대뜸 곤혹스러운 표정을 짓는 것이었다.

　"산성이라니 처음 듣는 이야기인데요. 혹시 다른 데를 말씀하시지 않으세요?" 그는 어릴 때 자주 남산에 올라 숨바꼭질을 하고 놀았다고 재

"

삼 부언한다.

아닌 게 아니라 투도벌에는 고성 하면 으레 첫손에 꼽히는 곳이 있으니, 바로 팔가자의 동북쪽으로 6~7km 정도 떨어진 서고성西古城이다. 서고성은 발해국 중경현덕부의 소재지로 비정되는 천년의 고성으로, 명성이 자자한 덕분에 부근의 고성은 아예 셈에도 들지 못하는 모양이다.

'백문불여일견'이라고 일단 남산에 오르기로 했다. 동네를 벗어나 산기슭에 놓인 철길을 건너자 금세 산 정상 쪽으로 달구지길이 나타났다. 정상부 동북쪽에 서있는 열사비는 중국 '해방전쟁'과 '항미원조 6·25전쟁' 시기의 현지 열사들을 기리기 위해 만든 것으로, 산비탈을 깎아 그 자리에 세웠다. 나중에 알고 보니 아이러니하게도 산성 표지석이 서있어야 했을 성문터 부근이었다.

▲ 산성기슭의 팔가자

▲ 산성 한가운데의 망루로 보이는 언덕

산 정상은 남쪽이 높고 북쪽이 낮은 상대적으로 평평한 언덕이었다. 이 언덕을 울바자처럼 빙 둘러싼 산성은 약간 불규칙적인 'U'자 모양을 하고 있었다. 성벽은 대부분 흙으로 쌓여 있었으며 단 일부 구간만 흙과 돌을 섞어 쌓은 혼축성이었다. 산성은 둘레의 길이가 약 1,500m인 중급 규모의 성곽으로, 자연적인 험요한 산세를 충분히 이용하고 있었다. 산성의 북쪽과 서쪽, 남쪽은 수십 미터 높이의 벼랑을 그대로 이용하고 있었으며, 여기에 인공적으로 쌓은 성벽이라곤 보이지 않았다.

남산은 정상부를 제외하고 비탈이 완만한 곳은 모두 경작지로 되어 있었다. 산성은 자연과 인위적인 파괴 때문에 이미 옛날의 모습을 전부 잃고 있었다. 옛날 산성 북쪽에 있었다는 쌍둥이 못 가운데서 하나는 이미 경작지에 묻혔고, 간신히 남은 못 하나는 아예 바닥까지 물이 바싹 말라

있었다. 현지에서 산성에 있었다고 전하는 우물도 어디론가 사라지고 대신 돌을 고인 샘물터가 하나 남아 있었다. 이전에 성문터 부근에는 용처 불명의 돌덩이가 몇 개 있었고 또 인공적인 유적이 있었다고 한다. 그러나 열사비를 만들 때 파괴되었는지 아무런 흔적도 찾을 수 없었다.

산성 북쪽에는 초소터로 추정되는 웅덩이가 두세 개 있었다. 서쪽 성벽 부근과 남쪽 성벽 부근에는 둔덕이 하나씩 있었는데, 인공적인 축조물의 유적으로 미뤄보아 이곳에는 봉화대나 망루가 있었던 것 같다.

산성의 제일 온전한 성벽은 대부분 동쪽의 완만한 비탈에 위치하고 있었다. 그나마도 높이가 불과 1미터 정도여서 자칫 밭 언저리의 둔덕으로 오인하기 쉬웠다. 게다가 1960년대에 대륙을 휩쓸었던 전쟁준비의 유적인 참호가 바로 성벽 위에 흉물스런 구렁이처럼 엎드려 있었다. 아무튼 속살이 드러난 덕분에 흙에 드문드문 섞여있는 돌덩이 등의 내용물을 볼 수 있었다. 산성의 수난사는 그것으로 끝나지 않고 있었다. 현대의 무덤들이 성벽을 허물고 들어서면서 산성에 흉터를 남기고 있는 것이었다.

산성 주인의 삶의 자취인 거주지의 유적은 밭고랑이 어딘가에 파묻힌 듯하였다. 지금까지 성내에서 건물 유적이 단 한곳도 발견되지 않고 있는 것이다. 성벽 위에 무더기로 피어난 진달래꽃은 마치 일부러 무덤가에 놓은 화환처럼 그렇게 처량할 수 없었다.

"이거 성곽이 없었다고 해도 말이 되겠네요. 뭐가 보이는 게 있어야죠" 일행 중 누군가 낙심한 나머지 땅바닥에 길게 탄식을 떨어뜨린다.

잠깐 실망을 뒤로 남겨 두고 산마루에 올라섰다. 금세 60리 30km 투도벌이 눈 뿌리가 모자라게 달려왔다. 투도벌은 발해시기에 벌써 '노주蘆洲

의 벼'로 소문난 곡창지대로, 지금도 '평강平崗의 입쌀'로 연변에서 평판이 높다. 남산의 바로 북쪽 산기슭에는 용정 - 화룡 철도가 지나고 있었고, 조금 더 나가서는 용정에서 화룡에 이르는 옛 도로가 누워있었다. 서쪽은 깊은 협곡으로 거기에는 남쪽으로 복동福洞과 용화勇化를 거쳐 두만강에 이르는 길이 있었다. 남산 자체가 곡창지대와 교통요로에 위치한 천연적인 보루로 조금도 손색이 없었다.

▲ 팔가자와 산성이 위치한 남산

팔가자산성은 요새적인 지위가 일목요연하지만, 지금까지 아무런 유물이 발견된 게 없어서 축성연대를 판정하기 어렵다. 학계에서는 산성의 독특한 지리적인 위치는 물론이요, 서고성을 비롯하여 부근에 있는 북대北大고분, 해란海蘭고성 등이 발해유적이기 때문에 발해시기에 축성된 것으로

▲ 길로 인하여 끊어진 성벽 일부

봐야 한다는 견해가 지배적이다. 한편 일각에서는 산성이 300리 고구려장성의 남단에서 불과 5~6km 떨어져 있으며, 서쪽 산줄기의 꼭대기에 세워진 봉화대나 망루 등이 장성과 이어지는 점 그리고 삼면의 천연적인 벼랑을 최대한 이용한 축성기법 등의 특점으로 미뤄보아 발해에 앞서 고구려시기에 축성된 것으로 조심스럽게 주장하고 있다.

이런 왈가불가의 논쟁을 떠나서 팔가자산성에서 동북쪽으로 4~5km 떨어진 이웃 하남촌河南村고성을 특별히 주목할 필요가 있다. 하남촌고성은 위치적으로 분명히 팔가자산성과 짝을 짓는 평지성으로 볼 수 있기 때문이다. 사실 하남촌은 이웃 산성과 하나로 묶이는 고성이 아니더라도 마을 자체가 팔가자진의 일부에 속한다. 팔가자진은 원래의 이름이 상남上南이지만, 훗날 상남과 중남中南, 하남河南 등의 세 부분을 하나로 아우르는 지명이 되었기 때문이다. 그리고 보면 평지성 하남촌고성은 팔가자산성과 혈연적으로 한데 이어져 있는 듯하다.

하남촌고성은 둘레의 길이가 무려 2.5km에 달하는 대형 성곽이다. 성벽은 흙을 판축하여 쌓았는데, 잔존한 흔적으로 미뤄보아 성벽의 밑 너비만 해도 8~10m에 달하는 네모모양의 성곽으로 보인다. 한때 평야에 있었던 이 거대한 축조물 역시 경작지를 개간하고 또 해란강의 물길이 남쪽으로 변하면서 원래의 모습이 전부 파괴되었다. 그러나 산성과는 달리 성곽 내에 널려있는 유적과 유물이 적지 않았다. 1970년대 하남촌고성에서는 압지무늬의 기와와 막새 조각, 꽃무늬의 벽돌조각 등이 채집되었으며 그 후 동과 쇠로 만든 불상 등과 같은 발해시기의 특징이 다분한 유물이 발굴되었다. 성곽 내에 있던 고분에서는 이와 같은 시기의 금과 은 장식품 등의 유물이 출토되었다. 이로써 하남촌고성은 학계에서 발해시기의 성곽으로 확실하게 자리를 굳히고 있다.

팔가자산성은 유사시 하남촌고성의 주민들이 즉시적으로 대피하기에 둘도 없이 적당한 요새이다. 산성에는 유물이 전무하다시피 하지만 오히려 평지성에는 풍부한 점이 이 같은 주장에 무게를 실어주고 있다. 따라서 팔가자산성 역시 하남촌고성처럼 발해성곽으로 보아야 한다는 견해가 갈수록 우세하고 있는 실정이다.

에피소드가 하나 있다. 하남촌고성은 항간에서 허래성虛萊城이라는 이상한 이름으로 불린다. 일부에서는 허내성虛乃城이라고도 적지만, 이 고성 이름의 중국어 말소리는 모두 비슷하다. 언어학자들은 이 성곽 이름을 여진족의 말인 'sulhe'를 중국어로 옮겨놓은 것으로, 배라는 뜻이라고 해석한다. 이에 따르면 훗날 고성에는 여진족들도 생활했으며, 그때 이 부근에는 그들이 이름을 따서 지명을 만들 정도로 야생 배나무가 무척 많았던 것 같다. 이런 사실을 증명할 '산 증인'이 하나 있다. 연변의 소문난 '사과배'는 바로 1920년대 함경남도 북청의 배나무를 소기촌小箕村의 배나무에 접목하여 만든 '혼혈'의 과일인 것이다. 이 소기촌은 마을 지형이 버치모양과 같다고 해서 불리는 이름으로, 하남촌에서 북으로 불과 20km 정도 떨어져 있다.

▲ 성벽 위에 자란 진달래꽃

　　"행여나"하고 일루의 희망을 품었지만 팔가자 부근의 평야에는 배나무가 단 한그루도 보이지 않는다. 대신 촘촘히 들어선 인가와 밭, 도로가 그물처럼 땅 위를 가로세로로 덮고 있었다. 배나무는 옛날 옛적의 옛말이 되어버린 것이다. 일찍 배나무가 자랐던 고성, 고성에서 살던 주인공들은 옛말의 고개 넘어 아득한 전설이었다.

산중에 숨은 비밀의 "아지트", 양목정자^{楊木頂子} 산성

화룡시 투도頭道진에서 남쪽으로 10km 정도 떨어진 곳에 석국石國이라
는 마을이 있다. 석국은 원래 돌국사, 즉 돌을 쌓아놓은 국사당으로서 신
령의 복을 기원하는 성황당이었다. 청나라 말기 중국말로 지명을 옮기면
서 돌은 석石자가 되고, 국사國師는 꼬리 글자를 떼어버리다 보니 석국으
로 되었다는 것이다. 그런데 지금은 중국말을 다시 우리말로 옮기면서 종
종 '돌나라'로 불리는 황당한 풍경이 연출된다고 한다.

석국이든 돌나라든 마을에서 산성 쪽으로 들어가는 길은 진짜 어느 심
술쟁이가 제멋대로 돌덩이를 마구 던진 것처럼 울퉁불퉁했다. 승용차를
포기하고 현지에서 경운기를 빌렸더니 차가 너무 들춰서 아예 내장을 싹
들어내는 것 같았다. 그렇게 수킬로미터나 달리는 산행은 이름 그대로 지
옥행이나 다름없었다. 갈수록 심산이라더니 산 어구에 당도하자 이번에
는 난데없이 차단봉이 불쑥 길목을 막아 나선다. 산불이 나기 쉬운 계절

이라 일절 봉산封山이라는 것이다.

나중에 산행의 이유를 듣고 나서 그예 안내인으로 나선 고마운 산지기가 있었다. 희한하게도 석국의 첫 자를 딴 석씨 성의 사람이었다. 정말이지 답사 첫걸음부터 소설 같은 이야기가 벌어지는 것 같았다.

▲ 근대의 기념물 – 양목정자 참안기념비

양목하楊木河를 건너 산중으로 깊숙이 기어들어간 달구지길은 좌우 협곡으로 갈라지고 있었다. 오른쪽 길이 들어선 협곡은 소대갈골로 통한다고 하는데 그 이름이 하도 이상해서 영문을 물었지만 석 씨도 잘 모르고 있었다. 그에 따르면 바로 왼쪽 길이 들어선 협곡에 산성이 자리한 토성골이 있다는 것이다.

왼쪽 협곡에 들어선지 얼마 안 되어 울바자에 둘린 농가 한 채가 나타났다. 마당 귀퉁이에는 통나무로 만든 부경桴京이 남다른 시골정취를 풍기고 있었다. 부경은 고구려시기의 특유한 다락창고이다. 그러나 정작 일행의 발목을 잡은 것은 부경이 아니라 부근의 흙 둔덕이었다. 1.5~2m의 높이로 쌓은 흙 둔덕은 거대한 차단봉처럼 골짜기를 가로지르고 있었다. 수십 미터 폭의 이 둔덕은 네모무늬의 자그마한 성곽을 이루고 있었는데, 초석으로 보이는 돌덩이들이 성곽 가운데에 여러 개 널려 있었다.

마을사람들이 만든 거냐 하고 물었더니 석 씨는 대뜸 그게 '서쪽에 해가 뜰 일'이라고 말한다.

"아뇨, 산중에 이런 토성을 만들어서 뭘 하게요?"

냇물을 가로타고 골짜기를 가로막은 이 성곽은 무인지경의 산중에 하등의 필요가 없는 인공 축조물이었다. 산짐승을 방비하기 위한 대책으로는 우둔한 발상이요, 엄청난 인력과 물력 낭비이기 때문이다. 산골짜기에 들어선 농가 역시 성곽을 떠나 북쪽 성벽에서 수십 미터 떨어진 길옆에 위치하고 있는 것이다. 산성으로 통하는 길목에 자리잡은 이 성곽은 옛 산성 외곽의 차단성이 아니면 별다른 용도로 해석하기 어려웠다.

협곡의 동쪽 첫 번째 골짜기는 입구의 폭이 겨우 2~30m로 몹시 좁았고 수풀이 무성했다. 그러나 두 번째 산골짜기는 이보다 폭이 넓었고 평평하기까지 했다. 첫 번째 골짜기에 산성이 있다고 해서 혹여 빗보지 않았나 하고 생각했지만 석 씨는 틀림없이 있다고 장담한다. 이곳의 산들을 사흘이 멀다하고 매주 밟듯 하는 그의 말을 믿지 않을 수 없었다.

아닌 게 아니라 산등성이에 올라서자마자 초소자리로 추정되는 우묵한 웅덩이가 나타났다. 이런 웅덩이는 불과 수십 미터 되는 거리에 여러 개나 되었다. 또 열 서넛 걸음마다 길 표식을 나무껍질에 남겼다는 산지기의 칼자국이 푯말처럼 나서서 따분한 산행에 재밋거리를 선사하고 있었다. 여름철이면 나뭇잎이 하늘을 가려 동서남북을 도통 분간할 수 없었기 때문에 고안한 방법이 나무껍질에 칼로 '도장'을 파는 것이었다고 한다.

▲ 골짜기 입구의 부경(桴京)

100m쯤 올라가자 산등성이에 흙과 돌로 쌓은 3m 높이의 담이 나타났다. 여기서부터 성벽이 시작되고 있었는데, 성벽보다 1, 2미터 더 높은 이 담은 성벽 귀퉁이에 서있는 각루였다. 나중에 보니 이런 각루는 성벽 네 모서리에 각기 하나씩 있었다. 또 성벽의 일부 구간에는 호위성인 이중 성벽이 만들어져 있었다. 협곡 쪽을 향한 동쪽 산등성이에 있는 성문에는 옹성 비슷하게 성벽을 덧쌓고 있었다. 산성에서 내부로 통하는 북쪽 골짜

기에는 옹성이 있었는데, 성곽 전반에 걸쳐 제일 취약한 이곳을 보완하려는 속셈이 그대로 엿보이고 있었다.

성벽은 산세를 따라 등성이에 쌓았는데 골짜기를 빙 둘러싸고 있었다. 성곽은 둘레의 길이가 약 2000m로 밑 너비는 10m 정도, 높이는 1.5~2m에 달했다. 성벽은 흙과 돌을 섞어서 쌓았다. 돌로 쌓은 부분은 계선이 분명했으며 바

▲ 골짜기 입구에 있는 차단성

깥쪽은 상대적으로 고르고 반듯했다. 버들잎과 같은 모양의 성곽에는 시냇물이 골짜기를 흐르면서 흡사 잎자루를 방불케 하고 있었다. 앞뒤 비탈에 촘촘히 늘어선 건물터는 잎 몸체에 있는 맥들과 같았다.

발목을 덮는 낙엽 때문에 동쪽 성문 부근에 있다는 옛 우물자리는 끝내 찾지 못했다. 대신 부근 건물터에 옹기종기 들어선 무덤들이 눈을 아프게 찔렀다. 비석을 보니 이 무덤들은 고분이 아니라 1940년대의 '유물'이었다. 공교롭게도 무덤이 들어선 이 '음택陰宅'은 산성에서 유일하게 평평한 둔덕으로 산성 '수뇌부'가 자리했던 곳으로 추정되는 곳이었다. 무덤들이 천년의 명당에 나 보란 듯 도열하고 있어서 인간세상의 윤회輪回를 한장의 고풍스런 그림으로 그리고 있는 것 같았다.

지금까지 성내에서 출토된 문물은 한손으로 헤아릴 정도로 적었다. 약 30년 전, 길림성 고고학훈련반과 화룡현 문물조사팀이 산성조사에서 삼각모양의 쇠 활촉 1점과 벽돌조각 1점, 노끈무늬의 기와 2점, 천 무늬의 기와 1점 등의 문물을 발견한 것에 그친다. 그나마 당시 무분별한 채벌로

벌거숭이가 된 산에 문물이 지표에 쉽게 드러나 있었던 게 불행 중 다행
이었다.

▲ 양목정자 성벽 일부

　산성의 확실한 축성연대는 아직까지 문헌적인 고증이 없는 걸로 알려
진다. 일부 학자들은 성터에서 출토된 상기 특유한 노끈무늬의 기와 등으
로 미뤄보아 산성을 고구려시기에 축성된 것이라 주장한다. 이와는 달리
현지의 대부분 학자들은 양목정자산성을 하곡평원의 안전을 도모하고 서
고성西古城의 위성역할을 한 발해시기의 성곽으로 보고 있었다. 서고성은
발해 중경현덕부의 소재지로, 산성에서 북쪽으로 약 15km 떨어져 있다.
그러나 축성연대를 떠나서 양목정자산성을 곡창지대인 평야를 지키는 요
새나 위성산성으로 보기에는 억지감이 적지 않다는 견해도 만만치 않다.

▲ 건물터의 1940년대 무덤비석

양목정자산성은 부근 평야와 5km나 동떨어져 있고 산, 물, 골짜기를 사이에 두는 등, 소나 말과 같은 교통도구를 이용하더라도 왕래가 여간 불편한 게 아니기 때문이다. 막상 근처에 가더라도 산성은 골짜기 어구에 는 인공 축조물이라곤 전혀 보이지 않는 등 위장이 잘 되어 있어 안내인 없이는 찾기 힘들다. 세간의 눈길을 피해 일부러 깊은 산속에 도피한 행색이 진하다는 이야기이다. 교통로에서 멀리 벗어나고 산중에 이처럼 깊숙이 포진한 산성은 연변지역의 고대 성곽에서 아주 특이한 모양새이다.

"이상하네, 산에 백양나무가 없잖아요?" 산성을 내리면서 누군가 낙엽 위에 물음표를 떨어뜨린다. 사실 이건 누구나 할 것 없이 답사 내내 머릿속에 떠올렸던 커다란 의문거리였다. 골짜기의 이름에 찍혀있는 백양나무를 단 한 그루도 보지 못했던 것이다. 온 산에 지천으로 널린 게 떡갈

나무요, 군데군데 소나무가 끼어 있을 뿐이었다.

　물어보니 이전에 산에는 사시나무와 살구나무 등이 주종을 이루었다고 한다. 사시나무는 버드나무과에 속하는데 약한 바람에도 잘 흔들리며 흰 빛의 잎 뒷면이 잘 드러나기 때문에 일명 백양이라고도 불리는 낙엽교목이다. 산골짜기의 이름은 그 누가 제멋대로 지어낸 게 아니었다.

　후문이지만 현지 노인들은 산성을 고대 무사들이 둔병하고 있던 양병養兵의 장소로 전하고 있었다. 그들에 따르면 이 산성은 언제든지 비장秘藏의 무기로 내놓을 수 있는 무사들의 '아지트'라는 것이다. 성곽이 쉽사리 사람들의 시야에 표출되지 않는 산중에 위치한다는 점이 이 전설을 뒷받침하고 있었다. 평야에 불쑥 나타나 불의의 공격을 들이대는 병력은 그야말로 적에게 하늘에서 내린 '천군天軍'의 공포로 다가설 수 있을 것이다.

　그렇다면 산야의 수풀에 덮여있는 이 산성에는 얼마나 많은 이야기가 숨어 있을까…… 떡갈나무에 박힌 칼자국은 천년 세월의 저쪽으로 향한 푯말처럼 무한한 연상을 자아낸다. 하지만 '천년의 이야기'는 핏자국처럼 파란 이끼가 피어 있는 성벽에 해독하기 어려운 한 부의 '천서天書'로 산화되어 있었다.

잠두성蠶頭城의 누에는 어디로 갔나

　잠두성은 연변지역의 고성에서 유일하게 곤충의 이름을 따서 불리는 고성이다. 잠두성은 화룡시 투도頭道진에서 남쪽으로 7~8km 떨어졌으며, 발해인의 벽화로 유명한 정효貞孝 공주752~792의 무덤이 바로 고성 서쪽의 산비탈에 자리하고 있다.

　솔직히 잠두성은 '누에'와 엉킨 '실 꼬치'를 찾기 힘들다. 고성이 위치한 마을은 용해龍海이며 마을 서쪽에 남북으로 뉘인 산은 용두산龍頭山으로서 모두 '용龍'자 돌림 이름인 것이다. 그런데 하필이면 용의 비늘 격으로 자잘한 누에를 성곽에 갖다 붙였는지 귀신이 곡할 노릇이다. 애초에 고성을 '용두성龍頭城'이라고 불렀으면 모를까? 꼬투리를 잡는다면 '인민공사' 시절인 1970년대에 부근 동네에서 누에를 친 게 고작이다. '용두성'이 풍비박산 되어 '잠두성'으로 되었는지도 모른다. 산기슭에 오밀조밀 들어선 마을이 뽕잎을 갉아먹는 누에처럼 잠두성을 앙상한 폐허로 만들고 있는 것이다.

▲ 용해마을이 자리잡은 잠두성 옛터

현지 태생인 안동식60여 세 씨는 수년 전 용해에 포장도로가 들어설 때 생긴 일들을 말하다가 억이 막히는지 잠깐 뜸을 두는 것이었다.

"……그걸 어디에 버렸는지 모릅니다. 길이 서고 나서 보이지 않던데요"

안 씨가 말하는 물건은 길가에 있었던 잠두성의 표지석이다. 행방을 떠나서 잠두성은 그때 벌써 표지석이 하등의 필요가 없을 정도로 형체를 전부 잃고 있었다. 잠두성은 원래 자연과 인위적인 파괴로 훼손이 심했고 잔존한 성벽도 1950년대 밭을 논으로 개답하면서 심하게 파괴되었던 것이다. 1980년 가을, 연변박물관에서 고성을 조사할 때 다만 100m 정도의 북쪽 성벽과 일부 성벽구간이 남아 있었다고 한다.

잠두성은 그렇게 야금야금 잠식되어 용두산 기슭의 평야에 이름만 덩

그러니 남겨 놓고 있는 것이다.

　마을 동북쪽의 논밭에는 낮은 둔덕이 하나 있었다. 강돌이 지저분하게 널린 이 둔덕은 옛 성벽의 일부라고 한다. 천년의 성벽이 졸지에 사라지는 살풍경을 헤치고 아직 다만 얼마라도 남아 있다는 자체가 하나의 기적이었다. 이 둔덕은 북쪽 기타 성벽보다 높았기 때문에 간신히 남은 것 같았다. 위치를 보니 북쪽 성벽의 동쪽 모서리로, 각루가 있지 않았나 싶었다.

▲ 마을 부근의 흙둔덕

　마을 서쪽에도 강돌이 널린 낮은 둔덕이 있었다. 옛 성벽자리로 보이는 이 둔덕 부근에는 회색의 기와조각이 수두룩이 널려 있었다. 이런 기와조각은 앞면이 민무늬였고, 뒷면은 모두 천 무늬였다. 이런 기와들 가운데 일부는 노끈무늬였으며, 압지무늬의 기와도 적지 않았다.

안 씨에 따르면 이런 유물은 여기의 밭에 흔할 뿐만 아니라 마을 안에도 적지 않게 널려 있다고 한다. 1960년대 말, 마을 한복판에 전시준비용 갱도를 팔 때 이런 기와와 토기 조각이 흔하게 나왔으며 초석이 있는 집터가 자주 발견되었다고 한다. 지금의 용해마을은 잠두성 옛 주민들의 주거지 위에 자리를 잡고 있었던 것이다.

잠두성은 강돌과 흙을 섞어 쌓은 혼축성이다. 현지 문물지의 기록에 따르면 성곽은 네모 모양으로 동서의 길이가 약 300m이며 남북 길이가 약 320m이다. 현지의 문물지가 남긴 1980년대의 조사기록은 그때까지 잔존한 북쪽 성벽의 너비가 6m, 높이가 0.5m였다고 전한다. 또 성곽은 요·금 시기의 고성과는 달리 치와 같은 시설을 전혀 발견할 수 없었다고 한다.

잠두성의 구조는 서고성西古城이나 팔련성八連城 등 발해시기의 고성과 유사하다. 성내에서 채집된 압지무늬의 기와, 사개식의 반원통형기와, 토기의 변두리 모양은 발해유물에서 흔하게 볼 수 있는 전형적인 기물이다. 이에 따라 잠두성을 발해성곽으로 보는 게 통설이다.

잠깐 짚고 넘어가야 할 대목이 있다. 이상하게 잠두성에 고구려 전통의 기와로 보이는 노끈무늬 기와가 나타나기 때문이다. 이런 기와는 잠두성과 서쪽으로 복동하福洞河를 사이에 두고 있는 용두산의 무덤떼에도 적지 않은 걸로 연변의 '고성지古城址' 연구 집성에 기재되어 있다. 용두산은 1980년대에 발해 제3대 문왕文王 대흠무大欽茂의 넷째 딸 정효공주의 무덤이 발굴되고 또 2004~2005년 정효공주 무덤 부근에서 제3대 문왕의 부인인 효의孝懿황후와 제9대 간왕簡王의 부인인 순목順穆황후의 묘지가 발굴되는 등 발해왕실의 귀족무덤으로 알려진 곳이다.

'정효공주'의 무덤 위에는 창문 하나 없는 벽돌건물이 한 채 들어서 있었으며, 이 때문에 황산에 박혀있는 비석처럼 멀리서도 유난히 눈에 띄었다. 그러나 공주무덤은 물론 황후무덤도 일반에 개방된 게 아니어서 부근에서 사진 몇 장을 찍는 것으로 만족해야 했다. 나중에 산을 내리면서 보니 무덤 부근의 밭과 풀숲에 회색 기와조각이 낙엽처럼 너저분하게 널려 있었다.

▲ 밭에 널린 기와조각

뭐가 뭔지 잠깐 헷갈리지만, 발해의 낙인이 또렷하게 찍혀있는 용두산의 무덤에서 노끈무늬의 평기와뿐만 아니라 네모무늬, 돗자리무늬 등의 고구려 전통의 기와가 전부 출현하고 있는 것이다. 더구나 발해국 황후의 무덤 유물에서 출토된 금제 관식, 팔찌, 비녀 등에도 고구려의 모습이 엿

보이고 있다. 이중 새 날개의 이미지를 세 가닥의 식물 이파리처럼 도안화한 금제 관식은 고구려 조우관鳥羽冠의 전통이 그대로 드러난다. 용두산에 나타난 이 고구려의 '깃발'은 발해의 '영지領地'에 걸린 한 폭의 반기나 다름없다. 그렇다면 정효공주가 발해가 아닌 고구려의 공주라도 되고, 효의나 순목 황후가 고구려 황후라도 된다는 말인가?……

일부 학자들은 용두산에는 일찍 고구려시기에 무덤이 있었을 수 있다는 설을 제기한다. 그들에 따르면 현재의 발해무덤은 고구려의 무덤 위에 들어섰으며, 이 때문에 용두산에 고구려 전통 기와조각이 나타나고 있다는 것이다. 그러나 무덤 부근만 아니라 무덤 안의 부장품에도 나타나는 고구려 전통의 유물은 전부 이 설로 해석이 가능하지 않다. 따라서 발해국은 고구려시기의 장식과 건축 양식을 답습, 계승했으며 이 때문에 발해의 무덤유적에 고구려의 그림자가 비껴있다는 설이 가장 유력하다.

▲ 정효공주묘

▲ 용두산

▲ 용두산고분군 표지석

사실 용두산처럼 노끈무늬의 평기와가 발견되는 발해유적은 연변지역에 무려 20여 곳이나 된다. 이런 기와는 아직까지 유독 안도현 경내에서만 발견되지 않았고 기타 지역의 8개 시와 현에서는 모두 출토되었다. 이중 훈춘의 팔련성八連城과 마적달馬適達 사찰, 연길의 북대北大고성 등은 의심할 여지가 없는 전형적인 발해유적이다. 발해가 상당한 시일동안 계속 고구려의 노끈무늬 기와를 사용했다는 걸 방증하는 부분이다.

안 씨는 산기슭의 농가를 지나다말고 집주인과 수인사를 건넸다. 알고 보니 집주인은 용두산의 '능참봉'이었다. 후문이지만 용두산은 몹시 민감한 '금지구역'으로, 외지인들의 행차는 감시대상 1번으로 되고 있었다.

"여긴 땅도 파지 못하게 하지요. 위에서 금지하거든요" 안 씨가 한마디 곁드는 말이다. 그에 따르면 언제인가 동네의 한 농부가 기름개구리를 잡느라고 산에서 몰래 땅을 파헤치다가 옥으로 만든 베개를 발견했다. 이 농부는 옥 기물을 애지중지 골방에 숨겼다가 훗날 발각되어 문물부문의 벌금을 안았단다. 그야말로 '천일야화'의 한 토막을 베껴온 게 아닌가 싶었다.

용두산에는 고대 유물이 용의 비늘처럼 가득 박혀 있는 것 같았다. 현지에서 산에 신경을 도사리는 데는 과연 그럴 만한 사유가 있는 것이었다.

"이전에 물이 지면 산에 있는 이쪽 밭에는 올 수 없었지요" 안 씨가 다리를 건너며 혼잣말처럼 중얼거린다. 아직 장마철이 멀었는데도 강물이 넘쳐흐르고 있었다.

▲ 정효공주묘 부근 옛 벽돌들

▲ 정효공주묘 아래 절자리

그러고 보니 산기슭에 흐르는 복동하는 마치 넘나들 수 없는 분계선처럼 산과 평지를 쭉 갈라놓고 있었다. 마을에서 엎어지면 당장 코가 닿을 듯한 용두산은 좀처럼 다가서기 어려운 머나먼 존재였던 것이다.

아니나 다를까, 잠두성 옛 주민들의 공동무덤 역시 물 건너 다른 세상이었다. 공동무덤은 성곽 남쪽으로 400m 가량 떨어져 있었는데, 지금까지 발굴된 7개의 무덤으로 보아 한곳에 밀집되어 있으며 또 범위가 꽤나 넓었다. 돌덩이로 벽을 쌓고 위에 개석을 덮은 이런 무덤 역시 발해시기의 중소형 석실무덤과 크게 다를 바 없는 걸로 알려진다. 다만 이런 무덤 부근에는 기와조각이 없고 지면에 건물을 쌓은 용두산의 귀족무덤과는 전혀 다른 모양을 하고 있지만 말이다. 이 공동무덤은 전부 밭으로 되어 있었고, 용두산 무덤떼와 달리 표지석 하나 서있지 않았다.

멀리 마을에서 아이들이 뭐라고 떠드는 소리가 바람에 날려 온다. 어쩌면 어디선가 들리는 천년 유적의 소리 같아 잠깐 정신을 놓아버리고 섰다. 그러나 '잠두성'은 이름만 누에의 머리일 뿐이요, 멸종된 동물처럼 그 윤곽을 떠올리기 힘들었다. 고구려 역시 잠두성에 이름 석자만 던지고 홀연히 사라진 천년의 '누에'일지 모른다.

안도현

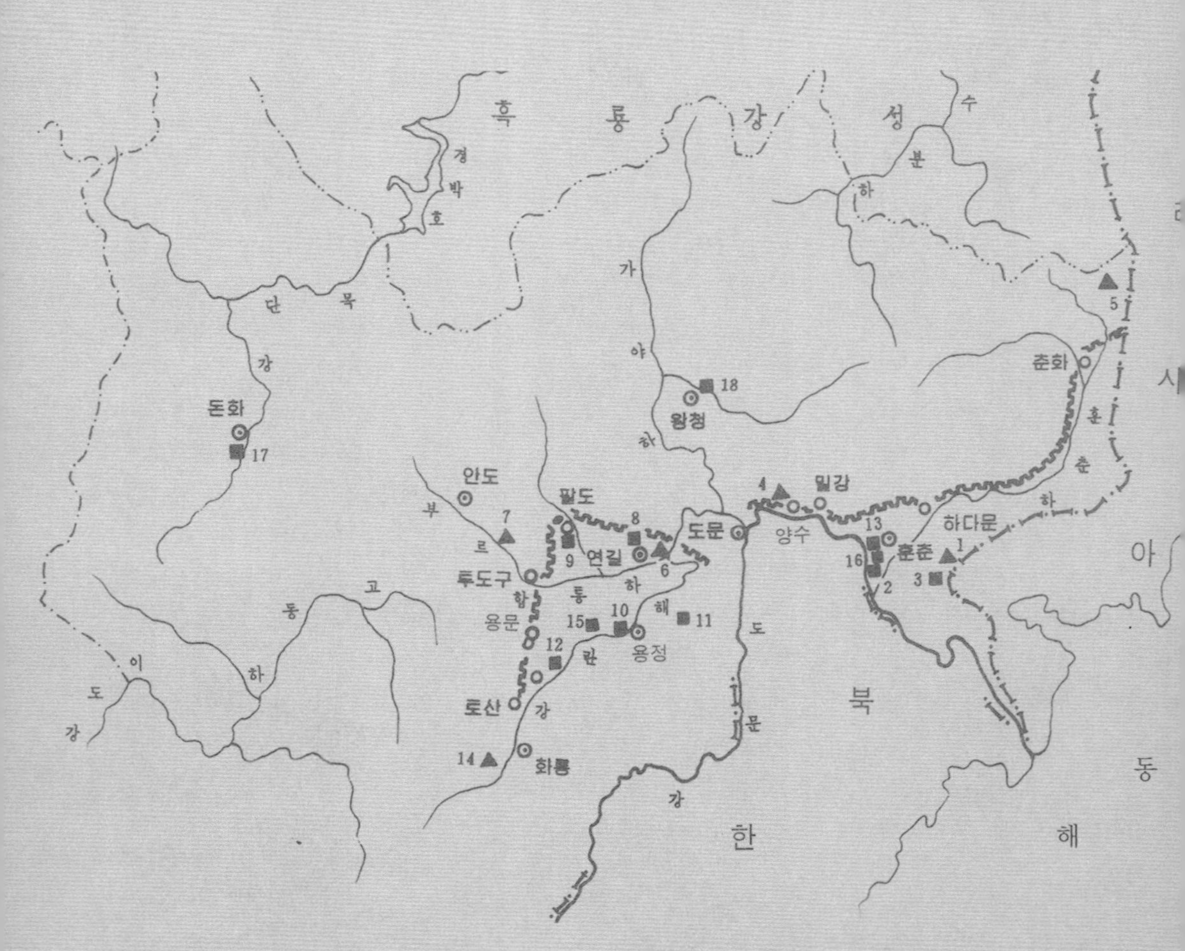
흑 룡 강 성
수
분
하
경박호
가
야
하
단
목
강
돈화
17
안도
왕청
18
부르
팔도
7
8
9
연길
6
도문
4
밀강
양수
13
하다문
1
16
훈춘
2
3
투도구
함
동
하
용문
15
10
12
해란강
11
용정
토산
이
도
강
고
하
14
화룡
북
한
강
동
해
아

보마성寶馬城에 명마는 없었다

보마촌, 이 고장에는 말을 타고 다녀야 하는 게 아닌가 하는 생각이 들었다. 보마촌은 백두산 기슭에 있는 이도백하二道白河진에서 서북쪽으로 불과 5~6km 떨어져 있으며, 시가지를 벗어나자 포장도로가 아닌 흙길이 이어지고 있었다. 그런데 이 흙길은 소나 말이 진흙탕을 마구 짓밟은 것처럼 울퉁불퉁해서 택시를 대절시킨 게 오히려 미안할 정도였던 것이다. 길 양쪽에는 끝 간 데 없이 수풀이 늘어섰고 이슥하도록 인가가 단 한 채도 보이지 않았다.

그야말로 보마촌은 오랜 시골마을을 연상케 했다. 어쩌면 흙길은 몇십 년 전의 어느 순간으로 빨려 들어가는 터널인지도 몰랐다.

동네 어귀에서 밭일을 나가던 촌민 이도상60여 세 씨를 만나 성곽 안내를 부탁했다. 마침 이 씨는 조사팀의 보마성 안내를 여러 번 맡은 적 있는 '가이드'였다. 얼마 지나지 않아 이 씨와 함께 도착한 곳은 마을 동남쪽 산비탈에 있는 수풀이었다. 아직 곡식이 자라지 않아 산비탈이 밋밋한 탓으로 이 수풀은 "사막의 오아시스"처럼 유표했다. 그에 따르면 이 일대는 몇십 년 전까지 아름드리나무가 꽉 들어서 있었다고 한다. 그러나 지금의 고성은 경작지에 빙하니 둘러 쌓여있는 "포위된 성"이었다.

▲ 보마성 표지석

　보마촌에서 밭으로 통하는 길은 보마성의 북쪽 성벽 밖을 지나고 있었다. 보마성의 표지판이 서있는 곳은 길가에서 키 넘는 수풀을 헤치고 성곽 안으로 10m쯤 더 들어가야 했다. 이 씨의 안내가 없었더라면 근처에 가서도 표지판을 찾지 못했을 것 같았다. 북쪽 성벽 부근에 있는 흙 둔덕에 겨우 다가서니 그 이상은 앞으로 나갈 엄두가 나지 않았다. 수풀이 너무 무성해서 단 한발자국도 움직이기 어려웠던 것이다.

▲ 수풀이 우거진 보마성

　나중에 보니 둔덕은 길이와 너비가 각기 20m 정도인 네모모양으로 높이가 1.5m가 되었다. 대형 건물터로 추정되는 이런 둔덕은 보마성에 남북 방향으로 세 개가 가지런히 서있었다. 성내의 서북쪽 모서리에는 높이 1.5m 정도의 둥그런 둔덕이 있었는데 망루가 있었던 자리인 것 같았다.

　문득 수풀 저쪽에서 들려오는 이 씨의 말에는 어딘가 음산한 기운이 묻어난다. "자리가 딱히 어딘지는 모르겠는데요, 여기에 무덤이 있었다고 합니다." 그에 따르면 이 무덤에서 발굴된 관은 비구니의 것이었다.

　근처에서 발견된 초석은 가공 흔적이 청나라 시기인 걸로 판정되었다고 한다. 그렇다면 청나라 시기 성내에 사찰이 있었다는 이야기이다. 서북쪽 모서리의 망루도 이 사찰과 연관이 있는지도 모른다.

　정오의 햇빛 아래 숲속에는 풀과 썩은 낙엽 냄새가 숨막히게 콱콱 피어올랐다. 성내에서 유물은 둘째 치고 유적을 찾아보기도 힘들었다. 정말이지 답사고 뭐고 팽개치고 푸른 수렁 같은 이 숲속을 한시 바삐 벗어나고 싶었다.

▲ 옛우물

"그만 나갑시다"라는 말을 꺼내려는 참에 불현듯 눈앞이 탁 트인다. 어느 결에 성곽의 제일 남쪽에 있는 둔덕에 올라섰던 것이다. 원래 이 둔덕은 성곽 중심부에 위치했는데, 경작지가 남쪽 성벽을 전부 허물고 둔덕 아래까지 자리를 펴고 있었던 것이다.

그런데 웬일이냐, 이 씨가 다시 수풀을 헤치고 '수렁' 속으로 들어간다. 오던 길로 돌아가는가 하고 낙담을 하는데 그게 아니라 부근에 언제인가 문물조사팀이 발굴작업을 하던 현장이 있단다. 아닌 게 아니라 둔덕 서쪽에는 일부러 파놓은 듯한 둥그런 구덩이가 입을 크게 벌리고 있었다.

"……이 구덩이에서 구리향로가 발견되었다고 합니다."

이 씨에 따르면 성곽에 옛 우물 하나가 남아 있다고 한다. 우물은 성곽 동남쪽 경작지의 변두리에 있었다. 따로 지면에 쌓은 담이 없고 잡초에 덮여 있어 함정과 다름없었다. 그렇지 않아도 얼마 전에 부림소가 우물에 빠지는 사고가 생겼다고 한다.

"그때 우물을 메우느라고 흙과 돌을 숱해 처넣었지요. 그래도 헛수고만 했지요."

우물은 천년을 굶은 구렁이처럼 다섯 수레나 되는 흙과 돌을 전부 날름날름 받아먹었던 것이다. 우물가에 서서 들여다보니 우물 바닥에는 아직도 맑은 물이 찰랑이고 있었다. 보아하니 이 우물은 원래 깊이가 5m는 넘을 것 같았다.

우물 속으로 던져진 흙과 돌은 세월의 '우물'에 파묻힌 보마성의 단면도가 아닌가 한다. 둘레길이가 불과 500m도 되지 않는 이 작은 성곽은 그나마도 서쪽과 동쪽 성벽의 일부, 남쪽 성벽의 전부를 잃고 있었다. 그래도 <안도현문물지安圖縣文物志>에 옛 기록이 남아 있어 그 윤곽을 그려볼 수 있었다. 기재에 따르면 보마성의 동쪽 성벽은 길이가 126m, 서쪽 성벽은 132m, 남쪽 성벽은 103m, 북쪽 성벽은 104m이다. 전반 성곽은 대충 반듯한 네모모양을 이루고 있는 것이다.

성벽은 기초를 돌덩이로 쌓고 그 위에 흙을 올리고 있었다. 현재 성벽은 파괴 정도가 몹시 심각하였다. 잔존한 북쪽 성벽은 높이가 단 1m 정도밖에 안 된다. 성곽은 단일성이며 옹성이나 치, 참호, 각루 등의 부대시설은 하나도 없었다. 성문터는 잔존한 성벽에 전혀 보이지 않는 걸로 미뤄 남쪽 성벽에 있었던 걸로 막연하게 추정할 뿐이었다.

보마성은 1920년대의 <안도현지安圖縣志>에도 기재되어 있다. 그때도 보마성은 피폐하기 그지없었는데 성벽 기초만 남아 있었고 사처에 기와 조각이 널려 있는 등 지금과 별반 다르지 않았다고 한다. 그러나 이 문헌 역시 그때까지 성곽의 축성연대가 고증되지 않은 걸로 전하고 있다.

1978년 길림성 고고학팀은 이 성곽을 조사할 때 압지무늬의 기와조각을 일부 발견하고 이로써 이 성을 발해 때 축성된 성곽이라고 판정한다.

2009년에 발견된 길이 50cm의 완정한 벽돌 역시 1,200년 전의 것으로, 발해 성곽설에 무게가 더 실리고 있다. 현지에 유전되고 있는 '보마성'의 전설 역시 발해시기를 배경으로 삼고 있다.

> "당나라 때 거란군은 유수하성流水河城을 공략하고 그 기세를 타서 보마성을 진공하였다. 발해성주 설웅雪雄 장군은 곧 이도백하를 건너 거란군과 접전하였다. 전투에서 설웅 장군이 탄 말이 거란군의 화살에 맞아 쓰러졌다. 위기일발의 시각, 하늘에서 구름이 갈라지며 백마 한필이 진중에 내려왔다. 설웅 장군은 냉큼 백마에 올라 적진을 좌충우돌하며, 마침내 거란군 두목의 목을 치고 거란군을 물리쳤다. 하늘이 내린 이 백마를 기리는 의미에서 이때부터 성곽을 보마성이라고 불렀다."

그런데 백마를 얻은 장군이 설인귀薛仁貴라고 하는 이 씨의 말이 여간 흥미로운 게 아니었다. 설인귀는 고구려의 전쟁에 나섰던 당나라의 명장으로, 한국의 고대사와 특별한 인연을 갖고 있는 인물이다. 그러나 그때 당나라군이 백두산 북쪽지역까지 진군했다는 확실한 기재는 없다. 알고 보니 이 씨가 보마성이 "당나라 때 장군이 백마를 얻은 것으로 유래했다"는 표지석의 짧은 기록에 근거하여 제멋대로 추측한 것이었다. 전설은 으레 과장되고 부풀리기 쉽다는 말이 새삼스럽게 느껴지는 순간이었다.

보마성이 성내에서 발견된 유물로 보아도 발해시기에 사용되었다는 것은 더 의심할 나위가 없다. 위치적으로도 보마성은 발해국과 고려, 당나라의 주요한 교통로에 자리하고 있다. 발해시기의 동청東淸과 소사하小沙河, 송강松江을 지나 무송撫松, 신주神州를 거쳐 압록강을 경유하는 '영주도營州道'는 보마성을 지나는 것이다. 이에 따라 일부 학자는 보마성을 발해시기의 중경현덕부 소속의 흥주興州 소재지로 추정하기도 한다. 하지만 보마성을 주 소재지라고 하기에는 크기가 작고 또 부근에 발해유적이 너무 적다는 반론도 만만치 않다.

와중에 성곽에서 발견된 붉은색 기와는 보마성에 고구려의 그림자를 던지고 있다. 사실 보마성이 위치한 백두산 북쪽 지역은 발해의 일부요, 또 발해의 전대前代에는 엄연히 고구려 판도의 일부였다. 그러고 보면 보마성의 축성연대를 고구려로 주장하는 설에 아무런 근거가 없는 게 아니다. 그러나 고구려 성곽이라고 할 만한 유물이 너무 적으며, 이에 따라 섣부른 판단이라는 견해가 우세하다.

▲ 마을 부근 돌담

마을에 들려서 현지 노인들의 옛말을 더 듣고 싶었다. 그런데 이 씨는 기대했던 마음에 찬물을 흠뻑 끼얹었다. 보마촌에 '원주민'은 단 한 명도 없다는 것이었다.

　그에 따르면 1966년까지 보마성 부근에는 2가구가 살고 있었는데 모두 조선족이었다. 지금까지 마을에 전해지는 많은 옛말의 시조는 그들이었다는 이야기이다. 1960년대 중반, 산동에서 이주민들이 변강지원으로 대거 보마촌에 진출했으며, 이 때문에 마을은 엄청나게 부풀려진다. 그런데 훗날 조선족들은 되려 도시진출의 바람을 타고 모두 보마촌을 떠났다고 한다. 결국 보마성에 유전되는 명마의 전설은 그때 그 일로 끝나고 있었던 것이다.

'빨치산'의 격전지, 앙검산성^{仰瞼山城}

그러고 보니 시작부터 뭔가 이상한 징조가 있었던 것 같다. 안도현 양강^{兩江}진에 이르러 소영자^{小營子}로 간다고 하자 택시기사들이 하나같이 도리머리를 젓는 것이었다. 강과 협곡을 지나는 등 길이 험해서 승용차는 아예 엄두도 낼 수 없다는 것이다. 그래서 나중에 승합차를 빌려 타고 산행을 시작했다.

소영자는 진에서 서남쪽으로 17km 떨어져 있었다. 지금은 영홍촌^{永紅村}이라고 불리는 이 마을은 명색이 촌락이지 휴대폰도 터지지 않는 심산오지였다. 무사히 도착했다고 두근거리는 가슴을 쓸어내리는데 곧바로 길을 잘못 들었다는 소리가 꽈당 하고 맑은 하늘의 우레처럼 들린다. 고성이 있다고 하는 소영자는 이 소영자가 아니라 양강진 동남쪽에 있는 소영자라는 것이다. 같은 지명이 한곳에 두 개나 되다니 누가 누굴 베끼기라도 했단 말인가……

▲ 앙검산성

알고 보니 양강진 동남쪽으로 15km 정도 떨어진 진실한 '소영자'는 소령자小嶺子라고도 불리는데 벌써 오래 전에 동강촌東江村 6대로 개명되어 있었다. 그러나 길이 험한 건 이 소영자나 저 소영자나 마찬가지였으며 역시 버스라곤 통하지 않았다. 비가 찔끔찔끔 내리는 산길에서 승합차가 자주 미끄럼질을 하는 바람에 내내 손바닥에 땀을 쥐어야 했다.

그나마 승합차는 소영자 어귀에 이르는 것으로 만족해야 했다. 그 이상은 도무지 차가 다닐 수 있는 길이 아니었기 때문이었다. 마침 고성 부근의 강에 낚시를 하러 간다는 동네 젊은이들을 만나 그들이 몰고 가는 경운기에 합승할 수 있었다.

앙검산은 동네에서 불과 3km 떨어져 있었지만, 고개를 두 개나 넘어가야 하고 또 작은 강을 하나 건너야 하는 등 교통이 여간 불편한 게 아니었다. 북쪽에서 동남쪽으로 뉘어있는 앙검산은 이도강二道江 자라처럼 머리를 길게 들이밀고 있었다. 강은 동쪽에서 앙검산 머리 부분의 동쪽과 남쪽, 서쪽 삼면을 빙 에돈 후 서쪽으로 흘러간다. 산성은 바로 앙검산의 머리 부분에 위치하고 있었다.

오솔길은 성문으로 보이는 성벽의 결구를 지나 뱀처럼 수풀 속으로 기어들어가고 있었다. 동행한 왕씨 성의 젊은이에 따르면 버섯을 캐는 등 마을 사람들이 산성에 자주 다녀간다고 한다. 그는 옛날 성내의 비탈에 야생 파가 적지 않았다고 하면서 한동안 주위를 이리저리 기웃거렸다.

▲ 성문터

"노인들이 그러시던데 산성에 있던 사람들이 먹던 파라고 해요" 왕 씨는 어릴 때 이곳에서 와서 숨바꼭질을 하면서 가끔 한두 뿌리 맛본 적 있다고 자랑한다.

"파가 애들의 손가락처럼 가늘고 작았지만 몹시 매웠지요"

그에 따르면 이전에 강기슭에는 이런 야생 파가 무더기를 이루고 있었다고 한다. 그러나 둑을 쌓으면서 '용왕의 제물'이 되어버린 것이다. 그때 비탈에 있었다는 야생 파도 수풀에 꽉 잠겨 산삼을 찾는 격, 옛 기억은 모두 수면 아래로 자취를 감추고 있었다.

앙검산성은 70~80m 높이의 산꼭대기에 자연적인 지세를 따라 쌓은 산봉식 산성이었다. 성곽은 둘레길이가 1500m로 흙과 돌을 섞은 혼축성이었다. 성곽의 평면은 몹시 불규칙적이어서 마치 누가 대충 표주박을 그린 것처럼 엉성한 그림을 만들고 있었다. 성곽은 남북이 길고 동서가 좁

있는데, 북부에는 표주박의 목처럼 죄어든 곳이 두 개나 되었다. 성곽은 이런 좁다란 '목'에 의해 자연적으로 세 부분으로 나뉘며 이중 남쪽 부분이 제일 넓고 컸다.

▲ 앙검산성 부근의 소영자촌

산성의 동쪽과 남쪽은 강을 이웃한 절벽이었으며 서쪽은 가파른 비탈이었고 북쪽은 기복을 이룬 산발이었다. 성곽에는 전망이 좋은 동서 양쪽의 비탈 위에 망루로 보이는 시설이 네 개나 되었다. 서쪽 성벽에 있는 두 개의 둔덕도 이와 비슷한 용도로 사용한 것 같았다. 유일하게 육지와 이어지는 북쪽에는 참호와 성벽이 연이어 설치되는 등 이중삼중의 방어 장치가 되어 있었다. 첫 성벽부터 세 번째 성벽까지는 불과 40m 정도여서 성벽 하나 올라서기 바쁘게 또 다른 성벽이 앞을 막아 나선다. 이런 성벽에서 두 번째 성벽이 제일 높았는데, 어림짐작으로도 높이가 2m를 훨씬 넘었다. 몇년 전에 현지의 한 사학자는 이 성곽을 답사할 때 두 번째 성벽의 서쪽모서리에서 무늬가 새겨진 돌과 뇌석雷石을 발견했다고 한다. 현재 이 유물은 연변박물관에 소장되어 있다.

여기서 특이한 것은 세 번째 성벽이다. 성벽 밖에 너비가 5m 되는 'U'자 모양의 토성이 따로 붙어있기 때문이다. 이 성벽 남쪽으로 75m 되는 곳에는 또 동서 주향으로 너비 6m, 깊이 2m의 참호가 있다. 산성 주인은 진입로에 성벽을 세 겹이나 쌓고도 시름이 놓이지 않았던 모양이다.

배를 타고 강을 건너 절벽으로 기어오르지 않는 이상 산성으로 진입하려면 북쪽으로부터 참호와 성벽을 하나씩 차례로 돌파해야 한다. 불과 100m의 거리에 다섯 겹으로 되어 있는 저지선은 그야말로 산 넘어 또 산이다. 병졸들에게 목숨이 두세 개씩 붙어있으면 모를까, 막대한 희생을 작심하지 않으면 애초에 산성 점거를 포기하는 편이 나을 것 같았다.

성곽 진입로에 참호와 성벽으로 겹겹이 방어망을 만든 산성은 고대 성곽에서도 보기 드문 사례이다. 그토록 안전을 기한 산성에는 도대체 무슨 남다른 비밀이 숨어있는 걸까?……

산성의 주인들은 그들의 흔적을 일부나마 세상에 남기고 있었다. 그들이 거주한 곳으로 보이는 건물터는 성곽 남쪽 구간의 북쪽 끝머리에 있었다. 서로 인접한 두 건물터는 아직도 주위보다 얕게 패인 구덩이가 길게 남아 있어서 쉽게 그 자리를 알렸다. 이곳에서 옛 기와조각이 적지 않게 발견되었다고 한다. 와중에는 압지무늬의 기와조각이 대부분이었으며, 회색이거나 붉은색의 천 무늬 기와조각도 있었다고 한다. 그러나 풀과 나무가 무성한 성내에서 더는 아무런 유물도 주을 수 없었다.

산성은 가타부타 입을 꾹 닫아걸고 있었다. 산성의 참모습은 산을 두른 강물처럼 베일에 깊숙이 가려 있었다.

▲ 토성의 일부

앙검산성은 1920년대의 <안도현지安圖縣志>에도 나타난다. 이 현지는 "현의 소재지 서쪽으로 50리 되는 앙검산 위에 산성이 있다. 황폐하여 문호門戶가 모두 알리지 않으며 다만 기와조각만 보일 따름이다. 높은 산마루에 웅거하고 있어 방어용으로 사용한 것 같다"고 적고 있다.

그런데 단순히 방어용이라고 하기에는 산성의 위치가 약간 특이한 데가 있다.

산성 동북쪽의 산골짜기는 북쪽으로 조금 들어가서 두 갈래로 나뉘는데, 서쪽 골짜기를 따라가면 곧바로 양강진에 이를 수 있으며 동쪽 골짜기를 따라가면 안도 쪽으로 통하는 소사하小沙河지역에 이를 수 있다. 또 강을 건너면 남쪽으로 약 20km 떨어진 보마성에 이를 수 있다. 여차하면 어디로든지 출격할 수 있는 위치에 놓여 있는 것이다. 이로부터 많은 학자들은 앙검산성을 옛날 압록강 쪽으로 통하던 교통로의 군사요새로 본다.

정작 앙검산성의 축성연대를 두고는 학자들마다 약간씩 견해를 달리하고 있다. 이중 성곽의 구조와 위치 그리고 출토된 문물로 봐서 발해시기에 축성되었다고 하는 견해가 지배적이다. 일부 학자들은 성곽의 독특한 지세, 붉은색 천 무늬의 기와 등으로 미뤄 고구려시기에 축성된 것이라고 주장하기도 한다.

　그러든 말든 현지에서는 천 년 전 산성의 주인이 누구였는지 그다지 관심이 없는 것 같았다. 왕 씨에 따르면 현지에서는 삼면이 강물에 둘린 이 산성을 '양산박梁山泊'이라고 부른단다. '양산박'은 중국 고전소설 <수호지水湖志>에 등장하는 도둑떼의 근거지이다. 아닌 게 아니라 산성은 지세가 몹시 험요하고 강을 해자처럼 두르고 있어 <수호지>의 '양산박'과 비견할만한 곳이었다.

▲ 산성에서 본 이도강

　그러나 <수호지>에 나오는 영웅기담은 산성에 단 한 건도 전해지지 않고 있었다. 그렇다고 전장의 화약내가 전부 주변의 물과 풀 속에 잠겨

버린 것은 아니었다. 전장의 흔적은 산성 부근에 적지 않았다. 왕 씨에 따르면 지금도 마을에서 밭갈이를 할 때면 철갑모나 탄피 등 근대 유물이 자주 발견된다고 한다. 정말이지 여느 고성처럼 돌로 만든 도끼나 쇠로 만든 화살촉이 발굴되었다는 이야기를 듣고 있는 것이 아닌가 하는 착각이 든다. 마을 노인들은 이전에 일본군이 소영자에 주둔하고 있을 때 항일 빨치산들이 그들을 습격하고 전투를 벌였다고 전한다. 유감스럽게도 양강 지역에서 빨치산과 일본군이 전투를 벌인 기록은 별로 없는 걸로 알려진다. 일부 학자들은 빨치산이 일본군과 언제인가 조우전을 벌였을 가능성을 점치기도 한다. 문헌기재에도 없는 소규모의 조우전이라는 것이다.

아무튼 아이러니한 역사의 한 장면이 아닐 수 없다. 천 년 전 산성의 상공에 날아다녔을 뇌석과 천년 후 산성의 땅에 나뒹구는 철갑모가 하나의 화면으로 등장하고 있으니 말이다. 혹여 산성의 주인들이 타임머신을 타고 와서 천년 후의 '빨치산'으로 둔갑하여 외적과 격전을 벌인 게 아닐까 하는 다소 엉뚱한 생각을 해보았다.

머리가 잘린 '거북이' 산성

안도현 명월진明月鎭 동북쪽으로 장흥하長興河 하곡을 따라 5킬로미터 정도 들어가니 길옆의 산줄기가 끊어지고 높은 벼랑바위가 나타났다. 일명 대석라자大石砬子, 기슭에서 보니 산은 골짜기가 없이 밋밋하고, 좁은 꼭대기에 올라서면 금방 떨어질 듯 아슬아슬하다. 저런 바위 위에 깃대를 꽂는다면 모를까, 웬 산성이 들어앉아 있단 말인가?……

"정말 여기가 대석라자인 게 맞아요?……" 어망 결에 방금 물었던 말을 앵무새처럼 또 입에 올렸다.

그럼 대석라자가 아니고 소석라자小石砬子라도 된단 말씀입니까 하고 택시기사는 약간 짜증을 낸다. 요금을 깎느라고 엉뚱한 핑계를 대는 게 아닌가 하는 표정이 역력하다.

기사에 따르면 바로 바위벼랑 서남쪽에 있는 마을이 대석라자촌이라고 한다. 마을에 들어가서 촌민에게 산성이 어디 있나 하고 물어보았다. 그런데 도리어 산성이라는 게 뭐냐 하는 물음이 날아온다. 여기가 대석라자인 게 분명한데 그렇다면 정말로 그게 아니고 소석라자도 된단 말인가……

▲ 산성을 동강내고 지나가는 도로 모습

일단 길을 따라 계속 북쪽으로 가서 바위벼랑을 돌아섰다. 금세 장흥 하를 향해 머리를 쭉 내민 작은 산언덕이 앞에 나타난다. 나중의 이야기 이지만 산성은 대석라자가 아닌 불과 30미터 높이의 이 산언덕 위에 있 었다. 대석라자는커녕 소석라자라는 이름도 무색할 정도의 작은 언덕이 었다. 그러고 보면 산성이 초라한 이 언덕 때문에 얼굴 가림을 하느라고 부근 대석라자의 함자를 도둑질하여 쓴 게 아닌가 싶다.

과연 이름의 원 주인인 대석라자의 응징이 아닌지 의심스럽다. 도둑놈의 이 산언덕은 그 죄목 때문에 형장을 받았는지 채석 때문에 동쪽과 북쪽 일부가 뭉텅뭉텅 잘려 있다. 그쯤은 '새 발의 피', 진짜 놀라서 자빠질 만한 일은 뒤에 있었다. 안도에서 도문 – 장춘 고속도로에 진입하는 입구가 작두처럼 산언덕을 두 토막 내고 있었던 것이다. 산언덕을 '거북이'의 모양이라고 했더니 이 거북이는 아예 머리가 썩둑 잘려나가 있었다.

머리 부분은 바위벼랑만 앙상하게 서있고, 또 '약한 다리에 찜질'을 하는지 굴착기가 계속 흙과 돌을 파내고 있었다. 노면 확장공사는 아직도 '거북이'에게 시퍼런 칼날을 들이대고 있었던 것이다. 그렇지 않더라도 겨우 돗자리 한두 장 크기만 남은 꼭대기에는 어렵게 올라가도 헛걸음을 할 것 같았다. 산줄기와 이어진 몸통에는 밭이 있었는데 그 주위에는 철조망이 쭉 가설되어 있었다. 산 아래가 곧바로 고속도로 입구인지라 안전 때문에 그런 것 같았지만 도리어 산성 유적을 지키는 방범장치의 모양새를 하고 있어서 어딘가 이상스럽다.

이 언덕의 남쪽 역시 흙으로 된 벼랑이었고 올라가는 길이 없었다. 다행히 벼랑가에 있는 농구장 귀퉁이의 둔덕을 따라 언덕에 쉽게 오를 수 있었다. 제전 모양의 밭은 밭두렁을 계선으로 한층 또 한층 높은 지대로 올라가고 있었다. 엄지손가락 크기의 회색 질그릇 조각은 금방 밭고랑의 여기저기에 나타났다. 일행은 잠깐사이에 질그릇 조각을 서너 개 주었다. 이전에 여기에서 질그릇 손잡이도 발견되었다고 하지만 더는 별다른 유물이 없었다. 만주국 때 이곳에 길을 닦으면서 쇠로 만든 활촉과 솥이 발견되었다고 하는데 그런 이야기는 이제 진짜 까마득한 옛말이 된 것 같았다.

▲ 밭뚝에서 보이는 성터돌

"이 성곽은 석성이었던 게 맞나 보네요." 밭두렁에서 네모 모양의 돌 한두 개가 보여 화제가 되었다. 언덕 아래에는 돌벼랑이 있었지만 위에는 흙뿐이어서 일부러 실어온 돌이 아니면 밭에 이처럼 크고 반듯한 돌이 있을 수 없었던 것이다.

대석라자산성은 밑부분에 흙을 다지고 윗부분에 돌을 쌓은 성곽이다. 1980년대 문물부문에서 조사를 할 때만 해도 언덕의 남쪽에는 수십미터 길이의 돌담이 있었다고 한다. 그러고 보면 밭두렁에 박혀있는 이런 돌은 그때의 돌담이 남긴 흔적인 것 같았다.

『안도현문물지安圖縣文物志』의 조사기록에 따르면 그때 잔존한 성벽의 높이는 2미터 정도였으며 일부는 무릎 높이 정도로 남아 있어서 그런대로 전반 성벽의 흔적을 찾아볼 수 있었다고 한다. 산성 성벽은 동쪽이 42미터, 남쪽이 86미터, 서쪽이 140미터, 북쪽이 75미터인 불규칙적인 모양으로 둘레의 길이가 불과 340미터에 지나지 않는다. 연변지역의 산봉식 산성으로는 드물게 슈퍼 미니성곽으로 불릴 만큼 아주 작은 성곽이었다.

"참새는 작지만 오장육부를 갖춘다." 대석라자산성은 단일성이 아니지만 내성과 외성도 아닌 별개의 성곽으로 묶여져 있어서 남다른 흥미를 자아낸다.

산성의 동쪽 부분에는 작은 성곽이 딸려 있었는데, 현지의 학자들에 따르면 이 성곽은 1980년대에 윤곽을 거의 잃었다. 그것은 잠시 제쳐놓고서라도 이 작은 성곽은 말이 성곽이지 서쪽 성벽이 42m, 남쪽에 잔존한 성벽이 불과 12m 남짓한 보루였다. 그때 이 성곽은 서쪽의 성곽과 가운데에 너비 6m, 깊이 1m 되는 해자를 사이 두고 있었으며, 해자 뒤에는 각각의 성벽이 병행하고 있었다는 것이다. 두 성곽 사이에 있던 이 해자는 지금은 아스팔트 도로로 탈바꿈을 해서 이전의 모습은 그저 상상에 맡길 수밖에 없었다.

그런데 성곽의 주인이 왜 미니성곽 밖에 또 성곽 하나를 더 지어야 했는지 궁금증이 일어난다. 이 산성이 소인국의 궁전이라도 된단 말인가……

"해자 자리가 골짜기를 그대로 이용한 게 아니었을까요?" 누군가 이런 추측을 조심스레 내놓는다. 두 성곽이 웅근 하나의 성곽보다 더 가공할만한 위력을 발휘할 수 있지만, 그렇다고 이 작은 장소에 일부러 해자를 파서 성곽을 두 개로 분리했을 가능성은 십분 적다는 이야기였다. 언덕에 이미 전부터 골짜기가 있었으며 축성할 때 그것을 최대한 천연해자로 이용했다는 것이다.

아무튼 작은 성곽이 길가에 있는 것으로 보아 산성의 전초진지로 사용되었다는 데는 누구도 의견을 달리하지 않았다. 언덕 마루에 있는 이 성곽은 그야말로 적진에 돌진하는 병사를 방불케 하고 있었던 것이다.

산성은 일부러 지도 위에 찍어놓은 것처럼 지세나 위치가 자못 특이하다. 산성의 주인이 기어이 험요한 대석라자가 아닌 이 산언덕을 선택한 원인을 이제야 알 것 같다. 산언덕 서북부는 높은 산과 잇닿고 기타 삼면은 넓디넓은 하곡평지이다. 명월진으로부터 장흥 방향으로 통하는 옛길은 바로 언덕의 동쪽을 지나며, 삼도만을 경유하여 연길과 왕청 지역으로

통하는 길은 바로 언덕의 남쪽기슭에 위치한다. 언덕 서쪽은 장흥구長興溝
로서 돈화와 왕청, 흑룡강성의 경박호 지역으로 통한다. 산언덕은 이런
여러 갈래의 길이 엇갈리는 길목에 '거북이'처럼 길게 목을 빼들고 수시
로 공격 태세를 갖추고 있다. 산성은 지리적으로 고대 교통요충지에 위치
한 명월구와 장흥구 일대의 교통로를 통제한 옛날의 군사시설이었다. 일
부 학자들은 이보다 한발 더 나아가서 대석라자산성을 북쪽의 오봉산산
성과 한데 묶은 자매 성으로 본다. 두 성곽은 모두 이 지대의 교통로를
통제하고 곡창인 하곡평지를 지키기 위해 만든 요새라는 것이다.

학계에서는 산성에서 발굴된 유물로 미뤄 대석라자산성이 발해시기의
성곽이며 요·금시기에 계속 사용된 걸로 보는 것이 지배적이다. 그러나
일부 학자들은 산성 유적지의 역사가 이 시기를 훨씬 앞지르고 있다는
점을 들어 견해를 달리하고 있다. 산성 유적지에서 발해시기 이전의 유물
도 출토되었다는 것이다.

산성 유적지에서는 원시시대의 문물이 채집되었는데, 돌칼과 돌도끼,
토기 조각 도합 8점인 걸로 『안도현문물지』가 전한다. 이런 문물들은 훈
춘 일송정 등 유적지에서 출토된 것과 같은 유형의 문물과 비슷하며 두
만강 유역 원시사회 말기의 유물과 기본상 일치한다. 체계적인 발굴이 이
뤄지지 않아 유적지의 배치와 건물 모양 등이 아직 밝혀지지 않았지만
대석라자 유적지를 중국의 전국시기부터 진, 한 시기에 이르는 북옥저인
들의 촌락유적으로 보는 주장이 우세하고 있다.

이에 따라 대석라자산성은 일찍 고구려시기에 축성되고 그 후 발해와
요·금시기에 계속 보수, 사용했다는 설이 대두한다. 산성이 하곡평지에

자리하고 교통요로에 위치하며, 고구려에 복속한 북옥저인들의 유적이
있다는 것이다. 따라서 이런 성곽에 고구려의 이름을 지우는 자체가 어불
성설이라는 것이다.

그렇든 말든 역사의 사슬은 머리가 잘린 '거북이'처럼 뭉텅 동강이 나
있다. 흉터 자리에서 울리는 차들의 경적소리가 흡사 '거북이'가 지르는
비명처럼 애처롭다. 천년의 고성 역시 이 '거북이'처럼 파란 많은 생애에
슬픈 종지부를 찍고 있는 것이다.

▲ 산성에서 본 고속도로

한오백년의 춘몽을 품은 오봉산^{五峰山} 산성

　연변에서는 오봉산이 어딘지 몰라도 신툰^{新屯}을 모르는 사람은 그리 많지 않다. 신툰은 경상도 이주민으로 이뤄진 마을이라고 해서 경상도마을이라고 불리는데, 안도^{安圖}, 나아가 연변지역 전국에 민속놀이로 소문을 놓은 동네이다. 신툰의 농악은 경상남도 협천군의 농가 60여 가구가 1938년 안도현 장흥향^{長興鄉} 도안구^{島安溝}에 집단 이주한 후 지금까지 반세기 남짓한 역사를 자랑하고 있다.

　오봉산은 신툰 마을에 도착하기 바로 직전에 위치한다. 안도 명월진에서 북쪽의 장흥향 소재지까지는 약 12km 정도이며, 이 마을을 지나면 곧 오봉산이 시야에 멀리 안겨온다. 오봉산의 언저리에 오봉촌이 있으며, 이 마을에서 조금 더 북쪽으로 나가면 신툰이다.

　오봉촌에 이르러 마을 뒤의 장흥하를 건너는데 인기척에 놀란 듯 개구리의 울음소리가 요란하게 들렸고 산기슭에 도착하자 마중이라도 하듯 이름 모를 새들이 앞을 다투어 지저귄다. 생령들이 일사분란하게 움직여 생태계의 '농악'을 연주하나 싶었다. 풀잎을 잔잔히 스쳐 지나는 바람에도 뭔가의 소리가 담겨 있는 것 같아 저도 몰래 귀가 솔깃한다.

▲ 오봉산 산성

이주민들의 설움에 절은 '망향가望鄕歌'가 금세라도 농악 가락을 타고 하늘가에 은은히 들릴 것 같다. 부지중 산성의 주인들은 평소에 도대체 어떤 타령을 뽑았을까 하는 생각을 잠깐 해보았다. 창칼이 춤추는 전장에서 무사의 호기를 부렸을까 아니면 한낱 춘몽으로 사라지는 허무한 인생에 긴 탄식을 했을까…

아닌 게 아니라 산성과 만나 옛 주인과 단 한순간의 교감이라도 갖고 싶은 꿈이 일어난다. 천년의 시공을 뛰어넘는 '다리'는 바로 산을 뒤덮은 저 수풀에 형체를 감추고 있는지도 모른다.

▲ 건물터

촌민들이 다니면서 만들어진 오솔길을 따라 산등성이에 올랐다. 비탈에는 잡목이 빼곡하게 자랐지만 흙으로 쌓아올린 성벽은 아직도 윤곽이 아주 선명했다. 밖으로는 2~3m, 안쪽으로는 1m 남짓한 높이를 가지고 있었다. 서남쪽 진입로에 있는 성벽의 한 구간에는 거의 20m의 너비로 터진 자리가 있었다. 성 밖의 평지에는 초소자리로 추정되는 둥그런 언덕이 있었다. 그러고 보면 자연적으로 형성된 이 자리는 성문터가 확실한 것 같았다. 이곳을 지나 수레 길을 따라 100m쯤 성내로 들어가자 또 성벽 하나가 나타났다. 성곽의 유일한 통로인 서남쪽 진입로에는 내외 두 겹의 성벽을 두고 있었던 것이다.

그런데 성벽은 내처 서쪽으로 이어지다가 골짜기에 이르러 별안간 끊어지고 있었다. 수십 미터 폭의 산 어구에는 옅은 습지가 길게 펼쳐졌다. 현지 촌민에 따르면 이전에는 작은 시냇물이 성내에서 이리로 흘러내렸다고 한다. 자연적으로 만들어진 이 산 어구는 양쪽 산비탈이 모두 칼로

깎은 것처럼 경사가 심했다. 습지에는 소 발굽 같은 작은 물웅덩이가 수두룩했지만 성벽의 흔적은 그 어디에도 드러나지 않고 있었다. 그래서 이 부분은 토담이 아니라 목책을 쌓은 건지도 모른다고 일행 중 누군가 나름대로 추측을 한다. 정말이지 목책 정도라면 산성의 성벽 결구를 충분히 보완할 수 있을 것 같았다.

▲ 오봉산과 오봉촌

북쪽 성벽과 동쪽 성벽의 제일 높은 곳에는 전망대를 설치하고 있었다. 이곳에 올라서면 성문 쪽으로 좁고 긴 와집구窩集溝, 성곽 동쪽으로 오봉촌과 신툰 그리고 서남쪽으로 장흥벌이 전부 한눈에 안겨온다. 또 산성에는 성벽을 따라가며 초소자리가 자주 나타났으며 여러 개의 치와 각루도 있었다.

산성은 산마루의 주향을 따라 성벽을 쌓은 고로봉식 성곽으로, 전반 성곽은 마치 나뭇잎과 같은 그림을 만들고 있었다. 동쪽의 일부 구간은 성벽을 쌓지 않고 절벽 자체를 그대로 이용하고 있었다. 성벽은 흙과 돌을 섞어 쌓았는데, 둘레길이가 무려 2,000m에 달하는 중등규모의 성새였다. 성벽은 비바람에 부대껴 어느 정도 파괴되었지만 대부분의 구간은 아직도 웅장한 모습이 잘 보존되어 있었다.

▲ 내성 성문터

성벽에 빙하니 둘린 골 안의 비탈에는 경작지가 들어섰다. 이전에 촌민들이 밭을 다루면서 초석으로 보이는 돌들을 지경 밖에 버렸다는 걸로 미뤄 이곳에도 확실히 건물 유적이 있었던 것 같다. 그러나 지금은 모두 폐답 상태로 곡식 그루터기만 널려 있었고 잔존한 유적은 전부 밭 양쪽의 수풀 속에 숨어있었다. 북쪽 성벽 아래에는 동서로 30m, 남북이 약 20m 되는 평평한 언덕이 있는데, 이전에 이 언덕에서 벽돌이나 기와 등속의 건축자재가 발견되었다고 한다. 이 산성에서 비중이 있는 중요한 건축물이었던 모양이다. 이 건축유적 부근에 있는 둥그런 웅덩이는 그때 산성에서 비축용으로 물을 받아서 저장하던 곳이 아닌가 한다.

이 웅덩이 동쪽으로 50m 되는 곳에는 작은 둔덕이 있다. 지름이 18m 정도인 이 둔덕에는 아직도 문자리가 패어 있었다.

"산성의 장수가 살던 저택인 것 같아요" 누군가 둔덕 앞뒤를 유심히 살펴보다가 이렇게 단언한다. 크기로 보아서 군영은 아니고 어느 한 가구가 따로 살던 저택 자리라는 것이었다. 더구나 이 둔덕은 건축자재가 발견된 유적과 그리 멀지 않았다. 그러고 보니 정말로 산성에서 장수처럼 권위가 있는 신분이라야 이 저택의 주인 노릇을 할 것 같았다.

산골짜기 양쪽에는 평평한 언덕이 여러 곳이나 되었다. 일행은 이런 건물유적이 산성의 병영이거나 주민들의 거주지라는데 입을 모았다. 이전에 이런 언덕에는 토기나 기와 조각 등 건물유적이 적지 않았다고 한다. 현지 촌민들에 따르면 산성에서는 쇠로 된 화살촉이 발견된 적도 있었다.

멀리 남쪽으로 장흥향 소재지의 동쪽 높은 산마루에는 옛 봉화대가 두 개나 설치되어 있는 걸로 알려진다. 산성은 명월진부터 도안구에 이르는 고대 교통요로를 통제하고 있는 것이다. 또 산성은 서남쪽으로 와집구 군락을 좌시하고 있는 등 옛날 군사요새로 사용된 것이 분명하였다.

산성이 웅거한 골짜기의 맞은쪽에는 거대한 망루 모양의 낮은 산봉우리가 있다. 이 산 정상에서도 고대 유적지가 발견되어 산성과 더불어 역시 학계의 주목을 받고 있다. 유적지 지면에 드러난 부분은 불과 동서 너비가 8m, 남북 길이가 약 30m였다. 이 유적은 밭을 개간하면서 땅 밑에 숨겼던 유물을 세상에 드러냈던 것이다.

<안도현문물지安圖縣文物志>에 따르면 그 때 이 유적지에서는 돌로 된 칼 조각 1점과 토기 조각 3점, 토기 손잡이 등이 발견되었다. 오봉산 고대유적의 유물은 훈춘 일송정 유적지에서 출토된 문물과 유사하며, 이에 따라 학계에서는 중국 전국시기부터 진, 한 시기에 이르는 북옥저인들의 문화유적으로 보고 있다.

▲ 참호자리

오봉산산성의 험요한 지세와 위치, 구조 그리고 부근에서 발굴된 북옥저인들의 유물 등으로 미뤄 고구려 때 이미 축성되었다고 하는 주장에는 별로 무리가 없을 것 같다. 그 후 발해 시기와 요·금시기에 산성을 보수, 개축하고 계속 사용했다는 것이다. 그러나 문헌적인 기록이 너무 적기 때문에 산성 주인들의 진실한 교체와 산성의 역사적인 변화는 아직도 많은 고증을 필요로 하고 있다.

수백 년 연속된 산성은 거기서 살았던 옛 주민들의 사랑이고 즐거움이었으며, 또 눈물이요, 원한이 깃든 본고장이다. 산성 자체가 바로 그때의 옛 주민들이 후세에 남겨놓은 삶의 기억이요 '농악'의 오선보가 아닌가 한다.

사실 신툰의 경상도 주민들은 오봉산과 멀리 북쪽으로 떨어진 도안구에서 살던 이주민들이다. 수십 년 전, 경상도의 파산 농가들은 간도 땅에 가면 조 이삭은 개꼬리만큼 크며 감자는 목침만큼 크다고 하는 총독부 개척단의 감언이설에 속아 이 심산오지에 이주했던 것이다. 그때 이주민들은 이불 한 채 펼 수 없는 오두막에서 밖에 흩날리는 눈보라를 바라보며 눈물로 날을 지냈다고 한다.

이주민들의 타향살이 설음이 그대로 실린 농악가락은 나중에 만주의 광야에 널리 퍼진다. 그 후 이주민들의 농악은 만주국 '건국' 10주년 때 콩쿠르 1등상을 받으며, 근년에는 또 CCTV의 전파를 타는 등 중국의 방방곡곡에 알려졌다.

'8.15' 광복 후 도안구에 살던 이주민들은 벌에 한두 마지기의 논을 일구면서 두세 가구씩 오봉산 기슭으로 내려와 새마을인 '신툰'을 이뤘다고 한다. 천년의 오봉산은 산 건너 물 건너 만주 땅을 밟은 후손들을 드디어 신변에 두게 된 것이다. 그러고 보면 이주민들의 애달픈 노랫가락은 산성의 폐허에 만주의 눈보라처럼 쓸쓸하게 사라진 선인들의 한오백년 꿈을 달래고 있는지도 모른다.

> "…꽹과리야 북장단아
> 저승에서 살아왔다
> 이승 좋아 못가겠네.
> 한오백년 살고지고."

성문산城門山, 두루미가 춤추는 옛 고장

두루미가 춤을 춘다는 뜻의 마을이름 무학舞鶴은 그야말로 한 장의 산수화를 연상케 한다. 그런데 무학이라는 마을이 진짜 세외도원인지 하는 의심이 갈마든다. 정작 현지에서는 무학촌이 어디에 있는지 알고 있는 사람이 많지 않았던 것이다.

명월진에서 부른 택시 역시 무학촌을 몰라 잠깐 허둥지둥했다. 왕 씨 성의 기사는 나중에 안도태생이라고 하는 지인에게 전화를 두 번인가 하고나서야 감이 잡힌다면서 다시 핸들을 잡았다.

"택시를 3년째 몰고 있는데요, 무학촌은 처음이거든요"

변명 삼아 하는 그의 말에 약간 근심이 들었다. 택시가 그리 다니지 않는 시골마을이라면 길이 너무 험하지 않을까……

그러나 예단하여 품은 이 걱정은 금세 부질없는 짓으로 판명되었다. 명월진에서 동쪽의 차조구茶條溝 어구까지 10여 km 달린 후 다시 남쪽으로 꺾어들어 강을 건너고 또 10여 km 정도 들어가는 길은 모두 포장도로였다. 그리고 이 포장도로의 끝머리에 나오는 마을이 바로 무학촌이었던 것이다.

▲ 무학촌과 멀리 보이는 산성

　　차가 미끄러지듯 경쾌하게 달리는 덕분에 잠깐 잊었지만 이 포장도로는 불과 몇 년 전까지만 해도 달구지나 다닐 법한 골짜기의 흙길이었다고 한다. 호위병처럼 길 양쪽을 에워싼 우중충한 산발들이 남북 방향으로 줄레줄레 이어지고 있었다. 남녀부대하고 강을 건너 골짜기 깊숙이 찾아 들어가던 선인들의 행렬이 금세 눈앞에 산발처럼 펼쳐질 것 같았다. 진짜 도연명의 필묵에 그려졌던 지상낙원이 저 골짜기의 안쪽에 있지 않을까 싶다.

　　무학촌의 시원을 열어놓은 무학동은 마을의 남쪽 막바지에 위치한 동네로, 지금은 무학촌 1대隊와 5대가 한데 모여 있다. 무학동은 동네 서쪽의 골짜기에 있었으며 훗날 일본인들이 강제적으로 집단부락을 만들면서 골짜기 어구의 작은 벌로 나오게 되었다고 한다. 3대로 불리는 북쪽의 첫 동네에서 중간 마을인 2~4대를 지나 남쪽의 무학동까지 4~5리의 산길이 이어진다. 골짜기에 홀로 있었던 무학동은 지금 산기슭에 늘어선 여러 동네로 엄청 불어나 있는 것이다. 무학촌은 한때 7~80가구가 살았지만 1990년대 초 '코리안드림'이 불면서 지금은 불과 40여 가구밖에 남지 않았다고 한다. 무학동도 겨우 10여 가구 되는 작은 동네로 전락하였다.

그건 그렇다 치고 무학동이 잔등처럼 타고 앉은 둔덕은 누군가 일부러 산기슭에 설치한 무대가 아닌가 싶다. 멀리 서남쪽에 기복을 이룬 산발들은 무대 뒤에 배경으로 세운 춤추는 두루미의 천연조각상을 방불케 한다. 한 장의 아름다운 그림을 방불케 하는 동네이름 '무학동'은 이 때문에 생긴 것이라고 한다.

산성이 있는 성문산은 바로 이 그림 속으로 들어가야 한다. 성문산은 시공간을 드나드는 '문'이요, 이 '문'의 뒤에는 또 하나의 세상이 연결되어 있을 것 같다.

마을에서 이 신비의 '문'을 알고 있는 사람은 몇 명 되지 않았다. 무학동 제일 남쪽의 기와집에서 살고 있는 조원호 씨가 바로 그 중 한사람이다. 하지만 눈길 때문에 극구 산행을 만류하는 그에게 결국 안내 청탁은 접어야 했다. 나중에 성문산의 초도草圖 한 장을 그려 소지하고 마을을 떠났다.

구불구불한 산길을 따라 3리 정도 들어가는데 난데없는 옥수수 다락이 멀리 나타난다. 고구려 때 부경桴京이라고 불렸던 이 다락은 깃발처럼 마을이 아닌 산 어구에 서서 세상 저쪽의 신비한 풍경을 예시하는 듯 했다.

▲ 산성 가는 소로길

산으로 들어가는 길은 이 다락의 농가를 지나자마자 두 갈래로 나뉜다. 왼쪽인 동남쪽으로 가는 산길은 장인長仁을 거쳐 화룡의 투도구頭道溝에 이른다. 산 어구에서 남쪽으로 약 4km 떨어진 산꼭대기에 가설된 천보산天寶山 방송안테나가 멀리서도 유표하였다. 오른쪽 산길이 놓여있는 동서향의 골짜기는 명월진에서 백두산으로 통하는 요로의 복흥福興 일대로 통한다고 한다.

산성과 동쪽에 이웃한 남북향의 큰 골짜기는 항간에서 황로모자구黃老毛子溝로 불리고, 북쪽에 이웃한 동서향의 큰 골짜기는 벙어리 골이라는 뜻의 야바구啞巴溝라고 불리는 등 골짜기에는 한자명만 주룽주룽 달려있다. 산기슭에 있는 무학동이 시초에 조선족동네가 아니었던가 하고 잠깐이나

마 헷갈리는 순간이었다. 정말이지 선인
들이 남긴 기억이 그토록 쉽사리 후세에
묻혀버렸다는 게 믿기 어려웠다.

　공교롭게도 믿기 어려운 일은 꼬리를
연신 물었다. 솔직히 산등성이에 오른 후
혹여 잘못 찾은 게 아닌가 하는 생각까지
들었다. 산성은 가파른 비탈과 절벽을 그
대로 이용해서 성벽이 거의 보이지 않았
던 것이다. 인공적으로 흙을 쌓아올린 토

▲ 성곽 일부

성은 산등성이의 낮은 곳에 반딧불처럼 잠깐 나타나고 있었다. 산성은 둘
레의 길이가 무려 2,500m나 되는 중등규모의 성곽으로, 동서로 놓인 골
짜기를 빙 둘러싼 고로봉식이었다. 서쪽의 최고봉은 바위벼랑으로 해발
900m가 되었는데 시야가 넓어서 벼랑 자체가 천연적인 망루였다.

　산성 북쪽의 완만한 산비탈에는 병영자리로 추정되는 낮은 토성이 두
곳 있었다. 토성 동쪽에 보이는 네모 모양의 움푹한 자리는 건물터인 듯
하였다. 부근에는 그때 주춧돌로 사용된 듯한 평평한 큰 돌이 서너 개 보
였다. 이 건물터 동쪽으로 약 40m 되는 곳에 둥근 우물이 하나 있는 걸
로 전한다. <안도현문물지安圖縣文物志>의 기록에 따르면 이 우물터는 돌
로 쌓았으며 지름이 2.5m나 된다고 한다. 그러나 낙엽과 눈 더미에 가려
좀처럼 어디인지 확인하기 어려웠다. 산성을 여러 번이나 다녀갔던 조원
호 씨도 우물터를 보지 못했다고 하는 걸로 미뤄 이 우물은 이미 낙엽과
흙 속에 묻혀버린 것 같았다.

▲ 건물터

산성에서 제일 유표한 인공흔적은 바로 동북쪽에 있는 성문이다. 조원호 씨에 따르면 골짜기 어구를 가로막은 석성은 높이가 약 3m, 너비가 8m로 그 양쪽에 각기 결구가 있다. 북쪽의 결구는 물이 흐르는 골이며 남쪽에 있는 결구가 바로 문자리라고 한다. 산에 오르는 오솔길은 바로 이 성문 자리로 통하고 있었다. 산성에서 제일 온전한 유적인 이 성문은 나중에 '성문산'이라는 지명을 만들기에 이르렀던 것이다. 성문자리는 마을 사람들에게 역시 산성의 상징물로 각인되어 있었다.

성문 뒤에 숨어있는 옛날의 세계는 속인이라면 근접할 수 없는 것일까 …… 이번 산행은 성문 근처에서 잊을 수 없는 기억을 만들어 주었다. 골짜기 어구의 눈더미 위에 솥뚜껑만한 자국이 듬성듬성 매화꽃처럼 피어 있었다. 멀찌감치 다가서는데 까닭모를 섬뜩한 기운이 파도처럼 밀려온다. 에크, 호랑이의 발자국이었던 것이다. 홀연히 수풀을 스치는 바람소리가 죽은 듯 정적을 깨뜨리며 초봄의 한기를 오싹하니 몰아왔다. 사실 안도 지역에 호랑이가 출몰한다는 이야기는 항간에서 사라진지 오래이다. 그렇다면 이 산성을 지키고 있던 산신령이라도 언뜻 나타났단 말인가.

이윽고 산기슭에 이르러서야 잠깐 멈춰서 목덜미를 타고 내리는 땀을 훔칠 수 있었다. 그제야 내내 목에 걸고 있던 카메라를 문득 의식할 수 있었다. 그 순간 카메라를 땅바닥에 메치고 싶은 생각이 울컥 치밀어 올랐다.

엉겁결에 산을 허겁지겁 내려오다 보니 호랑이의 발자국은커녕 성문자리의 석성을 한 컷도 남기지 못했던 것이다. 하지만 그렇다고 눈이 무릎을 치는 산골짜기를 엉기적거리며 다시 들어갈 엄두를 낼 수는 없었다.

결국 카메라와 함께 아쉬움도 배낭에 쑤셔 넣고 산을 내려야 했다. 정말이지 이놈의 산성이 무엇인가 세상에 숨기려고 작정을 한 게 아닌가 하는 어처구니없는 생각까지 들었다.

▲ 성벽

혹여 호랑이의 발자국처럼 후세의 기억에 찍힌 흔적은 없을까…… 마을에 들려서 산성에는 달인이라고 자랑하는 조원호 씨를 다시 만나 헛일 삼아 물었더니 날아오는 대답이 진짜 '걸작'이었다.

"뭐 옛날 마적들이 유격대공산당를 막느라고 쌓은 게 아니겠습니까?"

“예?” 정말이지 얼토당토않은 그의 막연한 추측에 그만 억이 막혀 한 동안 시뿌연 하늘을 바라고 섰다.

솔직히 알고 보면 그게 웃어버릴 일이 아니었다. 지금까지 산성의 축성연대를 실증할만한 유물자료는 단 하나도 없는 걸로 알려진다. 산성과 관련한 문헌자료 역시 골짜기의 눈처럼 하얀 백지장으로 남아 있는 것이다. 산성을 두고 이런저런 추측이 난무하는 게 별로 이상한 일이 아니다. 산성의 지리적 위치와 부근의 옛 성곽 분포 정황으로 보면 부르하통강 연안에서 사통오달한 요충지를 수비하고 통제하던 군사요새였다고 유추할 수 있다. 축성연대 역시 부근의 옛 성곽과 마찬가지로 고구려나 발해 시기로 거슬러 올라갈 수 있겠다.

그러고 보면 산성의 참모습을 ‘성문’ 뒤에 있는 미지의 세상으로 영영 숨긴 것이 아닐까 하는 생각이 들었다. 무학동이 하늘 아래의 무대라고 하던 동네 노인들의 이야기가 새삼스럽게 떠오른다. 아닌 게 아니라 무학동 그리고 무학동과 어우러진 산발들은 무대 위에서 난해한 춤사위를 연출하는 신령스런 두루미 같았다.

‘금강산’의 군사요새, 오호산^{五虎山}산성

　안도^{安圖}와 유수천^{楡樹川} 사이를 높은 산줄기가 빗장처럼 쭉 가로지르고 있다. 줄레줄레 기복을 이룬 산발을 박차고 울뚝불뚝 솟아오른 다섯 봉우리가 유난히 눈에 띤다. 이 산은 이름하여 ‘오호산’^{五虎山}, 산봉우리들은 흡사 다섯 마리의 범이 웅크린 모양새를 방불케 한다.

　아스라니 높이 솟은 산봉우리와 산중턱에 흐르는 안개, 그리고 도끼로 깎아 세운 듯한 가파른 절벽과 바위, 협곡에 은실처럼 흐르는 부르하통하 …… 오호산은 이름 그대로 한 점의 풍경화를 그리고 있는 것이다. 그래서 현지에서는 오호산에 ‘연변의 금강산’이라는 성호를 달아주고 있다.

　사실 우리가 ‘금강산’이라는 성스런 이름을 새삼스럽게 떠올리게 된 건 결코 오호산의 빼어난 경치 때문만이 아니었다.

　“……이건 일부러 미친 짓을 하는 같아.”

　고대성곽 답사를 간다고 하니 재미삼아 동행을 했던 동생이 ‘금강산’

이 아니라 '미친 짓'이라는 말을 입에 올리기 시작한건 오호산 정상에 채 오르기 전 부터였다.

▲ 산성 서남쪽 성문터

　서북쪽의 산기슭에서 시작된 오솔길은 그때 벌써 산중턱에 못 미쳐 감쪽같이 사라지고 있었다. 산비탈에는 웬 짐승이 헤집고 다녔는지 드문드문 풀과 나무들이 넘어지고 누런 땅이 속살을 드러내고 있었다. 하지만 숨이 턱에 닿아 두려움 같은 건 생각할 겨를이 없었다. 비탈이 심하고 또 수풀이 한데 뒤엉켜 있어서 열대여섯 걸음을 걷고는 한 번씩 다리쉼을 해야 했다.

　우리가 오른 건 산등성이의 서남쪽에 위치한 네 번째 봉우리였다. 오호산산성은 네 번째 봉우리와 두 번째 봉우리의 사이를 이으면서 동남쪽으로 산세를 따라 반달모양을 그리고 있었다. 산봉우리의 꼭대기는 두세 사람이 가지런히 서기가 힘들 정도로 아주 좁았다. 꼭대기에 올라서니 안도벌이 한눈에 안겨들었다. 부르하통강과 도문 – 장춘 철도가 서쪽과 남쪽 산굽이를 감돌아 지나고 있었으며 자동차도로가 산 북쪽의 등성이를 구불구불 넘고 있었다.

기왕에 말이 났으니 말이지 산은 이 도로가 뚫린 무렵인 약 20년 전부터 '오호산五虎山'이라고 개명, 실은 다섯 봉우리라는 의미의 '오봉산五峰山'이라고 불렸다. 산 서쪽 기슭에 있던 마을도 최초에는 다섯 가구가 살았다고 하여 '오호툰五虎屯'이라고 불렸지만 지금은 다섯 범의 마을이라는 의미의 '오호촌五戶村'이라고 불린다고 한다.

산봉우리도 더는 옛날의 모습 그대로가 아닌 것 같았다. 네 번째 봉우리는 지세나 위치로 보아 옛날에 초소로 사용했을 가능성이 컸지만 고대 유물의 자취는 찾을 수 없었다. 근처에는 몰염치한 등산객들이 남긴 플라스틱 약수병과 과자봉지만 지저분하게 널려 있을 따름이었다.

산봉우리를 내려오자 곧바로 기슭에서 성벽이 나타나고 있었다. 건너편의 세 번째 산봉우리와 이어진 이 성벽은 단순한 성벽이 아니라 차단성에 가까웠다. 성벽 위에 아름드리나무가 자라면서 무너져 내린 구간도 있었다. 성벽의 바깥쪽에는 돌로 쌓은 반원형 옹성이 있었는데 역시 거의 다 무너져 있었다. 이 차단 성벽의 서쪽에 있는 높이 5m, 지름 7m의 돌벼랑은 성문 부근의 초소로 사용된 것 같았다.

▲ 오호촌과 오호산

▲ 오호산 정상서 본 안도벌

　등산객들이 자주 다녀가는지 세 번째 봉우리의 중턱에는 길이 패어져 있었다. 오호산의 최고봉인 이 산봉우리의 꼭대기에는 구리막대가 박혀 있은 걸로 전한다. 1930년대 일본인들이 산의 혈맥을 끊느라고 '장수의 심장'이라고 일컫는 여기에 구리막대를 박아 넣었다는 것이다. 오호촌에 살았던 이광춘50세 씨에 따르면 지름 6cm의 이 구리막대는 땅위에 반 미터 정도 드러나 있었는데 언제부터인가 종적이 묘연하다고 한다.

　세 번째 봉우리와 두 번째 봉우리 사이의 산 어구에 있는 성벽에는 밖으로 치 모양의 반원형 돌담이 돌출되어 있다. 또 두 번째 산봉우리 북쪽에는 밖으로 7m 정도 내민 돌담이 있는데, 망대로 추정되는 이 담 위에 올라서면 북쪽의 좌우 골짜기가 한눈에 안겨든다.

　옛 수비군의 경계심은 이 망대 때문에 수그러들지 않고 있었다. 사실 서쪽과 북쪽방향에서 산성에 진입하는 노선은 우리가 올라온 서북쪽의 비탈과 북쪽의 골짜기 등 두 갈래뿐이다. 두 번째 봉우리부터 첫 번째 봉우리 사이에는 무릎 높이의 토담이 있었는데, 이 토담은 첫 번째 봉우리를 성 밖의 망대로 삼아 내왕하던 통로인 것 같았다. 서북쪽의 비탈에 비해 상대적으로 경사가 완만한 북쪽의 골짜기가 여간 신경이 쓰였던 모양이다.

　정작 산을 다니던 옛길은 네 번째와 세 번째 산봉우리 사이의 골짜기에 있었다. 이 골짜기는 옛 성벽이 있다고 하여 '토성골'이라고 불린다. 인적이 끊어진 골짜기에는 아직도 일부 구간의 수풀 사이로 오솔길이 끊일락 말락 보이고 있었다. 골짜기에 덧쌓인 낙엽은 발목이 아니라 무릎까지 쑥쑥 덮고 있었다. 이름이 낙엽이지 도처에 파놓은 함정 그 자체였다.

옛날에는 호랑이가 자주 출몰하여 사람들은 이 산골짜기는 물론 산등성이에 있는 길도 시름을 놓고 다니지 못했다고 한다.

성내에는 집터가 10여 곳 있었는데 그 모양은 키 모양과 구덩이, 돌로 쌓은 계단식 등으로 다양했다. 이광춘 씨에 따르면 적석무덤과 유사한 돌무지 역시 10여 곳 되며 골짜기의 양쪽 비탈에 여러 개나 널려 있었다고 한다. 작심하고 골짜기에서 몇 번 비탈에 올랐으나 돌무지는 종내 눈에 띄지 않았다. 천년의 고혼이 땅 밑에서 불청객이 그들의 잠을 깨우는 걸 무척 꺼리는 모양이었다.

바닥을 치며 흐른다는 시냇물은 갈수기여서 그런지 바짝 말랐고, 골짜기에는 드문드문 물웅덩이만 남아 있었다. 겨울잠에서 깨어난 두꺼비가 낙엽더미 위에 불쑥 나타나서 깜짝 놀라기도 했다. 나무숲에는 애기의 주먹크기만한 가래토시도 여기저기 떨어져 있었다. 잠깐 냇가에 멈춰 서서 야생 깻잎을 뜯어 맛보며 옛 성터의 남다른 정취를 느껴보았다.

산성 여기저기에서는 용처를 모를 인공 축조물도 문득문득 나타났다. 성내에는 지름이 5m나 되는 구덩이가 있었으며 인공적으로 다듬은 80평 크기의 평평한 둔덕도 있었다. 그러나 전부 수풀에 가리고 낙엽에 덮여 아무런 유물도 찾을 수 없었다.

산성을 이룬 두 골짜기는 산 어구를 앞두고 드디어 하나로 합쳐지고 있었다. 금방 골짜기를 가로막은 돌담이 나타났다. 서쪽은 벼랑에 이어졌고 동쪽은 산등성이로 올라가고 있었다. 벼랑에 이어진 부분은 돌로 쌓았으며 산등성이로 올라가는 부분은 돌과 흙을 섞어 쌓아올렸다. 이광춘 씨에 따르면 지금의 성벽은 수십 년 전에 비해 많이 무너지고 무척 낮아진 것이라고 한다. 제일 온전한 성벽은 바로 이 성문터와 남쪽 산등성이의 중부에 있었다.

"산성, 산성 하더니 고작 이따위인거야?"

▲ 서남쪽 성벽

불과 10m 정도의 돌담을 앞에 두고 동생은 몹시 한심하다는 표정을 짓는다. 그는 성벽이라고 해서 으레 '만리장성'을 떠올리고, 성곽이라고 해서 대뜸 '자금성'을 떠올렸던 모양이다. 사실 오호산산성은 둘레길이가 무려 5.6km에 달하는 대형성곽이라고 말해도 종내 미덥지 않다는 기색을 감추지 않았다. '폐허의 고성'은 그의 가슴에도 하나의 폐허를 뻥하니 뚫고 있었던 것이다.

이 고대성곽은 말 그대로 산중의 폐허로, 후세의 사람들에게 남겨놓은 유물이 별로 없다. 일부 학자들은 옛날의 기록을 더듬어 산성 서쪽에 있는 안도安圖를 발해국 안변부安邊部의 안주安州가 와전된 이름으로 추정한다. 그다지 신빙성은 없는 설이지만 이와는 무관하게 학계에서는 지리적인 위치 등으로 미뤄보아 오호산산성을 발해시기에 축성했으며 그 후 요·금시기에 계속 사용한 고대성곽으로 보는 게 주류이다. 또 일부 학자들은 오호산산성의 규모와 축성기법이 연길지역의 성자산산성, 훈춘의 살기성과 비슷하며 성내에 돌무덤이 있는 등으로 미뤄보아 고구려시기에 세운 성곽이라고 주장한다. 이런 논쟁을 떠나서 오호산산성은 두만강 하류지역에서 돈화와 길림으로 통하는 길목에 위치, 분명히 옛날 수륙 교통로를 지키기 위해 설치한 군사시설이었다. 연변지역에서 이처럼 험요한 지세에 축성되고 또 규모가 엄청난 산성은 오호산산성이 유일한가 한다.

기다란 터널을 빠져나온 듯 갑자기 귓가에 물소리가 들린다. 어느 결에 협곡을 빠져나와 부르하통하 강기슭에 서있었던 것이다. 뒤돌아보니 우중충한 절벽과 깊은 골짜기가 아득하게 안겨왔다. 방금 저런 심산협곡을 앞뒤로 모두 주파했다는 게 조금은 미덥지 않다.

"오호산에 안개가 끼지 않으면 날씨가 개인다"는 말은 과연 그른 데 없나 보다. 아침에 오호산을 오를 때 봉우리를 감돌던 안개는 가신 듯 사라지고 오후의 햇빛이 찬연하게 쏟아져 내리고 있었다. 그 햇빛을 등지고 검푸른 색상을 뽐내고 있는 산마루들은 털빛이 어룽어룽한 호랑이들이 무리를 지어 웅크린 듯하였다. 이 호랑이들의 위엄을 빌리고 있는 오호산은 산성을 떠나서 산 자체가 바로 하늘이 내린 난공불락의 요새였다.

용정시

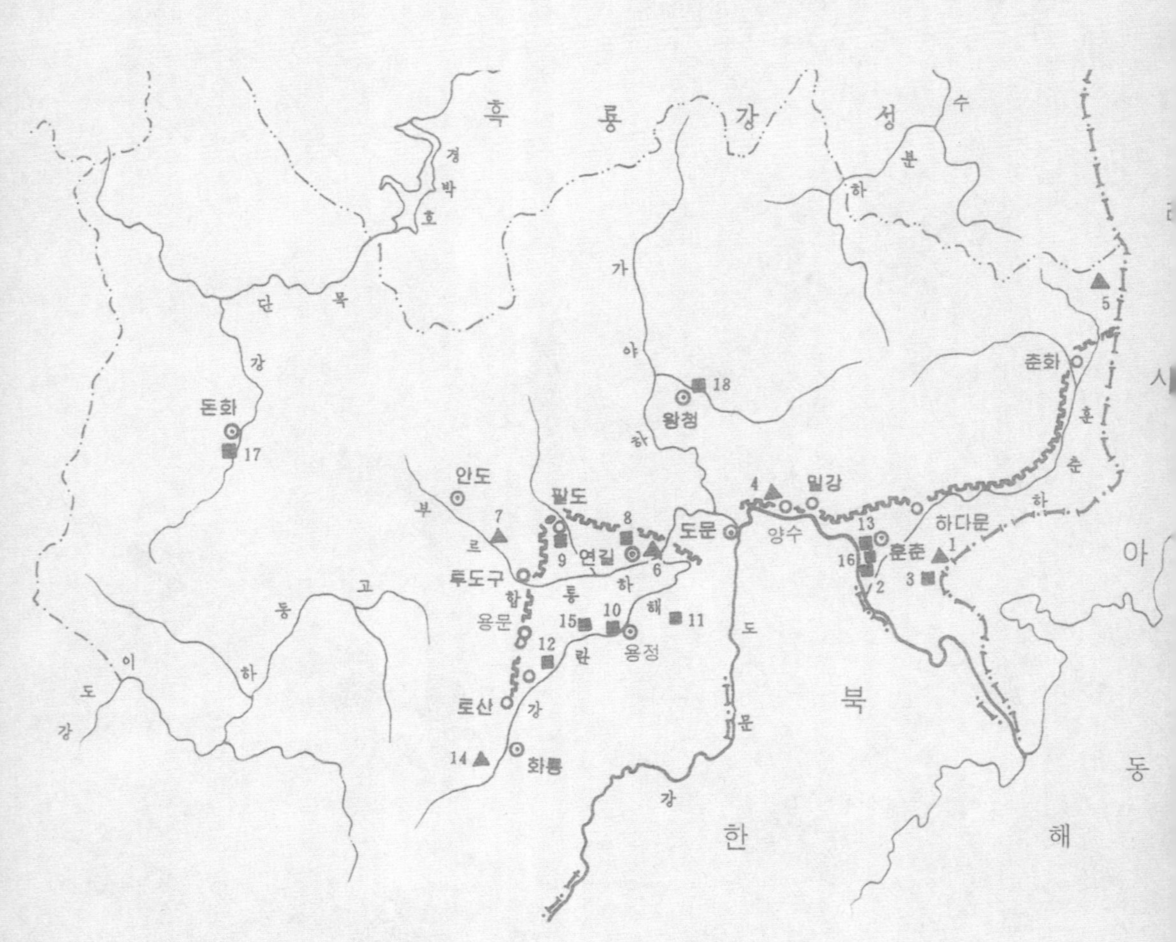
흑 룡 강 성
수
분
하
경박호
야
가
하
단
목
강
춘화
5
돈화
17
18
왕청
안도
팔도
7
밀강
4
13
하다문
8
도문
1
연길
양수
훈춘
투도구
9
6
16
2
함
통
하
3
고
해
동
용문
15
10
11
하
12
용정
도
이
란
북
토산
강
문
강
14
화룡
한
강
동
해

'무명산성', 현암동眩岩洞의 미스터리

두만강변의 백금향白金鄕에 있는 산성은 현재 무너진 돌담만 외롭게 남아 옛날의 기억을 가까스로 더듬게 하고 있다. 이름 없는 이 산성의 정체가 몹시 궁금했는데 이제는 산성 기슭에 있던 옛 마을인 현암동眩岩洞마저 사라지고 있다는 것이다. 현암동은 수십 년 전에 단결團結촌으로 개명되어 이름을 잃었고 6, 7년 전 부터는 인가 없는 동네로 전락되었다고 한다.

수풀에 묻혀 있는 이 무명의 산성은 볕을 보지 못한 채 깊이 모를 미궁으로 빨려 들어가고 있는지 모른다.

"산성은 현지懸志에도 전혀 기재가 없지요" 일찍 몇 년 전에 직접 산성을 답사했던 오정묵50여 세 씨는 아직도 그때의 흥분을 좀처럼 삭이지 못하고 있었다. 백년 묵은 산삼을 캔 심마니라면 정녕 저러랴 싶다.

"학자 분들에게 자문을 했는데요, 모두 모르고 있었지요"

▲ 무명산성 돌절구

▲ 무명산성, 용처불명의 구멍돌

오 씨는 현지의 풍속과 지리에 흥미를 갖고 있는 관계로 지난 20년 동안 연변지역의 산을 모두 주름잡다시피 했다고 한다. 그는 백금향의 대산툰大山屯 부근에 오랜 절터가 있다는 노인들의 말을 듣고 그때 무작정 이 산을 찾아 나섰다는 것이다.

늦가을의 어느 날, 우리 몇몇은 오 씨의 안내를 받아 산성으로 떠났다. 차는 용정 시가지를 떠나 금방 울퉁불퉁한 산길에 들어섰다. 용정 시내에서 백금향 소재지로 통하는 이 길은 트럭이 한두 대 보일 뿐 한적하기 그지없었다.

한 시간여 후 차는 어느 골짜기 어구의 길가에 멈춰 섰다. 일행은 산성 부근에 당도했다는 오 씨의 말에 다들 놀란 표정이었다. 길 동쪽에 있는 수십 미터 폭의 이 산골짜기는 방금 지나온 산들과 별로 다르지 않았던 것이다. 골짜기 어구에는 옛 동네의 흔적인 듯 허름한 농가 한 채가 고독하게 서있었다. 물어보니 이 골짜기는 백금향 소재지와 고작 2km쯤 정도 떨어져 있다고 한다. 솔직히 이런 곳에 아직도 세간에 알려지지 않는 산성이 있다는 게 전혀 믿어지지 않았다.

바닥이 말라버린 시냇가를 따라 골짜기로 들어가던 중 길가에서 이상한 돌을 발견했다. 움푹하게 패인 돌확을 보아 분명 돌절구였는데 돌이 삭은 모양으로 미루어 오랜 물건임이 틀림없었다. 산성의 유무에 품었던 의구심이 풀리는 단초인가 싶어 사뭇 긴장되었다.

골짜기는 어구에서 수백 미터 들어가자 급작스레 오른쪽으로 휘어들었다. 금세 앞쪽의 수풀 사이로 낮은 돌담이 나타났다. 골짜기 사이를 가로막은 담이었다. 급한 굽이돌이 때문에 골짜기 어구에서는 전혀 보이지 않았던 것이다. 골짜기로 깊숙이 들어가면서 돌담은 하나둘씩 연이어 나타났다. 돌담은 골짜기를 따라 초소처럼 겹겹이 늘어서 있었다. 이런 돌담은 골짜기에 무려 300m 정도 잔존한다고 한다.

여기저기 있는 돌담 부근의 돌무지에는 일부러 구멍을 뚫어 놓은 듯한 납작한 돌이 여러 개 보였다. 누군가는 이런 돌들을 옛날 조각상을 세워놓던 받침판이 아닌가 하고 추측했다. 조각상에 가느다란 기둥을 박아 이런 받침에 고정시켰다는 것이다. 이곳이 절터라는데 무게가 실리는 듯 했다.

갑자기 시야가 탁 트인 느낌이 왔다. 남쪽 산기슭에 펑퍼짐한 둔덕이 나온 것이다. 둔덕에는 주춧돌인 듯한 평평하고 큼직한 돌들이 드문드문 박혀 있었으며, 가운데는 작은 도랑이 패어 있었다. 며칠 전에 서리가 내렸는데도 이곳에는 민들레가 군데군데 노랗게 피어있었다. 오 씨에 따르면 이 둔덕은 잠풍潛風을 해서 포근하며 무슨 영문인지 한겨울에도 눈이 많이 쌓이지 않는다고 한다.

둔덕에서 골짜기 안쪽으로 수십 미터 떨어진 곳에는 돌담들이 쭉 늘어서 있었다. 돌담의 귀퉁이에는 초소자리인 듯한 돌 웅덩이도 보였다. 둔덕 뒤로는 산기슭을 따라 낙엽송 수림이 빽빽하게 들어서 있었다. 오 씨는 골짜기의 남산 정상에 초소 자리로 추정되는 웅덩이가 여러 개 있다고 말한다.

"북쪽산은 아직 모릅니다. 원체 비탈이 심해서 올라가 보지 못했지요"

돌담들은 골짜기 남쪽에 있는 둔덕을 병정처럼 빙 둘러싼 형국이었다. 돌담 근처 수풀 속에 있는 검은색 둥근 돌이 눈에 들어왔다. 복판에 홈이 파인 직경 1.2m의 연자방아였는데 대부분이 흙속에 묻혀 있어서 크기가 얼마인지는 알 수 없었다. 나중에 전문가들로부터 들으니 연자방아에 부석돌처럼 패인 구멍과 묻어 있는 흙의 정도 등으로 미루어 이 연자방아는 1,500년 전의 유물로 어림잡을 수 있다고 한다. 현암동 유적지의 나이를 추정할 수 있게 하는 유물이었다.

"바로 이 둔덕에 사찰이 있었다고 하지요." 오 씨는 10년 전 부근의 노인들로부터 들은 이야기를 꺼냈다.

"동네 사람들은 사찰이 2~3백 년 전에 없어진 걸로 알고 있었지요."

현지에 구전된 사찰 이야기는 지어낸 이야기는 아닌 듯 했다. 이 골짜기는 용정의 최고봉인 천불지산天佛指山의 지맥이다. 해발 1265m인 천불지산은 석가모니가 점지한 산이라는 뜻에서 생긴 이름이다. 이런 천불지산에 사찰이 있을 법도 하지 않은가.

오 씨는 둔덕의 앞자락에 있는 바위가로 우리를 안내했다. 둔덕의 맞은편 산에는 커다란 암석이 거물처럼 웅크리고 있었는데, 그것이 바로 이 골짜기의 동네 이름을 짓게 된 현암眩岩이라고 한다. 그는 당장 이 자리에 사찰을 세운다고 해도 전혀 이상한 일이 아니라고 단언한다.

"도인들은 여기를 수련장소로 적격이라고 하지요. 저 암석에서 뿜어 나오는 기가 예사롭지 않다고 합니다."

아닌 게 아니라 바위 위에 올라서서 현암을 응시하니 갑자기 현훈증眩暈症이 일어난다. 거짓말처럼 몸이 붕하니 허공에 뜨는 느낌이었다.

우리가 방금 올라섰던 바위는 부석돌처럼 구멍이 숭숭 뚫려 있었다. 호기심에 바위를 손으로 쓱 문지르자 금방 누런색이 묻어났다. 녹이 슨 쇳물이었다. 바위는 부석돌이 아니라 철 성분이 강한 광석으로, 철 성분이 물에 녹으면서 작은 구멍들이 패었던 것이다. 여기 있는 암석들은 철 성분 때문에 자기마당이 무척 강한 모양이었다.

얼마 전에 유명한 풍수장이가 이곳을 와보고 절찬을 했다고 한다. 맞은쪽의 산은 구불구불하게 동쪽하늘로 뻗어가고 있었는데, 이것은 승룡乘龍, 해방亥方이요, 뒤에 업은 우불꾸불한 산은 소룡小龍, 사방巳方이니 현암을 마주한 이 둔덕은 풍수학에서 말하는 길지란다.

그렇든 말든 사찰이 있었다면 골짜기 어구부터 겹겹이 돌담을 쌓은 이유는 무엇이었을까. 왕이 행차하던 사찰이라고 할지라도 많은 인력을 동원해서 영구한 성새를 쌓을 필요까지는 없었을 것이다.

▲ 무명산성 골짜기 입구

일행 중에는 이곳을 행궁으로 짐작하는 사람도 있었다. 옛날 임금은 순행이나 수렵을 할 때 3~5일 또는 수개월씩 나가 있었다고 한다. 골짜기의 수비가 삼엄한 걸로 미루어 그때 사용하던 행궁이라고 하면 타당성이 있는 듯도 했다. 그러나 이런 심산오지에 행궁을 만들었다는 게 도무지 납득이 되지 않았고, 더구나 볕이 잘 들지 않는 골짜기의 음지에 왕의 행궁을 세웠다는 게 말이 되지 않았다.

한편으로는 성곽이라는 설도 나왔다. 그러나 재래의 성은 곡창지대를 지키거나 요충지를 지키기 위한 것이었다. 이 때문에 통상 산성이나 평지성이었으며 이처럼 벌과 요충지를 멀리 떠나 골짜기에 숨은 성곽은 없었던 것으로 알려진다.

"그러면 창고가 아닐까요?" 일행 중 누군가 조심스럽게 창고설을 내놓는다. 변방지역을 지킬 때 내지로부터 불편한 운수를 감안해 깊숙한 골짜기에 비밀 비축소를 지었다는 것이다. 그는 돌담이 골짜기 어구에서는 전혀 보이지 않는다는 점과 현암동이 두만강과 불과 4km 떨어져 있다는 점을 지적했다. 국경지역 수비를 위한 창고라는 게 자못 설득이 되는 듯 같았다.

마침 현암동 동쪽으로 20여 km 떨어진 두만강 기슭에 산성이 있었다. 이 산성은 조동朝東산성으로, 현지에서는 후금後金의 누르하치가 세웠다고 하여 일명 한왕汗王산성이라고 부른다. 일부 학자들은 한왕산성을 요·금 시기를 앞서 고구려시기에 세운 성곽이라 주장하기도 한다. 무명산성이 조동산성과 비슷한 시기에 축성된 산성이라면 창고라는 설이 더욱 그럴 듯했다.

"확실한 유물이 적고 기재가 전혀 없다고 하잖습니까." 누군가 심중에 묻혀있던 의문을 일행에게 툭 털어 놓았다.

"결국 이 유적지가 뭔지 밝혀내지 못하는 게 아닐까요?……"

솔직히 기우라고 단정하기 어려웠다. 이 골짜기에서 10여 가구의 현암동 사람들이 사라진 건 몇 년에 불과하지만, 고무지우개로 빡빡 지운 것처럼 산과 산 사이에서 흔적이 말끔히 사라져 있었다. 더욱 놀라운 것은 현지에서 현암동이라는 동네마저 모르고 있다는 사실이었다. 그렇다면 이름마저 알려지지 않은 이 산성은 천 년 전에 도대체 어떤 모습을 하고 있었을까…

무명의 산성은 그렇게 밑도 끝도 없이 물음표만 수두룩하게 던지고 있었다.

어느덧 돌담은 석양 빛 속으로 희미하게 빛을 잃어가고 있었다. 돌담에 비낀 거대한 산 그림자가 어쩌면 먼 옛날의 이 산성을 미스터리로 감추고 있는 것이 아닐까.

야래자^{夜來者} 설화와 한왕^{汗王} 산성

"한 마을에 처녀가 살았는데 밤마다 웬 남자가 와서 그와 동침하였다. 그러나 이 남자가 어디서 온 사람인지는 몰랐다. 어느 날 남자의 옷자락에 바늘을 꽂아서 실을 따라가 보았더니 깊은 동굴에 있는 지렁이었다. 그 후 옥동자를 순산하였으니 그가 바로 나라를 세운, 혹은 유명한 누구였다……"

눈 감고 줄줄 외울 수 있는 옛날이야기의 줄거리이다. 사실 이런 야래자 설화는 지명과 장소, 이름만 약간씩 다를 뿐이며 중국과 한국, 일본, 서구까지 전 세계적으로 널리 구전한다.

<삼국유사>에 나오는 백제 견훤의 출생설화가 이와 비슷하며 서구의 '큐피트-사이키'형 설화도 이와 비슷하다. 함경북도 회령지역에 전해오는 청나라 태조 누르하치 아버지의 출생설화도 동굴이 늪으로, 지렁이가 구렁이로 바뀌었을 뿐이다.

▲ 한왕산성-산정의 산성

▲ 한왕산성 남쪽성벽 일부

▲ 한왕산성 표지판

▲ 한왕산성 동쪽 성벽

누르하치 아버지의 출생설화에 등장하는 늪은 한왕산성에 있는 걸로 전해진다. 한왕산성은 몽골어로 임금, 왕의 산성을 이르는 말이며 용정시 삼합진三合鎭에서 서쪽으로 약 10km 떨어진 두만강 기슭에 위치한다. 한왕산성은 그곳 사람들이 누르하치가 쌓은 산성이라고 주장해서 부르는 이름이다. 학계에서는 이 산성이 조동朝東촌 부근에 있다고 하여 조동산성이라고도 부른다. 산성이 위치한 산은 천불지산 산맥의 지맥으로 두만강 기슭에 툭 튀어져 나왔는데, 산 정상의 삼면이 벼랑인 까닭에 흡사 고깔모자 같아 멀리서도 유난히 눈에 띤다.

산기슭에 있는 조동촌 어구에는 서북쪽의 벼랑바위를 배경으로 '한왕산성' 표지판이 있다. 이 표지판을 지나 골짜기에 들어서서 북쪽으로 10여 분 올라가면 갈림길이 나온다. 산 정상이 왼쪽에 있는지라 그쪽의 수풀로 사라진 길을 따라 가기로 했다. 아니나 다를까, 산비탈을 얼마간 올라가자 불쑥 높은 둔덕이 나타났다. 돌로 쌓은 이 둔덕은 반달 모양으로 벼랑을 감싸고 있었는데, 오솔길은 둔덕을 지나 곧바로 벼랑 위에 덧쌓인 석성으로 들어가고 있었다. 이 둔덕은 다름 아닌 석성 동북쪽 성문 밖의 옹성이었다. 옛날 산성으로 내왕하던 교통로도 바로 지금 밟고 있는 이 산길이 아닐까. 오솔길에 그려진 들쭉날쭉한 나무 그림자는 그리스의 아리송한 상형象形문자처럼 홀제 먼 옛날의 기억을 더듬게 한다.

옹성 문자리 부근의 수풀에는 깊이 1.5m, 지름이 2m 되는 웅덩이가 여럿 있었다. 그중 하나는 인공적으로 쌓은 돌들이 아직 반 미터 남짓한 높이로 남아 있었다. 옛날 초병들의 막사자리로 알려진 유적이었다. 이곳은 그다지 가파르지 않은 비탈이었는데, 이 때문에 산성 주인은 옹성을 만들고 그것도 성에 차지 않아 또 초소를 세울 정도로 성곽 경호에 무척 신경이 쓰였던 모양이다.

옹성 밖에서 잠깐 화젯거리가 생겼다. 남쪽 막사 유적지 부근에 벼랑가로 간신히 뚫아 오른 오솔길이 있었던 것이다.

"옛날 초병들의 소행으로 보이네요 다문 몇 걸음이라도 덜려고 한 게 아닐까요" 일행 중 누군가 웃으면서 하는 말이다. 이 오솔길은 초병들이 옹성 쪽으로 돌아가서 성으로 들어가는 일이 귀찮아 만든 지름길 같다는 것이었다.

옹성을 지나 내성 성문에 들어서자 불시에 눈앞에 뉘엿한 평지가 나타났다. 산 정상이라고 믿기 어려울 정도로 평평했고 부지가 엄청 컸다. 성벽은 절벽 위의 가장자리를 따라 산 정상을 구불구불 기어가고 있었

▲ 한왕산성 동쪽 웅덩이

다. 한두 사람이 지날 정도의 오솔길이 성벽 내측에 그림자처럼 졸졸 붙어 있었다. 둘레가 1,500m인 한왕산성은 중등 크기의 산성으로, 지세를 보아 전형적인 산봉식 산성이었다. 남쪽은 수직되거나 거의 수직된 5~15m 높이의 현애절벽이었는데, 산성은 이를 직접 이용하고 있었다. 기타의 성곽은 이런 자연적인 낭떠러지나 천험 위에 0.5~5m의 높이로 돌을 쌓고 있었다.

산성의 동쪽 모서리에는 망루자리로 보이는 웅덩이가 하나 있었다. 이 자리에 들어서니 산기슭을 따라 연연히 흘러가는 두만강이 먼발치에서

보였다. 동쪽의 삼합진으로 통하는 길, 앞쪽의 강 건너 북한의 회령시 유선, 서쪽의 두만강 상류로 통하는 강기슭의 길이 그림처럼 눈앞에 펼쳐지고 있었다. 웅덩이가 위치한 모서리 자체가 천연적인 망루였다.

성문자리는 서남쪽에도 하나 있었다. 이 성문은 두만강을 마주하고 있었는데, 바깥쪽은 경사가 심한 비탈이어서 수비에 유리하고 공격은 어려운 곳이었다. 그래서인지 동북쪽 성문처럼 옹성이 없었고 초소자리도 보이지 않았다. 그러나 낭떠러지가 낮은 까닭으로 그 위에 서너 미터 높이로 덧쌓은 석성은 산성 전반에 걸쳐 이곳에서 제일 웅장한 모습을 보이고 있었다. 성문

▲ 한왕산성 동쪽성문

부근의 석성은 약간 허물어진 곳이 있어서 속살을 드러내고 있었다. 석성은 돌들을 안쪽 깊이까지 엇물려주어 역학적으로 아주 안정된 구조를 이룬 모습이었다. 바위 위에 덧쌓인 성벽은 돌들을 모양새에 따라 맞물려서 차곡차곡 올려 쌓아 있었다. 아래부터 물려오는 적심석이라 아주 견고했다. 이 때문에 산성은 천년의 풍상세월 속에서 거의 원상을 그대로 유지하고 있는 것 같았다.

산성에는 집 자리로 추정되는 건물유적이 세 개나 남아 있었다. 산성 남쪽에 위치한 이런 건물유적에는 흙으로 쌓은 담이 있어 아직도 그 형태를 찾아볼 수 있다. 일각에서는 산성의 크기와 건물유적으로 미뤄 이곳에 있었던 수비군을 3,000명 정도로 보고 있다.

갑자기 수풀에서 후드득 소리가 연이어 일어났다. 대여섯 마리의 꿩이었는데, 건물유적 북쪽의 늪가에서 물을 먹고 있다가 인기척에 깜짝 놀랐던 모양이다. 타원모양의 이 늪은 어림짐작으로도 지름이 50m가 훨씬 넘었다. 산 정상의 수원지로는 과연 일대 장관이었다. 늪 서쪽에는 자연적인 지세를 이용하여 인공으로 쌓은 둑이 있었다. 또 둑

▲ 한왕산성 돌구유

부근에는 지름이 10m, 깊이가 2m 되는 물웅덩이가 있었으며 물웅덩이에는 큰 돌이 여러 개 놓여 있었다. 옛날 물을 긷던 곳이 아닌지 모른다.

현지인들은 산성에서 천 무늬가 있는 회색 기와조각을 발견하고 돌구유와 구리 숟가락을 발굴했다고 한다. 그러나 지금은 무성한 수풀 때문에 기와조각을 한 조각도 주을 수 없고 구리 숟가락도 어디로 갔는지 알 수 없었다. 다행히 서남쪽 성문 부근의 건물유적 밖에는 아직도 돌구유가 그대로 남아 있어 위의 내용을 방증하고 있었다.

산성 남쪽에서 1.5km 정도 거리가 떨어진 두만강 기슭에서는 바로 이런 구유모양의 나무관이 여러 개 발굴되어 산성과 무언가 '실'로 이어지고 있었다. 이 무덤떼는 조동촌 부근에 위치하기 때문에 조동 무덤떼로 불리는데, 연변지역의 명나라시기 무덤으로는 단연 첫손에 꼽힌다. 1976년, 연변박물관에서 13개의 무덤을 발굴, 대부분의 무덤에서 나무관을 쓴 흔적이 나타난다. 무덤의 매장 풍속을 보면 단인장이였으며 사기기물과

구리기물, 쇠 기물, 조가비 치렛거리, 구슬, 질그릇 등 230여 점의 부장품
이 발굴되었다. 조동 일대는 명나라 때 여진인의 활동지역이였으며 건주
좌위建州佐偉의 소재지인 북한 회령과 불과 10km 떨어져 있다. 상술한 정
황으로 미뤄 조동 무덤떼는 건주 여진인의 무덤이라는 게 학계의 통설로
자리하고 있다.

▲ 한왕산성 건너편에 북한 유선이 보인다

산성 부근의 이 조동 무덤떼는 산성과 연관이 있으며, 따라서 학계에
서는 명나라 때의 여진인이 한왕산성의 주인이라고 보는 견해가 우세하
다. 청나라의 시조 누르하치도 이 산성과 연관이 있을지도 모른다. 그러
나 산성의 위치나 특이한 지세, 축성기법 등을 미뤄보아 고구려시기에 축
성되고 그 후 요·금시기에도 계속 사용된 산성으로 보는 학자들도 적지

않다. 다만 이런 견해가 위의 거센 주장에 파묻혀 몹시 미약하게 들릴 뿐이다.

아닌 게 아니라 두만강 지역에는 설화를 비롯하여 여진족의 형상이 이상하다고 할만치 자주 등장한다. 이것은 이 지역이 여진족의 옛 활동무대였던 특수한 지리와 혈연적 관계를 묵과할 수 없게 한다. '두만강圖們江, tumen ula'이 여진어로 만수萬水의 원천이라는 의미이듯 함경도 사람들의 피에는 여진족의 피도 적잖게 섞여있는 걸로 알려진다. 그 뿐만 아니라 조선왕조의 건국역사에도 여진족 인물이 적지 않게 출현한다. 조선왕조의 건국을 위해 대공을 세운 퉁두란, 즉 훗날의 이지란李之蘭 역시 여진족 대토호로 전해지고 있다. 미상불 한왕산성은 여진족의 흔적이 너무 진해서 여타의 주장이 모조리 파묻히고 있는지 모른다.

▲ 한왕산성 기슭에서

　한왕산성은 수원지나 건물 등의 일반 시설은 물론이고, 견고하고 전술 의미가 있는 옹성 그리고 수비에는 쉽고 공격에는 어려운 석벽 성곽이 있는 등 두만강 지역의 전형적인 천험 요새로 학계의 남다른 주목을 받는다. 그러나 정작 산성의 축성연대는 베일에 깊숙이 가려 있다.

　그렇다면 이 산성의 시원을 열어놓은 '야래자'는 도대체 누구일까…… 수풀에 장벽처럼 둘린 늪에는 야래자의 숨결인 듯 정오의 아지랑이가 그물그물 춤추고 있었지만, 천년의 신화 속으로 사라진 야래자는 종적을 찾을 길이 없었다.

청산녹수에 녹아있는 청수_{淸水} 산성

북한 회령 맞은쪽의 삼합진^{三合鎭}에서 두만강의 지류인 청천강을 따라 서쪽으로 6km 정도 올라가면 강북에 띄엄띄엄 농가들이 나타난다. 금산^{金山}산맥의 산발은 바로 마을의 북쪽까지 와서 끊어지고 있었다.

마을에서 토박이로 불리는 김경춘 옹을 만나 잠깐 얘기를 나눴다. 그에 따르면 이 마을은 이전에 세 동네로 나뉘었으며 각기 함박동, 청수동^{淸水洞}, 공암동^{孔岩洞}이라고 불렀다고 한다. 옛날 공암동 뒷산의 골짜기에서 불을 피우면 금세 청수동을 뛰어 건너 동쪽 함박동 뒷산의 바위틈에서 연기가 새어나왔다는 이야기가 있었다. 세 동네는 한 덩굴에 달린 열매처럼 깊은 인연이 있는 것 같았다.

산성이 있다고 하는 골짜기는 청수촌 6대로 개명되어 있는 청수동의 뒤에 있었다. 이전에 마을 사람들은 땔나무를 하느라고 자주 뒷산에 올랐다고 한다. 김옹도 그때 벌써 산을 메주 밟듯 한지라 토성의 주향이며 크

▲ 청수동에서 만난 노인

기를 손금 보듯 하고 있었다.

"성벽이라는 게 그저 흙으로 쌓은 둔덕이지요. 장성처럼 돌로 쌓은 그런 게 아닙니다." 김옹은 지레 따끔하게 침을 놓는다. 그에 따르면 그래도 이전에는 기와조각 따위가 있었지만 지금은 숲과 낙엽에 가려서 전혀 볼 수 없다는 것이다.

보아하니 산에 올라야 별 볼거리가 없으니 아예 헛걸음을 하지 말라는 눈치이다. 그렇다고 산성을 코밑에 두고 단념할 수 없었다. 더구나 물 건너 높은 산 위에 있더라도 눈으로 직접 확인하고자 나선 게 이번 걸음이 아니던가.

일행은 김옹과 작별하고 마을에서 일명 '토성골'로 불리는 골짜기에 들어섰다. 기왕에 말이 났으니 말이지 현지의 문물지는 이 골짜기가 현지에서 '고성古城골'로 불린다고 적고 있었다. 실로 "백문불여일견"이라고 유적답사가 갖는 의미를 두드러지게 하는 대목이다.

골짜기 어구에서 100m쯤 들어갔을까, 골짜기의 풀숲에 돌을 둥그렇게 쌓아 만든 작은 우물이 있었다. 이 우물은 성곽 밖에 있었지만 그렇다고 강물을 발치에 두고 있는 마을과 연관을 짓기에는 억지감이 없지 않았다.

"옛 우물이라면 골짜기의 성문을 파수하던 수비병들이 사용하기에 맞춤하네요." 누군가 나름대로 추측을 하는 소리이다.

그의 말에 수긍하듯 골짜기를 가로 지른 성벽은 우물에서 그리 멀리 떨어지지 않은 곳에 윤곽을 나타내고 있었다. 골짜기 왼쪽 비탈에는 아직 둔덕이 남아 있어서 그런대로 성벽자리를 확인할 수 있었지만, 골짜기를 차단한 성벽은 골물에 씻기는 등 크게 파괴되어 자그마한 언덕이 가까스로 남아 있을 따름이었다. 여기서 성문자리를 찾는다는 건 정말 백일몽 같은 생각이었다.

골짜기에 나있는 오솔길은 달구지가 다닐 수 있을 만큼 제법 넓었다. 길옆의 풀숲에 새빨간 열매가 보여 발길을 잠깐 멈췄다. 야생 꽈리가 여러 포기씩 무더기를 이뤄 자라고 있었다. 수풀에는 야생 돌배도 적지 않게 떨어져 있었다.

▲ 산성 골짜기에 있는 샘터

"옛날 산성 사람들도 가끔 이걸 먹지 않았겠어요?" 일행은 꽈리며 돌배를 따면서 한순간 옛날의 정취를 맛보는 듯한 분위기에 잠겼다.

산길은 서쪽 산비탈을 따라 가다가 중턱에 이르러 두 갈래로 나뉘고 있었다. 한 갈래는 서쪽 산등성이로 향했고, 다른 하나는 계속 골짜기 속으로 들어갔다. 일행은 먼저 골짜기 쪽으로 가서 북쪽과 동쪽 산등성이에 오르기로 합의를 보았다.

길 아래의 비탈에는 간혹 평평하게 다듬은 건물자리가 나타났다. 대량의 건물자리는 골짜기가 끝나는 북쪽 산비탈에 있었다. 웅덩이 모양의 평지가 여러 개 되었고 와중에는 초석으로 보이는 돌들이 드문드문 박혀 있었다. 산성의 주요한 건축물이 이곳에 있었던 것 같다. 만주국 때 이곳에서 구리불상이 1점 발굴되었으며 훗날 강 건너 회령박물관에 팔렸다고 <용정현문물지龍井縣文物志>가 전한다. 또 이에 따르면 유적지에서 많은 동전이 발굴되었으나 지금은 행방을 찾을 수 없다는 것이다.

건물자리에는 수풀이 빼곡하여 진짜 김 옹의 말처럼 기와조각 같은 유물을 줍겠다는 생각을 아예 접어야 했다. 이 부근에도 옛 우물이 있었다고 하는데, 이 역시 찾을 엄두를 내지 말아야 했다. 사실 동네 촌민들도 이 우물자리를 전혀 모르고 있었다.

길은 산중턱의 건물자리에서 끝나고 있었다. 산지기가 비탈의 나무에 드문드문 빨간 페인트로 만든 표식을 따라 산등성이에 올랐다. 불쑥 3~4m 높이의 흙 둔덕이 앞을 막아선다. 토석 혼축으로 되어 있는 성벽은 산 꼭대기 부분에서 시작하여 산세를 따라 동쪽으로 이어지고 있었다. 고로봉식의 이 산성은 내외 성이 없는 단일성이었다. 그러나 성벽 밖 2~3m 되는 곳에 호위 성벽이 철길처럼 안쪽 성벽과 나란히 평행을 이루는 등 특이한 모양새를 갖추고 있었다. 이 두 성벽은 나중에 동남쪽에 이르러 하나로 합쳐진다. 안쪽의 성벽에는 치 모양의 둔덕이 여러 개나 되었다. 북쪽 성벽 가운데 성문 자리가 하나 있었으며 여기에 옹성이 있었다.

▲ 내외 2중 성벽

산성은 성벽의 둘레의 길이가 무려 2,053m에 달하는 등 중등규모의 성곽이다. 전반 산성은 산골짜기를 빙 둘러싸고 산세를 따라 축성하여 흡사 왼손바닥과 같은 모양을 하고 있었다. 북쪽의 정상부분은 이 손바닥의 중지 끝머리에 해당된다. 산성에서 제일 높은 성벽 역시 이곳에 있었는데 그 높이가 5m 정도 되었다. 엄지 끝머리 부분인 동남쪽 성벽모서리에는 옹성 모양의 시설이 있었다. 그러나 밖으로 향한 성문은 없었으며, 동북쪽에 군사시설로 사용한 듯한 작은 둔덕이 있었다. 둔덕에 올라서니 동쪽의 푸른 숲 사이로 완만한 비탈이 이어지고 있었고 멀리 삼합 쪽이 보였다. 성벽 안쪽에는 키 모양의 웅덩이가 두 개나 있었다. 산성에서 여러 가지 시설이 한데 집중된 곳이었다.

놀랍게도 웅덩이 가운데 푸른 이끼가 묻은 돌덩이들이 한 무더기 있었다. 낙엽무지에 홀로 있는 이 돌덩이들은 이름 모를 큰 짐승이 묻어놓은 알처럼 그렇게 유표할 수 없었다. 나뭇가지를 주어 이끼를 쓱쓱 문지르다 말고 저도 몰래 감탄사가 총알처럼 튕겨나간다.

"어, 이거 뇌석이구먼."

▲ 동남쪽 성벽 근처에서 발견한 뇌석무지

돌들은 산에 널려 있는 여타의 돌과 달리 색깔이 검고 누르께했고 또 일부러 다듬은 것처럼 둥글둥글했다. 흡사 거푸집에 찍어낸 것처럼 모두 사발 크기로 엇비슷했다. 피폐한 산성에서 아무런 유물도 볼 수 없을 줄 알았던 일행은 무척 흥분했다. 보아하니 산성의 이 엄지 부분은 뇌석을 비치할 정도로 주요한 방어구역이었던 것 같았다.

▲ 동쪽 성벽

▲ 북쪽 성벽

▲ 청수산성 서쪽 성문터 부근 둔덕

그런데 정말로 손바닥의 크고 작은 모양을 본 딴 듯이 약지에 해당하는 서쪽 산등성이에는 일부러 쌓은 성벽 흔적이 보이지 않았다. 산등성이 자체를 성벽으로 이용하고 있었고, 와중에 오솔길이 뚫은 산등성이의 결구에 초소 모양의 자그마한 둔덕이 있었을 뿐이었다.

결구 건너는 공암동 골짜기로, 청수동 골짜기보다 작고 좁았다. 산길은 공암동 골짜기의 산비탈을 가로질러 서쪽 청천강 쪽의 산등성이까지 이어지고 있었다. 청천강에 잇닿은 산비탈은 깎아지른 듯한 돌벼랑이었다.

이 벼랑 아래의 골짜기는 다른 데 보다 서리가 일찍 내린다고 해서 우리말로 서리골이라고 불리고 있었다. 골짜기 어구의 표지판에 있는 '서래구西來溝'는 바로 이 서리골에서 유래된 중국이름인 것 같았다. 골짜기가 남북주향으로서 서래구라는 이름의 뜻과는 연결을 지을 수 없었기 때문이다. 이 골짜기를 따라 계속 북쪽으로 올라가는 길은 용정 동남쪽의 지신智新까지 통하는 옛 교통로였다. 한때는 두만강 일대의 마약 밀수입자와 도둑들이 비밀통로로 애용하였다고 한다.

이 옛 교통로 때문에 선인들은 서리골의 서쪽 4~5km 되는 곳에 한왕산성이 있는데도 불구하고 서리골의 동쪽에 또 하나의 산성을 축조한 게 아닌가 한다. 그런데 청수산성에는 지금까지 시대적 특징이 완연한 유물이 채집되지 않은 탓으로 축성연대에 대한 정론이 없다. 내외의 일부 학자들은 산성이 두만강 지역의 요새이며 치와 옹성 등이 있는 성곽의 구조로 미뤄 고구려시기에 축성된 성곽이라 주장하기도 한다. 그러나 현지 학계에서는 요·금 시기의 것으로 보는 경우가 지배적이며 고구려 성곽 목록에 포함시키는 경우가 아주 드물다. 여기에는 부근의 한왕산성을 금나라 시기의 고대성곽이라고 하는 견해가 버팀목으로 되고 있었다.

▲ 청수산성 골짜기의 차단성벽 일부

"산성은 이름이 하도 좋아서 시 제목 같은데요, 읽을 수 없어서 아쉽네요"

누군가 시구를 읊듯 하는 말은 답사 내내 일행이 가슴속에 품고 있던 아쉬움을 그대로 담고 있었다.

청수산성은 그야말로 청천강의 흐르는 물처럼 한수의 시로 되어 청산녹수에 올올이 녹아 있는 듯하였다. 유감스럽게도 시인은 벌써 오래전에 이름마저 숨기고 은둔했고, 시어^{詩語} 역시 산 곳곳에 낙엽처럼 이러 저리 널려 있어 더는 시 구절을 맞추기 어려웠다.

▲ 산성기슭 길가에 있는 비법월경 경고 팻말

간도 섬의 '파수꾼' 선구^{船口} 산성

마을의 이름은 몰라도 마을에 있는 섬의 이름은 삼척동자도 외운다. 간도^{間島}, 이 유명한 섬은 길림성 용정시에서 동쪽으로 약 30km 떨어진 선구촌^{船口村} 부근에 위치한다. 선구촌은 이름 그대로 나루터 동네라는 뜻이다. 선구촌을 지나면 금방 자그마한 돌다리가 나선다. 수풀이 우거진 두만강의 모래톱은 강기슭에서 여기 다리 부근까지 내처 이어져 있었다.

"다 왔어요 여기가 바로 간도입니다." 오정묵^{50여 세} 씨는 아직도 어정쩡하게 서있는 일행에게 걸음을 재촉한다. 오 씨는 사업관계로 부근의 마을을 자주 왕래하면서 이곳 지리를 손금 보듯 하고 있었는데, 이번 답사에 우리의 부탁에 응해 안내인으로 동행했던 것이다.

그리고 보니 모래톱의 북쪽에 일렬로 나란히 늘어선 쇠말뚝들이 예사로운 게 아니었다. 이런 말뚝들은 간도의 국경 경계를 나타내고 있었다.

'간도'라는 이 이름은 먼저 조선 민간에서 시작되었다. 청나라 광서^{光緒} 연간 중국 화룡현 개산툰 광제욕현재 용정시 소속의 두만강 강바닥에는 오랜 기간 진흙과 모래가 쌓여 길이가 약 2,500m, 너비가 약 500m 되는 모래톱이 이루어졌다. 1878년경부터 조선 종성의 농부들이 두만강을 건너와 모래톱을 일구고 부치기 시작하였다. 그들은 모래톱에 물을 끌어들이기 위해 북쪽에 물곬을 팠는데, 훗날 이 물곬이 물도랑으로 되면서 모래톱은 강기슭과 동떨어진 '섬'이 되었다. 따라서 항간에서는 이곳을 간토墾土 혹은 간도間島라고 불렀다. 간도라는 지명은 1903년 최초로 청나라 관가의 문서에 등장한다. 그 후 조선 이주민들이 대량 이주하고 개간지역의 범위가 확대됨에 따라 '간도'라는 뜻은 다르게 변화된다. 두만강 북쪽의 화룡, 연길, 왕청 등의 지역은 '북간도' 혹은 '간도'라고 불리며 압록강 북쪽은 '서간도'로 불렸던 것이다.

▲ 선구산성에서 바라본 간도와 강 건너 북한의 종성

▲ 산성기슭에서 발견한 고목화석

▲ 간도섬 경계 쇠말뚝

1960년대 말, 간도 섬 위쪽의 두만강에 둑이 서면서 간도 북쪽의 강물은 줄기가 끊어진다. 그래서 지금의 간도는 이름만 사이 섬일 뿐 실은 북쪽 강기슭의 일부분으로 되어 있다.

간도 섬의 서북쪽에 파수꾼처럼 버티고 서있는 '선구船口산성'이라는 표지판이 시야에 들어왔다. 표지판에는 용정시 인민정부가 1960년대에 세웠다고 밝혀져 있었다.

▲ 선구산성 표지석

"듣자니 이 표지판을 세울 때 약간 곡절이 있었다고 합니다." 안내문을 열심히 읽는 우리에게 문득 오 씨가 한마디 던졌다.

그에 따르면 선구산성은 발해시기에 축성되었으며 금나라시기에 계속 사용되었다는 게 통설이라고 한다. 한편 일각에서는 부근 유적지 등으로 미루어 이 산성의 축조시기를 고구려시기로 주장하기도 한단다. 그러나 나중에는 고구려 시기는 물론 발해 시기마저 제외되었으며 금나라 시기의 산성이라고 개칭되었다고 한다. 그때의 상이한 이견의 흔적인 듯 표지판에는 금이 기다랗게 실려 있었다.

선구산성은 바로 표지석의 서쪽 산 위에 있다고 한다. 우리 일행은 비탈길을 따라 걸음을 놓았다. 산실을 따라 200m쯤 올라가자 뉘엿한 등성이가 나타났다. 동남쪽의 평퍼짐한 곳에는 건물의 흔적인 듯 천 무늬의 기와조각이 드문드문 나타났다. 지난날 선구산성에서는 압지 무늬의 암기와, 납작한 암기와, 귀면기와, 회색 질그릇의 밑바닥 등 많은 유물이 출토되었다고 한다. 물론 지금은 온전한 형체의 유물은 거의 다 사라지고 보이지 않는다.

이윽고 자그마한 흙 둔덕이 초병처럼 시야를 막아섰다. 산등성이를 가로 지른 토성이었다. 이 토성은 눈어림으로 보아 2m 정도밖에 되지 않았다. 토성을 지나자 깊숙한 해자가 보였다. 해자 바닥부터 계산하면 토성의 높이는 4m 정도 될 것 같았다. 토성은 해자의 가파른 경사 때문에 오르기가 쉬울 것 같지 않았다. 얼른 카메라를 들이댔으나 잡목에 가려서 형체가 잘 잡히지 않는다.

토성은 산으로 들어가면서 또 나타났다. 선구산성은 전체적으로 동남성과 서북성 두 개로 이뤄지고 있었다. 주요한 성인 동남성의 둘레 길이는 1,960m이고 부속성인 서북성의 둘레 길이는 1,814m이다. 전반 산성은 마름형에 가까웠는데, 지세나 위치를 보아 산봉식에 가까운 성곽이었다.

이 대형성곽은 오랜 세월 속에서도 여전히 온전한 모양을 유지하고 있었다. 산성에는 아직도 옹성, 해자, 초소, 봉화대 등의 시설이 남아 있었다. 서북성의 일부 구간은 높은 산등성이에 쌓았기 때문에 성벽의 높이는 최고 7m에 이르고 있었다. 산기슭의 골짜기에는 병영과 야장 터가 있다고 한다.

갑자기 누군가 야호를 불렀다. 산길 옆 비탈에서 두께가 1m 남짓한 고목 화석을 발견했던 것이다. 돌이려니 무심하게 화석을 스쳐 지나던 일행은 잠시 흥분을 금치 못했다. 옛날 이 산에는 거목이 무수히 있었고, 원시인들의 수렵지로 될 수 있었다는 방증이었다. 또 선구산성의 봉화대 부근에는 아직도 고대 인류의 흔적이 남아 있었다. 인간의 발자국이 산성의 축성시기를 거슬러 몇 천년 전에 벌써 여기에 찍혀 있었던 것이다.

1960년대 선구촌에서 여러 개의 석관묘가 발견되었다. 길림성박물관에 따르면 석관의 수장기물에서 석촉의 다양한 모양과 붉은 간토기 등 특점은 두만강 유역의 여러 원시 무덤과 다른 특점을 보인다. 붉은 간토기는 조선과 일본, 길림성의 중부와 서부지역에서 발견되었지만, 두만강 유역에서는 연길 소영자의 고분을 제외하고 아직 발견된 적 없다는 걸로 알려진다. 그들 사이의 연관 문제는 학자들에게 미완의 숙제로 남은 셈이다. 아쉽게도 이런 유물들은 중국에서 동란이 일어난 '문화대혁명' 시기에 전부 소실되었다고 한다. 다만 석관묘의 발굴기록과 초도草圖만 남아 있을 따름이다. 하지만 분명한건 이런 석관의 축조연대가 서기 전후이라는 것이다.

석관의 이야기는 그것으로 끝난 것이 아니었다. 불과 10여 년 전, 산성 서쪽의 북장구北獐溝에서도 석관묘가 발견되었던 것이다. 훗날 촌민들이 이 무덤의 석관을 길바닥에 초석으로 깔았는데, 어찌된 영문인지 언제부터인가 자취를 감췄다고 한다.

"무덤주인은 산성과 연관이 되는 것 같은데요. 참 아쉽습니다." 오 씨는 맹랑하다는 듯 자주 고개를 저었다. 그는 이 석관을 찾으려고 언제인가 북장구 골짜기를 샅샅이 뒤졌다고 말한다.

선구산성의 남쪽에는 남북길이 7km, 동서너비 약 4km의 두만강 충적분지가 있다. 이 분지는 토지가 기름지고 기후가 따뜻하며 관개에 편리하여 벼농사가 잘 되는 것으로 소문이 나있다. 옛날 발해 국왕의 수라상에 올랐다는 입쌀 '노송미魯松米'가 바로 이 분지에서 났다고 한다. '노송'은 말갈어로 하늘의 복판이라는 뜻이다. 따라서 이 분지의 입쌀은 천상에서 나는 어곡御谷과 견줄 수 있었다는 이야기이다.

더구나 선구산성은 용정에서 도문으로 통하는 수륙 요로에 위치한다. 산성은 곡창 보호의 차원은 물론 군사요충지로서의 역할도 하고 있었던 것이다. 전문가에 따르면 선구산성은 성의 규모로 보아 1,500명 병력의 장기주둔이 가능하다고 한다.

우리는 산을 내리다말고 두만강 기슭의 둔덕에 한참 서있었다. 산기슭의 강가에 누워있는 간도 섬과 강 저쪽의 북한 종성이 지척에 보였다. 북장구 골짜기에서 흐르는 시냇물은 선구산성 기슭을 굽이굽이 지나 간도의 섬 위로 도랑을 파고 두만강에 흘러들고 있었다.

15세기, 조선 초기의 문신인 절재節齋 김종서金宗瑞는 북벌정책을 펼쳐 함경도와 평안도 지역을 개척하고 경원, 회령, 경흥, 종성, 온성, 부령 등

육진六鎭을 설치한다.

"삭풍朔風은 나모긋테 불고 명월明月은 눈속에 찬데
만리변성萬里邊城에 일장검一長劒 집고 서서
긴 파람 큰 한소 에 거칠거시 업세라…"

그때 김종서가 지었다는 시조 '변새가邊塞歌'의 한 단락이다. 그 시조를 읊노라니 금세 산성 맞은쪽의 두만강 강변에서 포용하는 군마들이 눈앞에 보이는 것만 같다. 16세기 말과 17세기 초, 두만강 중하류 지역에 있던 여진 장정들은 누르하치가 여진을 통일하고 후금을 건립하는 과정에 모두 흥경興京, 지금의 요녕성에 위치에 집결하여 팔기병八旗兵에 편입된다. 따라서 이 지역의 여진족들은 눈자리 나게 줄어들었다. 그 후 선구산성은 봉금지역에 들어가면서 인적이 끊어지고 사람들에게 '사각지대'로 잊혀 갔다.

100여 년 애환의 역사가 서린 간도 그리고 1000여 년의 기나긴 역사가 숨은 선구산성…… 만년의 두만강에는 그렇게 많은 과거가 강물처럼·어디론가 흘러가고 있었다. 옛날 강가에 울리던 나그네의 슬픈 노랫가락이 금세 물소리에 실려 들려올 것만 같았다. 바로 선구촌에서 창작되었다고 전해지는 노래 '눈물 젖은 두만강'이다.

"두만강 푸른 물에 노 젓는 뱃사공
흘러간 그 옛날에 내 님을 싣고
떠나간 그대는 어디로 갔소…"

팔도하^{八道河}의 사라진 비석

늦가을의 날씨처럼 썰렁한 동네였다. 초가들이 드문드문 있었고 일부 가옥은 지붕 위에 풀이 자랄 정도였다. 그게 눈에 거슬리는 듯 새로 닦은 포장도로도 마을 어귀에서 옛길을 벗어나 남쪽으로 빙 에돌아가고 있었다. 용정 시가지에서 동쪽으로 불과 10km 정도 떨어진 덕신향德新鄕 중평촌仲平村은 그렇게 황량한 모습으로 차창에 뛰어들었다.

동네어구의 한 농가 마당에서 50대 중년의 사나이가 경운기를 손질하고 있었다. '김호철'이라고 부르는 이 사나이는 마을의 토박이라고 한다. 내가 마을에서 한참이나 사람을 찾아다녔다고 하는데도 그는 그게 무슨 놀랄 일이냐 하듯 심드렁한 표정이었다.

"마을에 남은 사람들은 별반 없지요. 거의 다 떠나버린 걸요."

알고 보니 10여 년 전만 해도 중평촌에는 60~70가구의 농가가 있었지만 지금은 고작 20여 가구뿐이라고 한다.

▲ 고성을 감돌아 흐르는 팔도하

사실 이 중평촌은 천 년 전에도 선민들이 거주하던 고성의 유적이다. 그러나 옛날의 흔적 역시 스산한 동네처럼 별반 남아 있지 않는 것 같았다. 지난날 촌민들은 유적지에 있던 기와조각들을 남북 주향의 흙길 양쪽에 두렁처럼 쌓아놓았다고 한다. 그러나 방금 마을을 돌면서 보니 이 기와조각들도 길이 넓혀지면서 흙속에 묻혀버렸는지 흔적을 찾을 수 없었다.

김호철 씨는 그제야 뭔가 짚이는 데가 있는 듯 기름때가 묻은 손으로 무릎을 탁 쳤다. "기와조각이요? 이전에 북산에서 토기조각들이 많이 나왔지요."

그가 말하는 북산은 말이 산이지 높이가 100m 남짓한 자그마한 등성이었다. 완만한 비탈은 서북쪽이 높고, 동남쪽이 낮았는데 비탈 동쪽에는 팔도하가 서남쪽에서 동북쪽으로 흐르고 있었다.

마을 뒤쪽에 있는 오솔길로 산비탈에 올랐다. 비탈은 거의 밭으로 되어 있었다. 밭고랑에는 앙상한 옥수수 그루터기들이 남아 있었다. 기와조각이 보여 연신 허리를 굽히는데 비탈의 밭에서 내려가던 촌민 두셋이 잠깐 발길을 멈추고 뭐라고 수군거린다. 낯선 사람이 추수가 지난 밭에서 자꾸 기웃거리는 게 무척 이상했던 모양이다. 기와조각을 보이며 해석을 하자 그들은 뭐라고 하며 웃더니 다시 발길을 재촉한다.

"보배^{보물}라도 찾나 했더니? 밭에 흔한 게 그런 기와조각이지요"

▲ 고성 옛터에 널려있는 기와와 토기조각

아닌 게 아니라 아기 손바닥 크기의 기와조각은 가을걷이가 끝난 뒤의 이삭처럼 눈에 띠었다. 기와조각들을 하나씩 주어들고 앞뒤를 번갈아 보았다. 근대에 사용하고 있는 그런 기와와는 두께나 색상이 완연 다른 기와조각이었다. 그중 회색기와가 대부분이었고 붉은색의 기와들이 가담가담 섞여 있었다. 천 무늬의 기와는 물론 빗살무늬의 기와도 적지 않았다. 1960년대의 현지 문물조사 때 유적지에서는 노끈무늬, 그물무늬, 돗자리무늬의 암키와와 발해시기의 공작새무늬의 암키와가 적지 않게 발견되었다고 한다.

산 능선에서 밭이 끝나고 낙엽송들이 나란히 서있었다. 갑자기 발치에서 푸드득 하는 소리가 나서 깜짝 놀랐다. 숲을 박차고 꿩 한 마리가 날아오르는 것이었다. 도시의 매연이 불어드는 시골에서 실로 흔치 않는 한 국화 같은 풍경이었다. 그러나 유적지의 놀라움 역시 그걸로 끝인 것 같았다. 건물터인 듯한 돌무지가 보였으나 인공림에 파괴되어 원 모양은 상상에 맡겨야 했다. 산의 정상부에도 기와조각들이 널려 있었으나 뚜렷한 성벽흔적은 어디에도 보이지 않았다.

'중평고성'은 유물이 널린 범위를 보아 산등성이와 평지에 걸쳐 있는 사모봉식 성곽인 것 같았다. 연변지역의 고성에서는 좀처럼 보기 드문 모양새였다. 고성 유적지의 범위는 서남쪽과 동북쪽의 길이가 약 500m, 동남쪽과 서북쪽의 너비가 약 300m인걸로 현지의 문물지에 기록되어 있었다. 고대 성곽에서 중등규모의 크기인 이 고성은 주거지치곤 근대의 어느 동네라고 해도 엄청 큰 규모였다.

또 중평촌 동북쪽의 산비탈에 이때의 주거지 유적과 관련이 있는 걸로 보이는 옛 무덤 떼가 있다. 그런데 비탈에 있는 봉분들은 얼마 전에도 사람들이 다녀간 근대의 무덤들이었다. 산기슭에 세워진 '발해무덤' 표지석을 봐서 무덤자리를 잘못 찾은 것 같지는 않았다. 나중에 부근에 있던 촌민에게 물어보니 5~6년 전에 고분 1개가 발굴되었으며 그 무렵부터 산기슭에 이 표지석이 섰다고 한다. 옛 무덤들은 이때에야 비로소 현지에 알려졌고, 촌민들은 옛 무덤이 있는 이 산비탈을 명당자리로 간주하고 무덤자리로 쓰는 웃지 못할 해프닝을 벌였던 것이다.

사실 이보다 앞선 1970년대 말, 길림성 고고학조사팀에 의해 이 옛 무덤들이 조사되었으며 그때 2개의 무덤이 발굴된 걸로 전한다. 옛 무덤들은 서남방향으로 길이 220m, 동남과 서북의 너비가 60m인걸로 조사되었는데, 지상에 드러난 묘석과 봉토의 흔적이 보이는 무덤들은 20여 개에 달한다는 것이 그때의 기재이다. 발굴된 무덤 상황을 참고로 볼 때 이런 무덤들은 네모 모양이며 네 벽을 돌로 쌓고 위를 석판이나 긴 돌조각으로 덮었다.

무덤 떼 가운데는 대형 고분으로 추정되는 지름 22m의 봉토더미가 있었다고 한다. 들어보니 몇 년 전에 발굴된 무덤은 바로 이 봉토더미인 것 같았다. 촌민의 안내로 무덤 떼에서 제일 컸다는 봉토더미를 수풀을 헤치고 가까스로 찾을 수 있었다. 기타의 작은 무덤들은 거의 평토가 되고 잡초에 가려져 아예 형체를 보기 힘들었다.

"두달인가 석달동안 팠는데 유물이 별로 없었다고 합니다."

촌민에 따르면 봉토더미 아래의 잡초에 파묻혀 있던 길이 1.60m 정도의 평평한 돌이 발굴된 무덤에서 나왔다는 것이다. 개석으로 보이는 이런 돌은 이 산에는 전혀 없는 물건이라고 한다.

이런 석관묘 부근의 땅 위와 산길의 단면에는 각종 기와조각들이 드러나 있었다. 이런 기와는 산기슭에 집중되어 있었는데, 회색과 누른색의 막새, 압지무늬의 평기와, 끈 무늬의 평기와 등이 발견되었다는 기재가 있다. 무덤 근처에 건물 유적지가 있는 건 그리 흔한 일이 아니다. 무덤을 위해 건물을 세울 정도면 적어도 이런 무덤이 그저 서민들의 안식처가 아니란 걸 보여준다.

1970년대의 문물문서에 따르면 광복 전 이 부근에서는 구리도장과 철촉 등의 문물도 발견되었다. 옛 무덤의 석관구조와 규모 그리고 부근에서 발견된 기와조각 등으로 미뤄 이곳을 발해 시기가 아닌 고구려 시기의 무덤 떼로 보는 학자들이 적지 않다.

▲ 고성 부근에 있는 옛 무덤

무덤 떼의 남쪽 팔도하 기슭에도 건물터로 추정되는 유적지가 있었다. 귀면 막새 등의 유물이 발견된 이곳은 요·금 시기의 주거지 유적지로 판정되고 있다. 선민들은 모두 산을 뒤에 업고 벌과 강을 앞에 둔 이 '길지'를 여러 조대에 걸쳐 하나같이 선택했던 것이다.

중평촌 부근에는 주거지 유적지뿐만 아니라 옛 사찰 유적지도 있는 것으로 알려지고 있었다. 그런데 표지물로 삼으려고 했던 사찰 유적지 부근의 담배 건조실을 찾을 수 없었다. 그래서 풋낯을 익힌 김호철 씨를 다시 찾았다. 그때까지 김호철 씨는 낡은 경운기와 씨름하고 있었다.

"오래 전에 건조실을 허물어버렸어요. 거긴 빈 터가 되어버렸어요."

▲ 고성 무덤에서 나온 돌

정말 맹랑한 대답이었다. 옛날 이 사찰 터에서 돌조각 불상이 1점 발견되었다고 전하는데, 이 불상은 문물지에도 사진으로 남아 있다. 불상 조각물은 발해 시기 문물의 전형적인 풍격을 지니고 있다. 따라서 많은 학자들은 사찰을 세운 사람들을 발해인들로 간주하고 있다. 사찰이 북쪽의 중평 유적지와 서로 잇닿아 있기 때문에 중평 유적지 역시 발해인들의 주거지로 보는 설도 이 때문에 나왔던 것이다. 그러나 사찰 터에서 발견된 기와조각들은 연꽃무늬의 막새가 있었나 하면 압지무늬의 평기와, 끈 무늬의 평기와 등 발해 시기로만 여길 수 없는 기와들도 적지 않았다고 한다.

인사를 하고 떠나려 하는데 갑자기 발목을 잡는 게 있었다. "옛날의 비석을 본 적이 있기는 합니다. 그런데 그건 강가에 있었지요."

김호철 씨는 이태 전의 여름에 마을 서남쪽 팔도하 기슭에서 이 비석을 발견했다고 말한다. 장마철에 불어난 강물에 산기슭의 흙들이 뭉텅 떨어지면서 비석이 드러났던 것이다. 반토막으로 동강이 난 비석은 1m가량 되었는데, 자잘한 글씨가 빼곡하게 각인되어 있었다고 한다. 나중에 그의 안내를 받아 비석이 발견되었다는 산비탈의 강가를 찾아갔다.

그러나 강바닥에는 비석은커녕 돌덩이조차 쉽사리 눈에 뜨이지 않았다. 강기슭을 오르내리며 샅샅이 훑었지만 비석은 선인仙人처럼 홀연히 사라진 듯 향방이 묘연했다. 이미 강물에 씻겨 그칠 새 없이 흘러내리는 흙 속에 묻혀 있는지도 몰랐다. 비석은 그렇게 세상에 잠깐 존재를 알린 후 다시 자취를 감춘 듯 했다. 팔도하 기슭에 있는 천년의 이야기 역시 세상 어디론가 그렇게 영영 흘러가버리지 않을까……

▲ 이 느릅나무 부근에 옛 무덤과 유적이 있다

쇠골과 산성 그리고 당수나무

　쇠가 나는 골짜기라는 뜻의 쇠골…… 정말 귀맛 좋게 들리는 우리말 지명이다. 19세기 말, 청나라 지방관청은 지명을 등록할 때 쇠의 뜻을 따서 금金자를 쓰고 골의 뜻을 따서 곡谷자를 써서 적었단다. 쇳소리가 쟁쟁하던 쇠골은 엉뚱하게 한자명의 금곡金谷으로 변신한다.

　쇠골 아니 금곡은 근대에 아주 소문난 곳이었다. 한때 일본 군경들의 간담을 서늘케 했던 자작 '연길폭탄'이 바로 이 금곡에서 나왔던 것이다. 뿐만 아니라 천 년 전 지어 반만년 전의 고대유적이 있는 곳으로도 유명하다.

　금곡촌은 용정 시가지에서 동남쪽으로 10km 떨어진 덕신향 소재지에서 도착한 후 팔도하八道河를 따라 다시 서남쪽으로 5km쯤 더 들어가야 한다. 금곡촌은 얼마 전에 이웃 동네끼리 합병되어 금곡촌 3대隊로 개명되었는데, 지금은 10여 가구밖에 남지 않은 작은 동네이다.

▲ 파괴된 금곡산성 성터

▲ 산성 기슭에 있는 금곡촌

호젓한 이 동네에도 고대유적이 있었다. 동네에서 김치 움을 팔 때 지표면 아래에 두께 40센티미터의 문화층이 나타났는데, 불에 탄 흙, 재, 짐승 뼈가 묻혀 있었던 것이다. 마을 북쪽의 경작지에서도 천 무늬의 기와조각과 압지무늬의 기와조각이 적지 않게 발견되었다고 한다.

그러나 정작 산성을 찾는다고 하니 마을 사람들은 저마다 의아하다는 기색을 지었다. '혹여나' 하고 늪이 있다는 산마루가 어딘가 물었더니 바로 마을에서 약 200m 떨어진 서쪽 산이라고 한다. 산지대에 희소한 늪이 산성의 푯말로 되어 있는 것이다.

마을 앞을 흐르는 냇가를 지나 산으로 오르는 길에 들어섰다. 산비탈은 대부분 경작지로 되어 있었다. 밭고랑에서 붉은색 기와조각이 드문드문 보여서 정말 유물이 적지 않구나 하고 혀를 내둘렀다. 그런데 능선에 올라설 때까지 성벽의 흔적은 좀처럼 보이지 않았다. 산마루에 올라서자 뉘엿한 평지가 나타났다. 평지 역시 경작지로 되어 있었고 가운데는 물가에서 자라는 부등매가 이리저리 쓰러져 있었다. 산 정상부에 있는 늪은 그리 흔치 않은 일이다. 이 늪은 자리를 완연하게 알렸지만 물이라곤 전혀 보이지 않았다.

늪가에서 웬 양지기가 수십 마리의 양을 방목하고 있었다. 한족인줄 알았더니 최승길40여 세이라고 부르는 그는 부근 동네에 사는 조선족이었다.

"이게 글쎄 뭡니까? 비가 오면 물이 무릎까지 차올랐는데……"

그에 따르면 물이 많을 때는 늪의 지름이 수십 미터나 되었다고 한다. 그래서 동네의 한 농부는 이곳에 기름개구리를 기를 작정까지 했단다. 그런데 이태 전에 이민을 온 한족 농부가 이곳을 불법개발 하면서 물이 잦아들고 결국 이 모양이 되었다는 것이다. 나중에 이 한족 농부는 불법개발로 벌금이 부과되었지만 늪은 원상회복이 불가능하게 되었다.

▲ 금곡산성 동남쪽 각루자리

밭가에는 그루만 엉성하게 남아 있는 팔뚝만한 나무의 잔해들이 가득 널려 있었다. 옛날 성벽은 1m 정도의 높이였으며 둘레의 길이가 1,415m에 달해 금방 눈에 띄었다고 한다. 그러나 지금은 불도저로 전부 밀어놓아 서쪽에 있는 토성 흔적만 가까스로 찾아볼 수 있을 뿐이었다. 북문 쪽에 있었다는 옹성은 아예 그림자도 찾아볼 수 없었다. 그래도 동북쪽 언덕에는 각루 자리인 듯한 우묵한 구덩이가 그대로 남아 있었다. 그게 바로 금곡산성에 지금까지 온전하게 남아 있는 유일한 인조물이었다.

금곡산성 양쪽의 산기슭으로 팔도하의 지류가 흐르고 있었다. 금곡촌에서 발견된 유적지들은 바로 산성 양쪽과 뒤쪽으로 나뉘어져 있었다. 금곡산성은 이런 유적지들을 날개와 꼬리처럼 달고 있는 새머리와 같은 형국이었다. 밖에서 유적지로 들어오려면 꼭 이 산성을 경유해야 한다는 이야기가 된다. 산성이 위치한 산마루는 유적지를 지키고 있는 요충지였다.

최 씨에게 길을 물어 흙길을 따라 금곡촌 남쪽으로 약 1.5km 더 걸어갔다. 난데없이 나타난 댐의 잔해가 산골짜기에 있는 강기슭에 지저분하게 널려 있었다. 20세기 중반, 이곳의 산기슭에서 유적지가 발견되었다고 한다. 연변박물관은 1980년대 이 유적지의 건물 유적을 정리했다. 건물터에서는 도합 350여 점의 기물이 출토되었는데, 이중 흑요석 석기가 대부분을 차지했고, 대개는 2차적인 가공을 거치지 않아 아직 모양이 이뤄지지 않은 석기였다고 한다. 기타의 기물은 석기와 토기, 조개장식품, 돌화살, 뼈바늘 등으로 다양했다. 토기는 사람 인ㅅ자형 무늬 등이 찍혀 있는 걸로 기재되어 있다.

▲ 금곡산성 못자리

금곡 유적지는 부동한 정도의 파괴를 입었지만 가옥구조가 똑똑하고 출토된 문물이 많아 연변지역 석시시대 발굴역사에서 단연 첫손에 꼽힌다. 이 유적지의 연대는 C14의 측정결과에 의해 지금으로부터 약 5,000년 전후의 시기로 추정되고 있다. 이런 유형의 문화유물은 구소련 연해지역의 차이싼노브카 유적지, 조선 함경북도 무산 호곡동 유적지, 웅기군 서포항 유적지에서 발견된 유물과 동일한 것으로 알려진다. 연변 경내에서 발견된 유적지 조사에 따르면 연변지역의 대부분은 이런 문화가 분포된 중심지역이라는 견해가 지배적이다.

이에 앞서 유적지가 있는 양지바른 산비탈에서는 10여 개의 고분이 발굴되었다. 그러나 이 고분들은 댐을 세우면서 산기슭의 유적지와 더불어 원래의 모습을 찾을 수 없게 되었다. 기재에 따르면 이 무덤 떼는 남북으로 한일자형을 이뤘으며 중부에 밀집되었다고 한다. 무덤들은 세 가지로 분류할 수 있는데, 하나는 석관묘이며, 다른 하나는 흙구덩이 무덤, 또 다

199

른 하나는 부분적으로 석재를 사용한 무덤으로서 석관묘와 흙구덩이의 무덤 중간에 놓이는 무덤이라고 한다.

금곡고분은 두만강 유역에서 연길시 동쪽 근교의 소영자 등 원시무덤 발견 후의 또 하나의 원시사회 무덤이다. 이런 무덤들은 모두 주거지를 떠나 따로 만든 원시씨족부락의 공공 무덤이다. 고분들은 무덤의 짜임새, 장례풍속, 수장기물 등에서 일정한 차이를 보이긴 하지만 이는 시간적인 차이로 보인다. 출토된 기물에서 청동기, 돌창, 토기 등의 기물이 출토되고 뼈로 만든 검, 타제 흑요석 석기 등의 기물이 적은 상황으로 보면 금곡고분은 소영자의 옛 무덤보다 늦은 시기의 것으로 추정되고 있다.

하지만 유적지는 댐에 파괴되어 아무런 형체도 찾아볼 수 없었다. 산비탈에 무성한 수풀과 시냇가에 나뒹구는 조약돌…… 천년의 역사는 그렇게 산골짜기에 허무하게 사라졌던 것이다. 비탈길에서 터덜터덜 울리는 발걸음소리에는 나그네의 슬픈 마음이 그대로 묻어나는 듯하다.

금곡산성의 북쪽 산마루에 이르러 발길을 멈췄다. 길가의 밭에 각기 중문과 한문으로 된 표지판이 나란히 서있었다. 안내문에 따르면 이 유적은 지금으로부터 약 2,000~2,700년 전 고대 선민들이 살던 마을 터라고 한다. 집 자리는 반 움집 구조로서 바닥에는 질서정연한 4줄의 구멍 혹은 초석이 있었으며, 돌도끼, 돌칼, 돌 창끝, 토기 등이 출토되었다고 한다. 기념사진을 찍으면서 보니 표지판 부근에는 붉은색 기와조각이 적지 않게 널려 있었다. 옛날, 기와는 궁정이나 사찰, 공공건물 등에만 사용되었다고 한다. 그렇다면 이 유적지는 그저 서민들의 주거지로만 사용되지 않았다는 이야기이다.

▲ 금곡 유지비석 뒷면

　　고대 성곽 부근에 유적지가 밀집된 것은 용정 나아가 연변지역에서도 아주 드물다. 그만큼 삶의 터전을 지키기 위한 성곽이 필요했던 것으로 보인다. 금곡산성의 보루 역할이 진짜 ‘새머리’의 형국처럼 두드러지는 순간이다. 하지만 정작 축성시기를 확실하게 단정하기에는 산성에서 발굴된 문물이 ‘조족지혈鳥足之血’처럼 너무 적다.

　　학계에서는 용정을 포함한 연변지역에서 살았던 고대 주민들을 북옥저인이라고 주장한다. 고구려는 건국 후 부단히 대외로 확장하며 B·C 28년 북옥저를 쳐서 멸하고 책성柵城을 설치하여 지금의 연변지역을 관할한다.『삼국사기』에 따르면 고구려의 태조대왕은 서기 98년 동쪽으로 책성을 순행, 서기 102년 사절을 보내 책성을 안무하였다. 이에 따라 일부 학자들은 금곡산성을 고구려 시기의 산성으로 주장한다. 훗날의 발해시기에 축성되었다는 설도 있지만, 여기에는 북옥저인과 석관묘, 붉은색 기와 등 고구려와 연결되는 부분을 자의든 타의든 빠뜨렸다는 지적이다.

　　금곡에는 고대 유적지를 제외하고 또 하나의 명물이 있다. 바로 금곡촌 동네 어구에 있는 당수나무로서 군용지도에 표시될 정도로 유명한 고목이다. 일본 강점시기, 이 고목 부근에서 항일지사 여러 명이 살해되었다고 한다. 이 고목 주변에도 옛 토기와 기와의 잔해들이 군데군데 널려 있었다. 세간의 풍상고초를 보여주는 듯 고목은 언제인가 중턱이 뭉텅 부러져 있었다. 산기슭에 올망졸망한 동네와 시냇가 너머 보이는 산성, 그리고 동네 어구에 초병처럼 서있는 당수나무는 하늘과 땅 사이에 천년의 비화들을 한 점의 그림으로 그리고 있는 것 같았다.

▲ 금곡마을 당수나무

양삼평養參坪, 황제가 살던 궁전 옛터

산성이 있다고 하는 양삼봉養參峰의 이름은 생소해도 양삼평이 어딘지 모른다고 하는 사람은 별로 없었다. 양삼평은 바로 양삼봉 산골짜기의 비탈이며 이전에 인삼을 재배했다고 해서 생긴 이름이다. 결국 고장 지명의 시원을 열어놓은 양삼평이 산의 유일한 '주인' 행세를 하고 있는 것이다.

"그곳에는 황제가 살았다고 하던데요? 그게 정말인가요?"

현지 안내인으로 찾은 강청송 씨가 밑도 끝도 없이 던지는 말에 잠깐 어리둥절했다. 그에 따르면 한때 인삼을 심었다는 산비탈은 황제의 궁전 옛터가 있었다고 전한다는 것이다.

그러나 양삼평을 황제가 살던 궁전 옛터가 있었던 곳이라고 하기에는 누가 보기에도 신빙성이 적었다. 다른 건 잠시 제쳐 놓고서라도 교통이 여간 불편한 게 아니기 때문이다. 양삼평은 용정시 지신智新마을 어구의 남쪽에서 시작되는 산등성이를 타고 동남쪽으로 20리를 더 들어가야 한다. 황제가 은거를 즐기는 수도승이었다면 모를까, 벌을 멀리 떠나 깊은 산중에 은밀히 궁전을 지었다는 이야기는 금시초문이 아닐 수 없다.

▲ 구름에 덮인 양삼봉

　　승용차는 지신마을을 지나고 동쪽의 성남城南마을을 지난 후 육도하六道河 기슭을 따라 남쪽으로 굽어들었다. 성남마을의 소속 동네인 성남 5대隊가 이곳에 있었는데 불과 몇 년 전에 사육장을 지으면서 철거되었다고 한다. 이 동네는 성남 5대라는 이름에 앞서 번동이라고 불렸다고 한다. 번동은 애초에 번씨 성의 지주가 살았다고 해서 생긴 이름이라고 한다.

　　강청송 씨는 이 동네 태생이었다. 그는 동네 이름뿐만 아니라 부근 산기슭에 있던 암반수도 이제는 전설 속의 약수처럼 잊혀가고 있다면서 아직도 그 물맛이 생각나는 듯 입맛을 쩝쩝 다셨다.

“정말 얼음처럼 시원했지요 물독에 길어놓으면 열흘이 지나도 맛이 변하지 않았지요”

번동을 지난 수레길을 따라 조금 더 안쪽으로 들어가면 길 오른쪽에 일명 재피골이라고 불리는 첫 골짜기가 나온다. 재피골은 한자명 협피구夾皮溝의 우리식 발음으로, 만주어로는 새매가 있던 골짜기라는 뜻이다. 그래서 옛날에 만주족과 무슨 연관이 있었나 하고 생각을 하는데, 바로 재피골 남쪽의 골짜기는 또 “불부치골”이라고 부른다는 강청송 씨의 말이다. “부치”란 옛날말로 나부낀다는 뜻이니 옛날 “불부치골”에 화전을 일구면서 바람에 불꽃이 흩날리던 경상이 우리말 지명으로 굳어진 게 아닌가 한다. 한때 이 지역을 호령했던 선인들이 옛 고장에 자기들의 자취를 남기려고 작정을 한 것 같다.

▲ 골짜기 어구의 성벽 흔적

골 어구부터 차에서 내려 두 다리의 신세를 입어야 했다. 행장을 정리하면서 보니 멀리 동북쪽으로 산봉우리가 춤추듯 운무 속을 넘나들고 있었다. 성남마을 태생이라면 말을 익힌 후 처음으로 익히게 되는 지명이라는 오봉산五峰山이었다.

오봉산은 배달민족의 이민사와 연결되어 있는 유명한 오랑캐령의 일부이다. 그런데 이 오봉산은 한때 이름도 꺼림칙한 개똥바위산이라고 불렸다고 한다. 그런데 이때 개똥바위산 아래에 있던 부암동富岩洞에서는 웬일인지 마을사람들이 까닭 없이 죽어나가는 일이 종종 일어났다. 언제인가 개똥바위산을 지나던 늙은 스님이 산에 구렁이가 있기 때문이라고 하면서 주봉 비탈에 암자를 지으며 구렁이의 천적인 독수리의 이름을 따서 주봉을 독수리봉이라고 작명한다. 들쑥날쑥한 다섯 봉우리의 산은 그때부터 오봉산이라고 달리 불렸다는 것이다. 정작 '개똥바위산'이라는 지명은 버림받은 '개똥'처럼 남쪽의 산봉우리로 옮겨졌고 훗날에는 그 이름마저 바뀌어져 개바위산으로 되었다고 한다. 거짓인지 진짜인지 몰라도 광복 후 암자를 철거할 때 암자 밑에서 구새통 같은 큰 구렁이가 나왔다는 풍설은 지금도 항간에 파다히 전한다.

"이런 이야기를 제대로 알고 있는 사람이 얼마 없지요 몇 년 후면 전부 잊혀질 걸요"

강청송 씨는 마을 부근의 지명에 깃든 이야기를 하다말고 한심한지 고개를 설레설레 젓는다. 그에 따르면 현지에서 이런 옛 지명을 전승하고 있는 토박이들은 불과 두세 명 밖에 남아 있지 않다고 한다. 몇 백년 뒤에는 1천년의 세월 속에 묻혀있는 이 고장의 옛 이야기들이 운무 저쪽으로 사라지는 게 아닌가 싶어 공연히 심정이 우울하다.

재피골은 골짜기에 진짜 매가 날아다닐 정도였는지는 몰라도 골의 끝 간 데가 보이지 않았다. 이전에 성남마을 사람들은 이 골짜기로 수레를 끌고 양삼평으로 왕래했다고 한다. 이 길은 나중에 산등성이에서 지신마을 어구에서 시작된 산길과 한데 이어진다. 이때부터 양삼평까지 4~5리의 산길이 남아 있다. 말이 길이지 강청송 씨가 앞장에서 서서 안내하지 않았더라면 눈으로 보기 어려울 정도로 수풀이 우거져 있었다. 강청송 씨 같은 경우 꿀벌을 기르느라고 혹간 양삼봉에 다녀올 뿐이며 정작 마을사람들은 발길을 끊은 지 오래라고 한다.

산성 골짜기에 있는 폐답에는 소소리 높은 나무들이 빼곡하게 자라고 있었다. 산비탈의 계단 모양의 웅덩이가 바로 옛 건물터라고 하는데, 수비군의 병영이 있었던 곳이 아닌가 한다. 언젠가 이곳에서 밭을 경작하던 촌민이 성내에서 쇠로 만든 화살촉 등의 유물을 발견한 적 있다고 한다.

전반 산성은 손바닥 모양과 같은 형국을 하고 있었으며 대체로 서쪽이 높고 동쪽이 낮았다. 산등성이를 따라 성벽을 수축하고 골짜기를 품에 안은 고로봉식 산성이었다. 성벽은 1~2m 정도로 높이가 부동했으며 또 내측에 성벽에 평행되게 참호 모양의 시설물을 하고 있어서 기타의 산성과 약간 다른 양상을 하고 있었다. 성벽 위에는 초소 모양의 구덩이가 간혹 있으며 각루나 치로 보이는 둔덕이 여럿이나 된다. 또 북쪽 성벽 밖에는 외성이 하나 있다. 구덩이 모양의 시설물과 외성은 비탈이 완만한 북쪽과 서북쪽에 집중되어 있는데 산성의 주요한 방어방향과 관련된 듯 하다. 산성은 둘레의 길이가 1,952m에 달하는 등 중등규모의 성곽인 것으로 알려져 있다.

　강청송 씨는 양삼평에 여러 번 다녀갔지만 그때마다 이런 토성이나 참호를 옛 유적인줄 모르고 무심하게 지나쳤다고 한다. 그러면서 그는 그때의 일이 민망스러운 듯 어딘가 쓸쓸한 웃음을 지었다.

▲ 성남마을의 당수나무

"땅을 파던 사람이 뭘 알아야지요? 그저 둔덕으로 본거지요"

산성 유적은 인가와 멀리 떨어져 있기 때문에 보존상태가 양호하지만, 정작 산성의 참모습을 드러낼만한 유물은 별로 없으며 또 산성과 관한 문헌적인 기록도 전무한 것으로 알려진다. 그래서 산성의 축성연대와 역할은 아

▲ 암반수를 뜨는 안내인 강청송씨

직도 많은 고증을 기다리고 있다. 3~40년 전, 산성의 동북쪽으로 6리쯤 떨어진 산비탈과 기슭에서 각기 석기시대의 유물과 요·금 시기의 것으로 추정되는 쇠솥을 발견한 적 있으며 일부 학자들은 이를 부근의 양삼봉산성과 연관지어보기도 한다.

산성의 제일 높은 곳은 서남쪽에 위치, 해발 1,100m나 되는 산봉우리였다. 산봉우리의 남쪽과 동남쪽은 기복을 이룬 산발이 이어지고 있었다. 동북쪽으로 멀리 육도하 상류의 분지가 보인다. 골짜기들이 거미줄처럼 얼기설기 교차되었고 제일 높은 지대인 이곳은 험요한 전략요충지로 되기에 손색이 없었다.

이곳은 황제의 궁궐이 있던 도성이 아니더라도 지명에서 나타나듯 황제처럼 귀한 삼을 길렀다는 것만은 확실하다. 또 멀리 서쪽 골에 보이는 원동元洞마을은 감자국수로 인근에 소문이 자자한 고장이다. 옛날 산성의 주인은 삼을 재배하거나 국수를 해먹을 재간은 없었더라도 감자는 그냥 심어먹지 않았을까 하는 생각을 해본다.

정작 그렇다손 쳐도 10년이나 100년도 아니고 천년의 시공간에 묻힌 옛 기억을 더는 어렴풋한 윤곽조차 그리기 힘들었다. 불과 수십 년 전 삼을 재배했던 양삼평의 밭에도 어느덧 수림이 꽉 들어서 있지 않은가. 천년의 풍운 속에서 양삼봉에는 상전벽해의 변화가 몇 번이나 거듭 일어났을까……

하물며 엊그제 일이 금방 옛날로 멀어지는 허깨비 같은 세월이 아닌가. 1930년대, 함경북도에서 육도하 기슭의 마을로 이주를 왔던 강혜숙 옹에 따르면 그가 어렸을 때 마을사람들은 강에서 늘 팔뚝만한 잉어를 잡아 식탁에 올렸다는 것이다. 그런데 어느 결에 육도하는 고작 무릎을 치는 도랑물로 변했고, 강물에서 그물에 이따금 걸려나오는 물고기도 손바닥 크기의 버들치 따위로 탈바꿈했다. 육도하 강기슭에 살던 촌민들의 재미있는 회억은 어느덧 아득한 옛말로 되어버린 것이다.

"지금 젊은이들은 원래의 마을 이름마저 모르는 게 태반이지요. 양삼평이 어딘지도 모를 걸요." 강청송 씨는 심기가 상한 듯 말끝을 흐린다.

양삼평은 황제가 살던 궁궐이 있었다고 해도 언제인가 나중에는 전설 비슷한 이야기로 사라질 것 같았다. 낙엽더미에 꽁꽁 묻혀있는 산성의 옛 이름도 전설을 뛰어넘어 풀지 못할 미스터리이다. 양삼평의 옛 성벽은 땅 위에 있는 또 하나의 이스터 섬의 석상 모아이가 될지 모른다.

일송정 푸른 숲에는 봉화대가 있었다

비암산^{琵岩山}의 일송정은 용정에서 손꼽히는 명물이다. 현지의 지리와 풍속에 밝아 '민간 사학자'로 불리는 오정묵 씨에 따르면 일송정은 정자가 아니라 아름드리 소나무였다고 한다. 이 소나무가 부채살처럼 가지를 치면서 그늘을 만든 모양이 흡사 정자와 같다고 해서 일송정이라고 불리게 되었다는 것이다.

1930년대, 이 소나무 밑에서 많은 독립운동가들이 모여 나라를 빼앗긴 서러움을 달래며 구국의 일념으로 항일의 의지를 불태우곤 했다. 그래서 일송정은 차츰 일본 군경들의 눈에 박힌 가시가 되었다. 일본 군경들은 비암산 근처에서 사격연습을 하면서 산봉우리에 있는 일송정을 과녁으로 삼았고, 나중에는 나무에 구멍을 파고 후추 가루를 쑤셔 넣었다고 한다. 그 시달림으로 소나무가 말라서 죽어버린 게 1938년이라고 전한다.

정작 일송정이 한국인들에게 널리 알려진 것은 가곡 "선구자" 때문이었다.

▲ 일송정 부근의 카페 "선구자의 집"

"일송정 푸른 솔은 늙어 늙어 갔어도
한줄기 해란강은 천년 두고 흐른다…"

솔직히 한국인치고 윤해영 시, 조두남 곡의 이 노래를 불러보지 않은 사람은 없을 것이다. "말을 달리고" "활을 쏘던" "선구자"는 바로 만주벌판을 누비던 독립투사를 연상케 했고 광활했던 고구려의 옛 땅을 떠오르게 했다. 훗날 이 노래의 작사가인 윤해영이 친일파였고 또 가사의 대부분이 만주를 찾아온 우리 민족의 애환을 그린 것이 아니라는 점이 밝혀져 일장 파문을 일으켰다.

▲ 일송정 정자와 소나무

▲일송정 탑

▲ 선구자 노래는 용정찬가로 바뀌었다

그렇다고 '일송정'이 선구자의 상징물이라는 이미지도 이와 함께 퇴색한 건 아니다. '일송정'이 진짜 선구자 때문에 유명세를 탄 건 하늘 아래 푸른 솔처럼 명명백백한 일이기 때문이다.

"지금의 일송정 정자 자리가 바로 이전에 그 소나무가 있던 자리라고 합니다." 오 씨는 일송정 기념비에 이르러 뒤쪽의 산봉우리를 가리킨다.

산마루에 있는 일송정 기념비 뒤로 작은 길이 나있었고, 이 길이 끝나는 북쪽 봉우리에 6각 기둥의 일송정 정자가 서있었다. 일송정 기념비는 이전에 한국인들의 후원으로 세운 옛 "선구자의 탑"이었는데, 훗날 이런저런 원인으로 탑을 중수重修하고 이름을 달리했다고 한다. 탑 옆에 있던 선구자의 시비에도 "선구자의 노래"는 삭제되고 대신 "용정찬가"가 각인되어 있었다.

일송정 정자 바로 동쪽에는 소나무 한그루가 서있어 그 옛날의 선구자들이 모이던 일송정 자리를 알리고 있었다. 이 소나무도 일송정에 한 단락의 이야기를 엮고 있었다. 1990년대 초, 용정시 정부는 일송정 옛 자리에 소나무 한그루를 심는다. 그런데 누군가 야밤에 산에 올라 쇠못을 박는 잔인한 짓으로 나무를 죽여 버렸다는 것이다. 진짜 일본 군경의 망령이 비암산에 배회하고 있는 게 아닌지 의심스럽다. 훗날 우여곡절 끝에 다시 옮겨서 심은 나무가 바로 현재의 이 소나무라고 한다.

대하소설을 방불케 하는 일송정의 이야기는 비암산이라는 산 이름보다 더 크고 길어서 다른 이야기는 아예 비집고 들어설 자리가 없는 것 같았다. 비암산에 옛 봉화대와 그것을 지키기 위한 보루가 있다는 것을 알고 있는 사람은 현지에서도 한손으로 꼽을 수 있을 정도이기 때문이다.

오 씨도 봉화대 자리는 다녀와서 잘 알고 있었지만 보루 자리가 어디인지는 딱히 모르고 있었다. 이전에 산꼭대기의 돌벼랑 부근에 있다는 애기를 듣고 보루를 찾아 나섰으나 허탕을 쳤다는 것이다.

사실 비암산은 '일송정'은 물론이요, 봉화대나 보루에 앞서 선사시대의 유적지로 이름 있는 곳이다. 이전에 현지의 고고학자들이 비암산 서쪽 비탈에서 돌막대기, 돌 호미, 흑요석 칼 그리고 토기 등을 발견했던 것이다. 이 유적에서 출토된 문물은 용정의 금곡金谷 조기유적지와 동유형의 문물로서 지금으로부터 약 5,000년 전후인 걸로 알려진다.

관례대로라면 보루의 유적은 산마루의 어디인가에 있어야 했다. 그런데 주봉에는 난데없는 정자와 자갈을 깔아놓은 길이 자리를 틀고 있어서 아예 유적을 찾을 생각을 접어야 했다. 오 씨 등이 다녀왔다는 주봉 부근의 벼랑 아래는 더구나 경사가 심한 비탈로 보루는커녕 텐트를 치기도 힘들었다. 그렇다고 주봉 서쪽의 날카로운 바위벼랑은 망대로 삼을만한 곳이지 보루가 들어설 만한 장소는 아니었다. 혹여 잘못 구전된 이야기가 아닌지, 또 진짜라고 해도 이미 소실된 게 아닌지 하고 우려했는데 나중에 보니 보루는 바로 이 벼랑의 복판에 있었다.

솔직히 주봉 서쪽의 바위벼랑은 자칫하면 하나의 돌벼랑으로 보기 십상이었다. 그래서 돌벼랑 가운데 움푹하게 패인 평지가 있으리라곤 도저히 생각하기 어려웠던 것이다. 보루는 동쪽과 서쪽 3~4m 높이의 바위들을 그대로 이용하고 있었다. 보루의 남쪽은 돌을 쌓은 담이었으며 북쪽은 돌과 흙을 섞어 쌓은 담이었다. 남쪽 담의 틈새에는 강바닥에만 있는 그런 매끈한 돌이 있었고, 북쪽 담의 바깥에는 흙을 쌓아올리면서 만들어진 길 비슷한 인공흔적이 있었다. 바위와 바위에 이어진 시설물들은 완연 일체로 되어 보루를 꽁꽁 감싸고 있었다. 선인들은 이곳을 선택할 때 인력과 물력을 최대한 줄일 수 있고, 또 바위와 시설물에 가려 쉽게 외부에 노출되지 않는 이런 이점을 염두에 둔 게 아닌가 한다.

동서 길이 15~20m, 너비 3~4m인 이 보루는 어림잡아 8명 좌우의 수비군이 상주할 수 있을 것 같았다. 이런 봉수대와 관련하여 현존하는 자세한 기록은 고려, 조선 시기의 것으로 알려지고 있다. 이때의 기록에 따르면 조선 시기 전국 각지에서 수도로 올라오는 봉수대마다 6~12명의 수비군이 상주하고 있었다고 한다. 유적지의 크기로 미뤄 비암산 산마루에 있는 이 보루 역시 이런 기록과 별반 차이가 없어 보인다. 아쉽게도 동쪽 바위에서 무너져 내린 괴석들이 유적지의 지면에 지저분하게 박혀 옛날의 흔적을 말끔히 지우고 있었다.

보루 옆의 바위에 올라서니 비암산 서쪽에 있는 서전瑞甸벌이 금세 한눈에 안겨들었다. 동쪽에 있는 평강平崗벌은 비암산에 가로막혀 서전벌과 하나로 이어지지 못하고 있었다. 그러고 보면 두 평야 가운데의 산정에 위치한 이 유적지는 봉화대를 지키기 위한 보루뿐만 아니라 명실공한 망루의 역할도 겸하고 있었던 것이다.

▲ 봉화대에서 바라본 평강벌과 해란강

▲ 요새가 있는 비암산 서쪽 산마루

▲ 비암산 최정상의 정자

▲ 요새자리

주봉의 남쪽에서 뻗어 나온 나지막한 산줄기는 흡사 비암산에 매달린 꼬리처럼 내쳐 강가로 흘러가고 있었다. 오 씨에 따르면 봉화대는 바로 이 산줄기의 최남단 산봉우리에 있었다. 굴뚝처럼 울뚝불뚝 솟아오른 네 개의 산봉우리가 연달아 산등성이에 이어지고 있었다. 거의 봉우리마다 참호가 산꼭대기를 둘러싸고 둥그렇게 원을 그리고 있었다. 알아보니 1960년대 말에 현지 민병들이 전쟁준비로 판 인공물이라고 한다. 화룡과 용정 사이에 가로놓인 비암산은 예전이나 지금이나 할 것 없이 천연적인 요새로의 각광을 받고 있었던 것이다.

참호는 제일 남쪽의 봉우리 기슭에도 있었으며 남쪽 벼랑까지 쭉 반원을 그리고 있었다. 다른 봉우리의 참호와 비슷한 걸로 보아 근대의 유적인 것 같았다. 봉화대는 2~3m의 지름으로 정상부에 둥그렇게 웅덩이를 파놓고 있었는데, 웅덩이의 주변에는 돌과 흙을 섞어 담을 쌓고 있었다. 가운데는 봉화를 지피던 자리인지 구덩이가 패인 작은 둔덕이 있었다. 용정에서 화룡으로 통하는 옛길은 산기슭의 해란강 남안에 조용히 누워 있었다. 해란강은 마치 천년의 길손처럼 비암산 서쪽과 남쪽 기슭을 에돌아 유유히 동쪽으로 흘러간다. 봉화대가 있는 봉우리는 좌우 양쪽으로 시야가 탁 틔어 있었다. 이 봉화대에 한 올의 연기가 피어오르면 눈길이 닿는 평야의 저 멀리서도 금방 알아 볼 것 같았다.

이 봉화대 역시 주봉 부근의 보루처럼 유물을 발견할 수 없고, 아무런 문헌기재도 없어서 고대의 어느 한 특정연대와 확실하게 잇기 어려웠다. 봉화대는 고대 국가의 긴급연락체계로, 그 당시 이런 체계를 갖추지 않은 나라가 없었고 너무 범상한 일이기 때문에 위치와 시기의 기록이 별반 남지 않은 것으로 보인다.

현지의 일부 학자는 비암산 서쪽의 평강벌에 있었던 중경현덕부 등과 연관을 지어 발해 시기의 유적으로 보고 있었으며 또 일부 학자는 비암산 기슭의 동흥고성 등과 한데 묶어 이미 고구려 시기부터 있던 유적이라 주장했다. 시야비야를 떠나서 이런 유적지가 옛날 교통로의 길목에 있은 봉화대요, 보루였다는 데는 모두 공감하고 있었다.

다행이라고 할까, 천년의 기억은 아직도 '일송정'의 푸른 솔처럼 비암산 여기저기에 심어져 있는 것이다. 산마루에 있는 봉화대와 그것을 지키기 위한 보루 그리고 부근의 용두레 우물과 동흥고성…… '선구자'의 자취는 그렇게 해란강 기슭에 천년의 책갈피로 남아 한 장 한 장 역사의 판독을 기다리고 있었다.

▲ 봉화대는 강가로 향한 산줄기의 끝머리에 있다

용두레 우물에 묻힌 옛성, 동흥^{東興}고성

　현재 동흥촌은 시가지의 서쪽 귀퉁이에 있는 동네이지만 옛날 용정지역의 명당자리는 바로 여기였다고 전한다. 동쪽의 해란강海蘭江을 좌청룡으로 삼고 서쪽의 비암산琵岩山을 우백호로 삼고 있으며 또 남쪽의 대포산大砲山을 주작으로 삼고 북쪽의 마안산馬鞍山을 현무로 삼고 있다는 것이다. 게다가 산이 사면에 빙 둘러 있으니 장풍藏風이요, 해란강과 육도하六道河를 옆에 끼고 있으니 득수得水라 풍수설에 말하는 '왕후지지王侯之地'란다.

　지금 시골마을의 초가들은 전부 벽돌기와집으로 변하였고 농가 사이에는 흙길 대신 포장도로가 가로세로 누워있다. 그런데 옛 성곽 터가 아직도 이런 마을에 똬리를 틀고 앉아 있다는 게 도통 믿기 어려웠다. 마을 모퉁이에 아직도 밭이 몇 떼기 남아 있었는데 바로 거기에 옛 성곽이 자리하고 있었던 것이다.

　이전 촌장 김송산 씨에 따르면 현지에서는 여태껏 옛 성벽을 그저 전쟁 시의 방어용담으로 알고 있었단다. 이 성벽은 강가의 막돌과 흙을 섞어 쌓았는데 그가 어릴 때 이미 땅바닥에 폴싹 주저앉아 있었다고 한다. 김 씨는 나지막한 두렁처럼 보이는 북쪽 밭 기슭으로 우리를 안내했다.

"……이게 바로 옛 성벽 자리입니다."

▲ 동흥고성 옛터

막상 그가 알고 있는 옛 성곽 이야기는 둑에 막힌 물줄기처럼 홀연히 여기에서 막을 내리고 있었다. 그가 할아버지 때부터 전해들은 건 그게 전부였던 것이다.

북쪽 성벽의 흔적은 200m쯤 되었다. 동쪽과 서쪽 성벽은 각기 100m 정도의 길이로 보였는데 집과 포장도로가 들어서면서 깡그리 사라져 있었다. 그래도 남쪽 성벽은 가옥의 벽체 아래에 거의 무릎 높이의 둔덕으로 남아 있어서 그런대로 지경자리를 찾아볼 수 있었다.

1960년대 이곳은 밭이 논으로 개답되었고 얼마 전에는 다시 밭으로 '도루묵'이 되면서 많은 흔적들이 물처럼 땅속으로 잦아들었다. 이맘 때 생긴 에피소드가 하나 있다. 논에 넣은 물은 약간 움푹하게 패인 곳에 이르러 마치 배수구를 만난 것처럼 땅속에 스며들더라는 것이다. 김 씨에 따르면 우물자리로 추정되는 이런 곳은 성곽 터에 여섯 곳이나 되었다.

이러니저러니 해란강 기슭에 있던 한 점의 옛 그림은 무심한 후손들의 발길에 빡빡 지워지고 있었다. 내친 김에 물어보니 동흥촌에는 7~80가구가 살고 있었는데 토박이는 몇 가구 남아 있지 않았다. 보아하니 이 옛 성곽은 곧 아련한 기억마저 잃어버리고 옛 이야기로 영영 해란강에 파묻힐 것 같았다.

▲ 동흥고성 옛터 기와토기조각

늦가을이라 추수가 끝난 밭에는 곡식 그루터기만 앙상하게 남아 있었다. 그루터기 사이에 찍힌 발자국에서 느닷없이 이름 모를 처량함이 묻어날 듯 하였다. 속살이 드러난 밭고랑에서 천 무늬와 물결무늬의 회색기와, 붉은색의 기와 조각이 듬성듬성 보였다. 애기 손 크기의 토기 조각도 심심찮게 눈에 띠었다. 이전에 고고학자들은 이곳을 답사할 때 돗자리무늬와 그물무늬, 노끈무늬 등 고구려 특유의 기와를 발견했고 또 발해 시기의 연꽃무늬 기와도 발견했다고 전한다. 그러나 현존하는 유물들이 너무 적어 이런 사실들을 확인한다는 건 도저히 엄두를 낼 수 없었다.

고성이 세상에 남긴 건 그런 유물만이 아니었다. 김 씨는 그가 어렸을 때 성곽 자리에서 쇠로 만든 화살촉 등의 유물들도 나왔다고 말한다.

"논으로 개답할 때 철판을 이어 만든 갑옷이 발견되었지요"

그때 유물들은 즉각 정부의 해당 부문에 전달되었다고 한다. 그러나 온 나라가 '문화대혁명'으로 혼란했던 그 시기 유물들은 금방 종적이 묘연해졌다.

강을 옆에 끼고 벌 가운데 앉은 동흥고성은 요새라기보다 주거지라는 이름이 더 어울릴 것 같았다. 그러나 선민들의 삶의 흔적은 이 고성이 아니라 바로 강 건너 시내 복판에서 유명세를 날리고 있었다.

1877년 봄, 용정에는 평안북도와 함경북도의 이재민들이 들어서면서 처음으로 조선인 마을이 생겨난다. 그 후 해란강 동쪽의 돌담 아래에서 옛 우물이 발견되었는데 사람들은 이 우물이 깊어서 용두레를 만들고 물을 길어먹었다고 한다. 그래서 이 동네는 용두레마을로 불리며 이어 용두레의 첫 글자인 용龍자에 우물 정井자가 합쳐져 용정촌이라는 이름이 생

겨난다. 지금도 용두레 우물가에는 '용정지명기원지정천^{龍井地名起源之井泉}'이
라는 비문의 비석이 있어 간도 이주민 역사의 좌표계로 세상에 널리 알
려져 있다. 정작 옛 우물의 연고지로 보이는 고성은 이 '우물'에 고대도
시 폼베이처럼 모조리 묻혀버렸던 것이다.

▲ 동흥고성 부근의 용두레우물

고성 북쪽으로는 용정에서 화룡으로 통하는 대로가 훤하게 뻗어있었다. 여기에도 한 단락의 비화가 깃들어 있었다. 1930년대, 일본인들은 용정에 항일지사들이 많은 원인을 풍수학적으로 용정 서쪽에 초병처럼 버티고 선 비암산 때문이라고 단정하고 비암산의 산중턱을 깎아내려 새로 길을 만들었다는 것이다. 이 이야기는 그때 인부들이 길을 닦는 고역을 치루면서 일본 군경들이 뼈에 사무치게 미워 만든 것인지도 모른다. 그러나 한민족의 정기를 끊으려고 백두산 정상에 쇠말뚝을 박았던 일본인들의 소행으로 미뤄 이 역시 터무니없는 이야기가 아니지 싶다.

용정에서 화룡으로 통하던 옛길이 이 대로가 아니라 고성의 남쪽에 따로 있었다는 게 이 주장을 뒷받침한다. 옛날의 흔적은 고성 남쪽 3km 되는 곳인 해란강 남안에 나타난다. 바로 강 언덕에 옛 무덤 떼가 있었는데 지금은 논이 되어 전부 형체 없이 파괴되어 있는 것이다. 일본학자들에 따르면 이 무덤들은 대부분 소형의 돌칸 흙무덤이며 일부가 네모모양의 계단식 적석무덤으로, 고구려 무덤의 특색이 완연하였다고 한다.

고구려 특색의 유물이 발굴된 유적지는 강 남안에 또 하나 있다. 학계에서 ‘수칠구사묘水七溝寺廟’라고 이름을 지은 이 유적지는 하남촌河南村 부근의 산골짜기에 있다고 기재되어 있다. 그러나 하남촌은 이미 공농촌工農村으로 개명되었고 부근에 있는 골짜기가 한두 개가 아니어서 좀처럼 대중을 잡기 힘들었다.

현지 지인 덕분에 마을 토박이인 이용만 씨를 안내인으로 찾을 수 있었다. 이 씨에 따르면 유적지는 바로 공농촌 7대 남쪽의 골짜기에 있었다. 이 골짜기는 수칠구라는 중국이름과는 달리 순수한 우리말로는 까치

골이라고 한다.

"옛날에는 사찰이 있었다고 하는데요, 지금은 아무 것도 남은 게 없습니다."

그에 따르면 4~50년 전 사찰 터에는 초가 몇 채가 있었는데 지금은 전부 황무지로 되었다는 것이다.

마을 남쪽 기슭에서 포장도로가 끝나고 골짜기로 흙길이 구불구불 이어지고 있었다. 일행을 태운 차는 간신히 골짜기에 들어서서 굼벵이처럼 느릿느릿 기어갔다. 산굽이를 지나 수백 미터쯤 들어가자 이 씨가 차를 멈춰 세우라고 말한다. 부근 길가에는 다른 곳보다 평퍼짐한 곳이 있었는데 키를 넘는 수풀이 빼곡하게 자리를 메우고 있었다. 골짜기 밖에서 쌩쌩 불어치던 가을바람도 불현듯 기가 죽은 듯 잠잠하다.

산자락에서 근대의 집 자리인 듯한 돌무지가 여러 개 보였다. 여럿이서 합심하여 수풀을 샅샅이 훑었지만 별다른 유물은 하나도 찾을 수 없었다. 이전에 일본학자들이 조사한데 따르면 이곳에서 돗자리무늬와 노끈무늬의 기와가 출토되었다고 한다. 이 씨도 그가 어렸을 때 이곳에 옛날의 기와조각들이 적지 않게 있었다고 말한다. 그러나 주변에 가옥이 들어서고 밭이 개간되며 얼마 후 다시 황무지로 버려지면서 전부 없어진 것 같았다. 이 유적지는 북쪽으로 약 2km 떨어진 동흥고성과 연관이 있는 걸로 보이며 또 발굴된 기와조각으로 미뤄 역시 고성과 비슷한 시기에 축조, 사용되었다는 것이 학계 일반의 견해이다.

많은 학자들은 이보다 한수 더 짚어서 이 유적지를 사찰터라고 짚는다. 옛날 고구려 때 기와는 궁정이나 공공건물, 사찰에만 사용되었으며, 이 유적지의 위치를 봐서도 십중팔구 사찰이라는 것이다. 그러나 불과 수십 미터의 폭에 지나지 않는 이곳을 옛 사찰터라고 보기에는 억지감이 없지 않았다.

"절이 있었다면 몹시 작았겠는데요" 일행 중 누군가 이런 의문을 내놓았다. 아무래도 사찰이라고 하기에는 너무 작고, 절이라고 한다면 이곳은 암자庵子 크기의 부지로 적당하다는 것이었다. 그러나 옛날의 사찰은 도성이 아닌 일반 거주지 부근에 있을 경우 그리 크지 않았다는 주장이 우세했다.

'사찰'에서 승려의 경문 읽는 소리일까, 유적지 부근의 산기슭으로 시냇물이 도란도란 흐르고 있었다. 괴이쩍게도 시냇물은 세속을 저어하듯 골짜기를 벗어나기 바삐 땅속으로 자취를 감추고 있었다. 차머리를 돌리며 보니 골짜기 어구에 부지가 어마어마한 약수공장이 있었다. 한때 동네방네 자자하게 소문을 놓았던 약수는 이 시냇물을 수원지로 삼고 있었던 것이다. 그러고 보면 사찰이든 암자든 모두 물 좋은 명당을 차지하고 있었다.

어디론가 영영 사라진 줄로 알았던 시냇물…… 천년의 전설 역시 그렇게 약수처럼 다시 재현될 수 없을까. 두레박이 길게 드리웠던 해란강 기슭의 옛 우물이 금세 물안개처럼 눈앞에 막 피어오를 것만 같다.

장군산, 신라의 명장 김유신은 어디에

　　마을 뒤를 흐르는 실개울을 둘러친 과수원에는 누런 송아지 몇 마리가 한가롭게 새김질을 하고 있었다. "8.15" 광복 전, 이 실개울 북쪽에는 부자동네가 들어서 있었고 남쪽에는 가난한 농부들이 올망졸망 초가를 짓고 살았다고 한다. "호랑이가 없는 골에서 여우가 왕 노릇을 한다"더니 발목을 적실까 말까하는 실개울이 이 시골마을에서 서울을 강남과 강북으로 분계선을 그어놓은 '한강' 격으로 되어 있는 것이다.

　　안내를 맡은 김흥준 옹의 소개에는 길가의 풀잎처럼 이름 못할 서운함이 묻어나고 있었다.

　　"광복이 되고 난 뒤 마을에 인가가 줄었지요. 부자들은 청산을 당할까 봐 모두 두만강을 건너 고향으로 돌아갔지요."

　　행정구역상으로는 용정 과수농장 6분장分場, 삼산동三山洞 마을은 이에 앞서 삼봉촌三峰村 1대1隊로 불렸단다. 광복 전 이 마을은 인가가 무려 120

여 가구나 되는 등 큰 동네로 단연 부근 십리 안팎의 중심지였다. 그러나 지금은 2~30 가구 밖에 남지 않은데다가 토박이들마저 뿔뿔이 자리를 뜨는 바람에 삼산동이라는 이름마저 기억 속에서 사라지고 있었다.

김흥준 옹은 마을 남쪽의 길가에 옛날의 박우물이 있었다며 웬 농가 뜰에 들어가서 한참 기웃거렸지만 끝내 헛물을 켰다. 그에 따르면 마을 서남쪽에 있는 허름한 벽돌창고는 인근에 소문이 자자했던 옛 공회당公會 堂 자리란다.

▲ 마을 옛 공회당자리

▲ 마안산

▲ 장군산(여름, 동쪽에서)

▲ 장군산(가을, 서쪽에서)

삼산동 태생인 김흥준 옹은 명실공한 마을의 마지막 '산증인'이었다. 삼산동 근처의 산들에 얽혀있는 전설도 그가 최후의 전승傳承을 하고 있었다.

▲ 삼산동의 "산증인" 김흥준옹

그에 따르면 옛날 삼국통일을 이끈 신라의 명장 김유신 장군이 말을 달려 이곳을 지나갔다고 한다. 장군이 탄 말은 서전瑞甸벌 서북쪽에 산기슭에 이르러 호용을 하며 금세 허공으로 날아올랐다. 말이 첫 굽을 뗐던 자리는 지금도 마을 동남쪽에 돌 바위로 흔적이 남아 마제산馬蹄山으로 불린다. 그때 말안장이 떨어졌다는 마을 동쪽산은 마안산馬鞍山, 장군이 말에서 내려 잠깐 앉아 있었다는 마을 북쪽산은 장군산將軍山이라고 불린다는 것이다.

얼핏 보면 장군산은 땅위에 박혀있는 거대한 의자 모양으로, 옛날 장군이 앉아서 생긴 산이라고 하는 선인들의 상상력에 혀를 내두르게 된다.

"산에 살구꽃이 유달리 많이 피어서 '행화산杏花山'이라고도 불렀지요"

보아하니 장군산은 '장군'처럼 '훈장'을 한꺼번에 여러 개나 달고 있는 것 같았다. 김흥준 옹에 따르면 장군산은 엉치산이라고 하는 비속한 이름도 갖고 있다고 한다. 장군산이 흡사 엉덩이를 뒤로 내밀고 엉거주춤 엎드린 모양새라는 것이다. 마침 엉덩이 쪽의 바위벼랑에서 그 은밀한 부분에 해당 되는 곳에는 늘 샘물이 졸졸 흘러나왔단다.

바로 '엉덩이' 부근의 이 산언덕에서 질그릇 조각 등의 유물이 대량으로 출토되었다고 한다. 이런 유물들은 왕청 배초구百草溝 제2기 유적지에서 출토된 유물과 비슷하며, 이에 따라 학계에서는 이 유적지의 연대를 지금으로부터 대략 2,000~2,500년 전으로 추정한다. 연변지역에서 북옥저인들이 활약하던 시기라는 것이다. 1930년대 일본학자들은 이 유적지를 조사하고 그 조사상황을 <간도성고적조사보고>에 수록하였다. 그들은 그때 '장군산'이라는 이름을 꺼렸던지 아니면 '엉치산'이라는 이름이 껄끄러웠던지 나중에 이 유적지를 삼산봉三山峰유적지로 명명한다. 훗날 학자들이 근처에 삼산봉이라는 지명이나 산 이름이 없고 삼산동이라는 동네만 있다는 걸 이유로 삼아 삼산동유적지라고 개명한다. 삼산동산성의 이름도 이와 비슷한 수순을 밟은 것 같다는 지적이다.

마을에서 수레길을 따라 장군산 서쪽의 둔덕에 들어서자 금방 산성의 흔적을 찾아 볼 수 있었다. 둔덕 위에 우거진 풀들은 마치 옛 성벽을 따라 금을 쭉 그은 것처럼 양쪽의 색깔이 전혀 달랐던 것이다. 잔존한 이 성벽은 마치 누런 구렁이처럼 수풀을 헤가르고 산꼭대기 쪽으로 수십 미터 가량 기어오르고 있었다. 높이가 1m 남짓한 이 성벽은 키 모양으로 산을 빙 두르고 있으며 그 둘레의 길이가 무려 2,075m에 달한다.

수레길은 둔덕 서쪽에 있는 남북향의 성벽을 가로지르고 큰 결구를 만들고 있었다. 보아하니 이 결구가 산 아래로 통한 길 위에 있는 옛날의 성문 자리인 것 같았다. 이 결구 밖에서 빈대떡이나 만두모양의 납작하고 둥그런 돌들이 적지 않게 발견되었다는 것이다. 지름이 2~9㎝로 다양한 이런 유물은 연변지역에서 처음 발견되었으며 뇌석으로 추정되는 등 아직 그 용처가 불명한 것으로 전해진다.

아직도 둔덕 언저리에는 돌로 쌓은 옛 참호가 하나 남아 있었다. 갑자기 기절초풍할 일이 생겼다. 주먹이 나들만한 틈이 잡초 더미를 헤치고 바로 발치까지 엎드려 있었던 것이다. 어물거리다 간 자칫 둔덕과 함께 꽈당 하고 무너져 내릴 것 같았다. 한걸음 앞으로 다가서니 2~30m 높이의 아찔한 절벽이 금방 발밑에 나선다. 절벽 근처에서 돌을 실은 트럭이 실북 나들듯 분주히 오가고 있었다. 석재를 캐내는 현장이었다. 기왕에 말이 났으니 말이지 삼산동은 산성보다 암석으로 유명하다. 전국적으로 안산암安山巖을 공업적으로 채굴할 수 있는 곳

▲ 마안산 서쪽 산비탈의 채석장

이 삼산동 동쪽의 마안산이라고 한다. 안산암은 부식을 방지하고 마모와 산성에 견디는 천연재료로, 화산지대에서만 산출되는 특이한 암석이다. 그런데 이런 희귀종의 암석 때문에 부근의 산들이 전부 몸살을 앓고 있는 것이다.

김흥준 옹은 못내 아쉬운 기색을 감추지 못했다. "장군산의 엉덩이 부분은 없어진지 오래지요 지금은 그때 모양이라곤 하나도 없습니다."

그에 따르면 일명 '장군산'의 이 '엉치산'은 채석으로 훼손되어 더는 형체를 찾을 수 없을 만큼 유명무실해졌다는 것이다. 산기슭에 흐드러지던 살구나무도 이제는 몇 그루 남지 않아 '행화산'이라는 이름도 겨우 군용지도에나 남아 있을 정도라고 한다.

채석장은 장군산 동남쪽의 마안산을 도륙내고 있었으며 북쪽의 뾰족산까지 깎아버리고 움푹한 구덩이를 만들고 있었다. 둔덕에 들쑥날쑥 파헤쳐진 구덩이들은 천년의 기억에 허옇게 흉터를 만들고 돌무지를 쌓고 있었다.

장군산 꼭대기에 올라서니 멀리 북쪽으로 연길 분지가 보였고 동남쪽으로 용정의 서전벌, 서남쪽으로 화룡의 평강平崗벌이 한눈에 달려온다. 해발 517m의 장군산은 부근에서 제일 높은 산봉우리로, 연길에서 용정과 화룡으로 통하는 길목에 위치한다. 산꼭대기 자체가 둘도 없는 천연적인 망루였다. 이 망루를 호위하는 초병처럼 돌로 쌓은 참호가 꼭대기를 기점으로 산비탈에 부채모양으로 두 겹이나 빙 둘러 있었다. 참호가 시작되는 동쪽에는 초소 자리인 듯한 웅덩이가 있었다.

▲ 산성 남쪽 참호 유적

흉물스런 채석장은 산 중턱까지 아득바득 다가서고 있었다. 괴물 같은 굴착기는 언덕 남쪽의 돌벼랑에 머리를 들이박고 계속 용을 쓰고 있었다. 이제 장군산은 '엉덩이'는 물론이고, '잔등'까지 부러질 날이 그리 멀지 않은 것 같았다. 선견지명이 있는 어느 학자가 장군산이 나중에 깡그리 사라질 줄 알고 애당초 산성에 이 산의 이름을 달지 않은 게 아닌가 하는 생각이 든다.

그러고 보면 현지에 "용이 승천했다"는 풍설이 떠도는 게 그리 이상한 일은 아닌 것 같다. 그들에 따르면 삼산동 동쪽의 마안산이 용의 오른쪽 뿔이고, 마안산 동쪽의 모아산帽兒山이 용의 왼쪽 뿔이라는 것이다. 산 남쪽에 있었던 바위는 용의 눈이고, 늪은 용이 물을 마시던 용지龍池라고 한다. 그런데 마안산은 거덜이 나고 있으며 바위는 깨진지 오래고 늪은 깡깡 말라버려 용지촌이라고 부르는 마을이 되었다. 하늘과 땅의 조화였던 용이 숨을 거두고 '승천'하였다는 것이다. 신령한 용 때문에 남쪽 서전벌에서 천궁으로 치솟던 상서로운 기운이 영영 사라지고 있다는 것이다.

▲ 삼산동 동남쪽 용지촌

이 풍수설 역시 조상들이 자연생태를 보존하는데서 오랜 경험과 지혜로 얻은 과학적인 안전장치였을지 모른다. 그러나 이런 안전장치도 무시하고 마을 부근의 산 여럿을 전부 도륙 내는 인간들은 정말 '용'이 무서운 줄 모르는 괴물이 아닌가 싶다.

▲ 마안산 정상에서 본 조양천(연길벌)

1930년대 일본학자들은 이 산성을 조사할 때 현지에서 쇠로 만든 활촉 두개를 얻었다고 한다. 김희준 옹에 따르면 마름 모양과 납작한 모양의 이런 활촉은 훗날 산기슭 부자네 집을 청산할 때도 여러 개 나왔다고 한다. 그러나 이 활촉 역시 귀신이 곡할 노릇처럼 언제인가 감쪽같이 없어졌다는 것이다. 다행히도 얼마 전 현지의 문물조사 요원들이 장군산에서 시조始祖 형상의 작은 돌 조각상을 발견함으로써 유물 유실로 인한 아쉬움을 어느 정도 덜었던 것으로 알려진다.

현재로선 이런 행운이 하늘에 비낀 무지개처럼 또 언제 손에 잡힐지 묘연하다. 장군산은 물론 부근의 산들도 전부 '괴물'같은 인간에 의해 형체 없이 박살 나고 있기 때문이다. 삼산동에 얽혀있는 '장군'의 기기묘묘한 전설 역시 그렇게 '용'을 따라 저 멀리 승천하고 있는 것이다.

동불銅佛, 패랭이를 쓰고 있었던 그 사람

"패랭이 도사道士가 출마하셨다!"

그러면 작은 시골동네는 그 어마어마한 이름에 짓눌려 숨도 제대로 내쉬지 못했다고 한다. 패랭이 도사가 손을 들면 기차도 마을버스처럼 동네 앞에 잠깐 멈춰 그를 귀빈처럼 공손하게 탑승시켰다는 것이다.

8.15 광복 전에 있었다는 패랭이 도사의 이야기는 전설처럼 동네에 파다하게 전한다. 그런데 이상하게도 패랭이 도사를 만나 보았다는 사람은 끝내 찾을 수 없었다.

현지에서 여든 고개를 넘은 김해운 옹 역시 이전에 노인들로부터 귀동냥해서 들은 이야기라고 중언부언한다. "도사님은 패랭이산에 거처하셨다고 합니다. 지금도 그곳에는 토성이 있지요."

패랭이산은 용정시 동불사銅佛寺 진의 동불촌에서 논 한가운데의 '절당길'을 건너 부르하통하布爾合通河 북쪽에 보이는 자그마한 산 둔덕을 이르는 말이다. 이 평평한 둔덕의 뒤쪽에는 봉우리 하나가 불쑥 솟아올라 있었는데 진짜 갓 모양의 패랭이를 방불케 한다. 미상불 편검산偏臉山이라고 하는 한자명은 패랭이의 발음을 옮겨 적은 게 아닌가 한다.

▲ 동불사와 계관산

'절당'은 사찰을 이르는 현지의 사투리이다. '절당 길'이 패랭이 도사와 무슨 연관이 있나 하고 생각했더니 결과적으로 한참이나 빗나간 착각이었다. '절당 길'은 이 길이 시작되는 마을 언저리의 사찰 때문에 생긴 이름이었던 것이다. 지금은 농가와 돌담으로 되었지만 이 사찰은 원래 본채와 뜰채 그리고 또 좌우 양쪽에 한 채씩 곁들이는 등 부지가 무려 3백 평이나 되는 큰 기와건물이었다고 한다.

▲ 편검산성

▲ 영승촌과 마을 동쪽의 편검산성

동불사라는 지명 역시 패랭이 도사가 아니라 이 사찰에 모신 구리불상 때문에 지어진 이름이었다. 지명지^{地名志} 등의 문헌 기록에 따르면 19세기 말, 촌민 강^姜씨네 다섯째가 부르하통하에서 그물을 놓다가 한자 남짓한 크기의 구리불상을 건졌다고 한다. 마침 변경순찰을 나왔던 길림^{吉林}장군 장순^{長順}이 이 불상을 길림의 자택으로 옮겨갔다. 얼마 후 불상은 장순의 꿈에 나타나 본 고장으로 보내 줄 것을 간곡히 부탁한다. 장순은 불심^{佛心}을 어길 수 없어 사람을 파견하여 불상을 본적에 호송한다. 1889년, 그의 보시물 은자로 부르하통강 기슭에 사찰이 하나 섰다. 그때 장순은 이 사찰 이름을 "동불사"라고 지었던 것이다. 그 후 "동불사"는 부근 수백리 안팎에서 신도들이 구름처럼 찾아드는 전성기를 겪는다.

한때 강바닥의 진흙탕에 묻히는 수모를 당해야 했던 전세의 악연 때문인지 모른다. 구리불상은 수십 년 후 또 기막힌 업보^{業報}를 받게 된다. 누군가 남모르는 어딘가에 구리불상을 숨기며, 그때부터 구리불상은 다시 미지의 세상에 감쪽같이 잠적한 것이다. 이 황당한 일을 두고 세간의 일부에서는 일제 강점시기에 생긴 일이라고 하며, 또 일부에서는 광복 후인 1950년대에 있은 일이라고 주장하는 등 시비가 그치지 않고 있다.

구리불상은 눈, 코, 입, 귀 등의 이목구비를 갖춘 실존 인물이다. 구리불상과는 달리 패랭이 도사가 왜 항간에 꼬리와 대가리가 없는 이야기 한 토막만 남겼는지는 아직도 풀기 어려운 수수께끼이다.

'절당 길'은 마을 뒤의 논을 가로타고 부르하통강의 둑까지 닿고 있었다. 허공에서 그네처럼 흔들거린다고 해서 일명 '철렁 다리'라고 불리는 적교^{吊橋}가 강 양안을 하나로 이어놓는다. 강북의 영승촌^{永勝村} 사람들은

2~3리 밖의 서쪽에 콘크리트 다리가 놓여있지만 걸음 수고를 덜어주는
이 적교를 자주 찾고 있었다. 널을 뛰듯 춤을 추는 적교 위를 걷노라니
강 건너 패랭이산이 금세 바람을 타고 휙 하니 날려 와서 도사가 아닌
우리의 머리 위에 갓처럼 씌워질 것 같다.

패랭이산은 영승촌의 바로 동쪽에 위치, 마을과 불과 수백 미터 떨어
져 있었다. 서쪽에서 강기슭을 따라 기복을 이루며 달려온 산줄기는 이곳
에 이르러 홀연히 끊어진다. 기이하게도 산줄기는 이 급작스런 동작 때문
에 옆으로 넘어질 것처럼 남쪽으로 한발이나 기울어져 있다. 패랭이산은
바로 이 산줄기의 끝머리에 홀로 위치한다.

멀리서 보면 산은 마치 모이를 쪼아대는 닭처럼 하곡지대의 벌판에 머
리를 불쑥 내민 형국이다. 패랭이산과 동쪽으로 골짜기의 패랭이천川을
이웃한 산봉우리는 흡사 닭의 볏과 같은 모양새를 하고 있어 속칭 닭볏
산, 한자명으로는 계관산鷄冠山이라고 불린다. 계관산 북쪽에는 아직도 이
전에 일본군이 구축했던 지하갱도가 남아 있었다. 패랭이산은 산 자체가
부르하통강 연안의 길목에 자리한 자연적인 요새로, 고대는 물론이요 근
대에도 군사요새로 사용되었던 것이다.

그러나 사람을 놀래키는 건 자연의 이런 특이한 조화造化 뿐만이 아니
었다.

"이건 정말 벌레가 잎사귀를 뜯어먹은 것 같구먼." 일행 중 누군가 얼
결에 산기슭을 흐르는 강물처럼 길게 탄식을 뽑았다.

아닌 게 아니라 패랭이산은 볼썽사나운 풍속도 그 자체였다. 산은 동
쪽과 남쪽, 서쪽 삼면이 심한 비탈이나 바위투성이의 절벽이었는데 채석

으로 인해 뭉텅뭉텅 떨어져 있었다. 진짜 이름 그대로 패랭이라면 암만 가난한 선비의 것인들 그렇게 허름하랴 싶었다.

▲ 성문터

패랭이산으로 통하는 길은 산줄기와 이어진 북쪽의 산등성이가 유일했다. 마을로 통하는 달구지길이 산등성이를 타고 패랭이산으로 기어들어가고 있었다. 이 달구지길을 키 높이의 토성이 막고 있었다. 토성 밖에는 참호가 방어선을 만들고 이 유일한 출입구를 이중으로 봉쇄하고 있었다. 성문터로 보이는 결구 서쪽의 토성 위에는 망루 자리인 듯한 구덩이가 하나 있었다.

성벽의 흔적은 북쪽을 제외하고 동쪽에도 완연하게 나타나고 있었다. 그러나 남쪽과 서쪽은 채석으로 인한 파괴 때문에 자연산 둔덕인지 아니면 잔존한 성벽인지 도무지 구분하기 어려웠다. 서쪽 성벽에 있었다는 3개의 치는 애초부터 그런 시설물이 있었는지를 눈으로 확인할 수 조차 없었다. 그래도 산성 서쪽의 비탈에는 산자락을 향해 돌로 쌓은 길이 일부 남아 있었다. 이전에 동서향의 성벽이 산성을 남북 두 부분으로 나누었다는데, 이 성벽은 산성에 밭을 개간하고 돌을 캐면서 오래 전에 벌써 평토로 된 것 같았다. 산성은 둘레의 길이가 380m로, 성곽치곤 지형의 제한을 받은 탓인지 아주 작은 셈이었다.

광복 전, 일본학자들은 이 성곽 유적지를 고찰하고 태평구太平溝산성이라고 명명한다. 태평구는 바로 산 동쪽의 태평촌太平村에서 비롯된 이름이다. 이 태평촌은 오래 전에 근로촌勤勞村이라고 개명되어 태평구라는 옛 지명을 유야무야하게 한다. 훗날 산성 역시 인근의 유명한 산 이름을 그대로 따서 한자명 편검산성偏臉山城이라고 개명한 것도 이와 무관하지 않는 것으로 보인다.

성내의 밭고랑에는 토기와 기와 조각이 간간이 널려있어서 옛 건물자리를 알리고 있었다. 1984년, 이곳에서 흰 자기그릇 조각과 네모무늬의 토기 그릇, 돌절구 등의 고대유물이 발견되었다. 이중 일부는 금나라 시기의 유물이며, 이 때문에 많은 학자들은 일본학자들과 마찬가지로 이 성곽을 금나라 시기에 축성된 것으로 주장한다. 그러나 산성 서쪽을 지난 고구려장성과 동불사의 지명을 만든 구리불상 등과 연관시켜 고구려 시기에 축성되어 발해와 금나라 시기에 계속 사용된 성곽으로 보는 학자들도 적지 않다.

아이러니하게도 산성에서는 지금까지 고대 유물은 적지 않게 발견되었지만 근대의 유물은 고작 밭고랑에 박혀있는 곡식 그루터기 정도에 그친다. 그러고 보면 수십 년 전 이곳에 사찰을 짓고 살았다는 패랭이 도사는 천 년 전의 인물보다 더 깊숙이 신비의 베일에 숨어있는지도 모른다. 와중에 패랭이 도사의 이야기가 패랭이라는 이 갓 모양의 산 이름에서 파생되었다는 설이 대두하고 있다.

그럴지라도 산에 도사가 살았다는 건 누군가 제멋대로 지어낸 허망한 이야기는 아닌 듯 하다. 영승촌에 살았던 장영자 옹의 회억은 패랭이 도사의 이야기에 연상의 끈을 달고 놓지 않고 있었다.

"옛날 중국 사람들이 늘 패랭이산에 가서 향불을 피우고 그렇게 했지요……."

그런데 산성에는 돌투성이의 비탈과 밭만 있을 뿐이며 무덤이라곤 하나도 없다. 사찰이나 성황당 같은 게 없었다면 전혀 향을 피울 곳이 아니라는 이야기이다. 게다가 단지 중국인들만 가서 향을 피우던 장소였다면 불교사원이나 성황당이 아닌 도교사찰이었다는 추론을 할 수 있다.

결국 산위에 살았다는 패랭이 도사든 산기슭에 잠깐 현신했던 구리불상이든 모두 사진 없는 아리송한 기억만 남겨놓고 있었다. 그래서 산성에 살았던 사람들의 얼굴은 아직도 두상頭狀이 희미한 초상화로 그려져 있는 것이다. 부르하통강 기슭에 있었던 패랭이의 주인은 풍진風塵 세상에 몇 겹의 세월이 흐르는 동안 어느 한사람만이 아니었던 것이다.

도원桃源에 있는 고성, 백석라자산성

길은 연길시에서 서쪽으로 약 30km 떨어진 용정시 도원촌桃源村의 동네 어구에서 끝나고 있었다. 철길 차단목이 포장도로를 뭉텅 끊어 놓았던 것이다. 안내를 맡은 이경호40여 세 씨에 따르면 산성은 여기서 철길을 따라 서쪽으로 조금 더 걸어가야 한다. 그는 이태 전에 산악회 회원들과 함께 등산을 하다가 이 산성을 우연히 발견했다고 한다.

10여 분쯤 걷자 철길 남쪽으로 아스라한 벼랑이 나타났다. 부르하통강이 벼랑 기슭을 따라 유유히 흐르고 있었다. 거뭇거뭇한 산발 탓인지 산기슭에 띄엄띄엄 보이는 흰 모래톱이 유난히 표시가 났다. 벼랑산도 이 때문에 흰 바위의 벼랑이라는 뜻으로 백석라자白石砬子라고 불린단다. 그렇든 말든 높다란 저 벼랑을 어떻게 오르나 하고 근심이 앞선다. 그런데 이 씨는 좀처럼 걸음을 멈출 기미가 아니었다.

“……산성은 여기가 아닙니다. 벼랑 서쪽으로 더 나가야 하지요”

▲ 백석라자 서쪽에서 본 유수천과 오호산

▲ 백석라자산성 건물터

잠시 후 우리는 강 위에 놓인 철교를 지나 백석라자 서북쪽의 산자락에 달라붙은 자그마한 봉우리에 이르렀다. 이 산봉우리는 백석라자의 산줄기에서 북쪽으로 불쑥 튀어나와 있었는데, 서쪽에서 동쪽으로 줄기차게 흐르던 부르하통강도 이 산봉우리에 가로막혀 '∩'자 모양으로 산기슭을 에돌아 흐르고 있었다.

오솔길, 아니 사람의 발길이 닿은 흔적은 산봉우리의 동북쪽 모서리에 보일락 말락 나있었다. 비탈은 그리 높지 않았지만 경사가 급해서 앞장선 이경호 씨의 발이 대뜸 머리 위에 걸려 있는 듯 했다. 그러나 경사지대를 올라서자마자 불현듯 눈앞이 확 틔었다. 지세가 거짓말처럼 완만하여 평지와 다름없는 것이다. 방금까지 철길가에서 옷깃을 파고들던 찬바람도 문득 어디론가 가뭇없이 사라진 듯 했다. 지척을 분간하기 어렵게 우거진 수풀 그리고 어디선가 지저귀는 새들의 울음소리…… 아닌 게 아니라 홀연히 별유세계에 들어선 듯 했다.

나중에 보니 우리가 올라온 비탈길은 바로 성곽의 한 모퉁이를 썩둑 잘라내고 있었다. 이 결구 부근의 서북쪽 모서리에는 아직도 무릎 높이로 우묵하게 파인 자리가 뚜렷하게 남아 있었다. 위치나 모양을 봐서 옛 성곽의 각루자리인 것 같았다. 흙과 돌을 쌓아올린 성벽은 밑부분이 2m, 높이가 1m 정도 되었다. 산성 동북쪽에 있는 이 성벽은 산성의 한쪽 모퉁이에 따로 폭 100m 정도의 작은 성곽을 이루고 있었다. 결구는 성문이었고 이 작은 성곽은 성문을 수비하던 내성 모양의 시설물이었던 것이다.

이경호 씨에 따르면 산성 내의 시설물은 이곳이 유일하다. 그는 이전에 산악인들과 함께 백석라자에 여러 번이나 등정했다고 한다. 그때마다 이 산등성이를 경유했지만 산성 유적에는 별로 눈길을 주지 못했다는 것이다. 그냥 야산에 흔한 흙 둔덕 정도로 간주했다는 자조 섞인 그의 말이다. 한번이 아니고 두세 번 거듭 '진주'를 모래알로 보고 지나치는 황당한 체험을 했던 것이다. 얼마 전 현지 노인의 이야기를 듣고 나서야 새삼스레 산성을 다시 둘러보았다고 한다. 그렇다고 그를 탓할 수는 없는 일이었다. 산기슭에 있는 발전소 직원들도 이 황량한 야산에 오랜 산성이 있다는 것을 전혀 모르는 있었던 것이다.

▲ 백석라자산성 동쪽 성문터

우리는 성벽을 따라 산성을 한 바퀴 빙 돌았다. 산성은 산마루를 타고 앉은 전형적인 산봉식 형국이었다. 산성의 지세는 대체로 서쪽이 높고 동쪽이 낮았으며 서남쪽에 산봉우리가 있었다. 산봉우리의 동, 남, 북 삼면은 완만한 비탈이었으며 비탈의 끝머리는 평퍼짐한 언덕이었다. 언덕의 동, 남, 북쪽은 강바닥과 수십 미터나 가파르게 떨어져 있었다.

성곽은 불규칙적인 네모꼴 모양을 이루고 있었는데, 그 둘레의 길이가 1.5km 정도 되었다. 성벽은 평퍼짐한 언덕의 동, 남, 북 세 방향의 변두리 위와 서쪽 산봉우리의 등성이에 흙과 돌로 쌓여져 있었다. 동쪽 성벽 가운데에는 옹성 성문이 있었으며 성문은 북쪽을 향하고 있었다. 성벽의 동남쪽과 동북쪽, 서북쪽에는 모두 각루 유적지가 있었다. 산성의 서남부에는 건축물 유적지인 듯 인공으로 쌓은 돌무지가 여러 개 있었다.

"이 산성에 못이 있어요. 희귀하지요?" 이경호 씨는 지금까지 연변의 산들을 무수히 답파했지만 정상부에 못이 있는 산은 한손으로 꼽을 수 있을 정도로 드물었다고 말한다. 그래서 이 산성이 그의 뇌리에 깊숙이 각인된 것 같았다.

못은 일부러 위치를 정한 듯 산성 중심부의 숲속에 자리하고 있었다. 1m 남짓한 높이로 쌓은 뚝, 그리고 뚝 사이에 난 자그마한 도랑은 사람의 손길이 지난 흔적을 분명하게 보이고 있었다. 못은 타원형 모양으로 폭이 6~8m나 되었다. 못가에 말라버린 수초들을 보아 못은 장마철에는 물이 넘쳐나 도랑으로 흐를 정도로 지금의 모양보다 훨씬 컸던 것 같았다. 이경호 씨는 이 못을 말에게 물을 먹이는 음마수飮馬水라고 했지만 아무튼 산성 안의 큰 수원지임이 틀림없었다. 온 산천이 메마른 늦가을에도 여전히 물이 찰랑찰랑 고여 있다는 게 그렇게 놀라울 수밖에……

예전에는 부근의 동네사람들은 산성 내에 밭을 다뤘다고 하는데 지금은 팔뚝만한 소나무들이 빼곡하게 들어서 있었다. 생태환경 보존에는 도움이 될지 몰라도 이 수림 때문에 산성 유적지들은 형체 없이 훼손된 걸로 보인다. 수풀에서 유적지는커녕 기와조각이나 토기조각 등도 전혀 눈에 뜨이지 않았던 것이다. 문헌에도 산성에서 발굴된 유물에 관한 기재는 찾아볼 수 없었다.

학계에서는 이 산성을 산의 이름을 따서 '백석라자산성'이라고 부르고 있었다. 그러나 현지에서는 산성이 옛 도원툰桃源屯 부근에 있다고 하여 그보다 도원산성으로 널리 알려져 있었다. 세간에 잘 알려지지 않은 이 산성에는 혹여 무릉도원처럼 도원산성이라는 이름이 더 걸맞을지도 모른다.

그래서인지 고구려의 시조 주몽의 '동생'이 산성 동쪽의 어느 산에 묻혔다는 이야기가 부근 도원촌의 노인들로부터 전해진다. 산성은 이 무덤을 지키기 위한 사람들의 거주지이었다는 것이다. 주몽에게 동생이 있었다는 건 고금에 처음 듣는 말이다. 이 이야기를 허황한 전설로 치부하더라도 주몽의 이름이 이곳에 불쑥 나타났다는 사실 자체가 이상하다. 굳이 주몽의 이름을 들먹이지 않더라도 백석라자산성의 서쪽 2km 정도 되는 산골짜기에서 석관 무덤 떼가 발견된 걸로 <용정현문물지龍井縣文物志>는 전한다.

"아직 발굴을 하지 않은 상태라는데요, 그리로 가는 걸 조심해야 합니다."

▲ 백석라자산성 서북각루자리

▲ 산성으로 통하는 서쪽 소로

▲ 백석라자산성 음마지

▲ 백석라자산성 토성

이경호 씨가 귀띔하는 말이다. 동네사람들은 문물보호의 차원에서 고분을 찾는 사람들을 몹시 경계하는 눈치라고 한다. 정말이지 땅 밑 어디엔가 묻혀있을 그 천년의 고분이 차라리 내가 누구노라고 외칠 수 있다면 얼마나 좋을까……

산성의 이름처럼 산성의 축성연대를 놓고 왈가불가 논쟁이 적지 않았다. 일부 학자들은 이 산성을 덮어놓고 요·금시기로 보는데, 이 결론에는 허점이 너무 많다는 지적이다. 옹성, 각루, 치 등 성곽의 특점은 요·금시기 뿐만 아니라 고구려, 발해 시기의 성곽에도 흔하게 보이기 때문이다. 더구나 삼면이 벼랑인 점 등은 천연적인 험요한 지세를 최대한으로 이용한 '요새'는 고구려 성곽에서 많이 나타난다.

여기에서 잠깐 짚고 넘어가야 할 부분이 있었다. 산성 서북쪽 1.5km 되는 태양촌 부근에서 고대 평지성이 발견되었던 것이다. 태양촌 북쪽 강기슭의 언덕에 있는 이 평지성에서는 압지무늬의 평기와와 연꽃무늬의 막새 등 유물이 일부 출토되었다. 따라서 학자들은 이 평지성이 적어도 천 년 전의 성곽인 걸로 입을 모으고 있었다. 산성과 평지성이 나란히 서 있는 이런 형국은 백석라자산성이 고구려 산성이라는 주장에 무게를 더 실어준다.

"……저쪽 산봉우리에 봉화대가 있다고 하지요"

이경호 씨가 또 충격적인 화두를 던진다. 이경호 씨는 부근 노인에게 들었다고 하면서 백석라자산성의 강 건너 동북쪽 전체를 누빈 높은 산에 산발을 따라 다섯 개의 봉우리가 솟아있는데, 그 봉우리마다 봉화대가 있다고 말한다. 이 봉화대에 오르면 천연 봉화대인 연길 모아산帽兒山이 멀리 보인다는 것이다. 다시 말해서 이곳 백석라자의 봉우리에서 봉화를 올리면 모아산에서 그 즉각 연기를 보게 된다는 이야기 이다.

백석라자산성은 부르하통강 연선에 일렬로 늘어선 고대 성곽의 하나이다. 고구려장성이 지나간 로투구老頭溝는 백석라자산성에서 동쪽으로 약 10km 떨어져 있었다. 백석라자산성을 고구려 시기의 장성외곽 요새로 보는 게 자못 합당하다는 생각이 들었다.

그러나 백석라자산성은 변명을 할 줄 아는지 모르는지 가타부타 말이 없었다. 여느 고대 성곽에서 볼 수 있는 표지판도 서 있지 않았던 것이다. 산성에 유물이 전무한 탓으로 아예 '짚신에 그리는 국화'식으로 간주되지 않았나 싶다. 풀숲에 남긴 우리들의 발자국이 혹여 '국화'를 그린 게 아닐까……

성자구城子溝 산성, 용과 호랑이가 막아선 고려성

용반호거龍蟠虎踞라는 말 그대로 용이 서리고 범이 걸터앉은 듯한 기막힌 산세가 있다. 용바위는 동쪽의 태양촌太陽村 어구에 있으며 호랑이 바위는 서쪽의 유수천楡樹川에 있다. 공교롭게도 용정시와 안도현은 이 두 바위를 경계로 삼아 서로 다른 행정구역으로 나뉜다.

'용'과 '호랑이'는 꼬리를 남쪽의 부르하통강 기슭에 걸치고 머리를 북쪽에 놓고 있다. 우연인지 몰라도 용바위 앞에는 작은 시냇물이 북쪽의 산골짜기에서 흘러나와 부르하통강에 흘러든다. 작은 벌을 사이에 두고 동서 양쪽에 '용'과 '호랑이'가 마주 서있는 모양은 누구라도 대뜸 솟을대문 앞에 웅크린 한 쌍의 돌사자를 연상케 한다. 그런데 이들이 지킬 소임을 맡고 있는 성문은 어디에 있을까……

강 건너 동남쪽 산줄기에는 대궐처럼 깊숙한 골짜기가 있었다. 이 골짜기는 부근 태양촌 사람들이 '고려성'이라고 부르는 옛 산성으로 유명하지만 지금은 난데없는 잿더미에 파묻혔으며 그 때문에 '회패구灰壩溝'라고 불린다. 흥미로운 것은 이 회패구 어귀에 북경 자금성의 화표華表처럼 3, 4미터 높이의 촛대바위가 있었다는 것이다.

"말도 마세요 촛대바위는 없어진지 오래지요. 이전에는 마을에서도 훤히 보였는데……" 최하금 씨는 그때 그 시절을 회억하다 말고 기분이 나쁜지 말꼬리를 흐린다.

그가 고향 태양촌을 떠났던 무렵인 1960년대 말 태양촌 서쪽의 유수천에 화력발전소가 들어섰다는 것이다. 발전소는 남쪽 골짜기를 둑으로 막고 석탄재를 쏟아 넣는다. 이 발전소는 7~8년 전에 폐기되었지만 그동안 골짜기에는 회색의 재가 수십 미터의 높이로 아슬아슬하게 쌓였다. 본의 아니게 쓰레기통이 되어버린 이 골짜기가 성깔을 부렸는지 언제인가 둑이 터져 대량의 석탄재가 강에 방출되었으며 그 때문에 부르하통강 하류에서 한때 식수난을 모질게 겪었다고 한다.

태양촌으로 가는 길은 용바위 앞을 지나 동쪽의 산등성이로 올라야 한다. 태양촌 중심마을의 서쪽 귀퉁이에 있는 6대隊까지는 이렇게 4~5리의 산길이 이어진다. 6대는 이전에 태양툰太陽屯이라고 불렸으며 40여 가구가 살고 있는 큰 동네였다고 한다. 그러나 지금은 20여 가구의 농가가 조촐하게 남아 있을 따름이다.

"노인들이 그러시던데요, 이 고장에는 옛날에도 마을이 있었다고 하지요"

최하금 씨에 따르면 옛날 마을사람들은 동쪽의 백석라자白石砬子와 봉화로 서로 연락했다는 것이다. 백석라자 역시 옛 산성이 있는 곳으로 이곳과 10리 정도 떨어져 있다. 만일 현지에 구전되는 이 이야기가 진실이라면 평소 산성의 사람들이 벌에 내려와 살았던 게 아닌가 한다.

산성 표시판은 강 건너 마을 동남쪽의 골짜기 어구에 있었다. 이 골짜기는 일명 대배구大背溝로 산성의 뒤쪽에 위치한다. 정작 산성이 있는 성자구 골짜기는 마을 서남쪽의 회패구 안쪽에 있었다. 따라서 표시판은 성자구나 회패구에 세우는 게 이치에 맞지만 십상팔구 잿더미에 밀려난 게 분명했다.

▲ 서남쪽 골짜기 입구. 지금은 잿더미에 묻혀있다

골짜기는 금세 좌우 두 갈래로 나뉜다. 누가 지었는지 콧대 골짜기라는 뜻의 '이비자구二鼻子溝'라는 이름이 귀맛을 당긴다. 오른쪽 골로 들어가서 막바지에 이르기 직전 서쪽 산등성이에 오르니 문득 높은 둔덕이 나타난다. 바깥쪽으로 2~30m 비죽이 내민 이 둔덕은 너비가 7~8m 정도 되며 가운데가 참호처럼 약간 패였는데 성곽에 손잡이 모양으로 달린 부대시설이다. 여타의 산성에서 보기 드문 이 시설은 북쪽 산등성이쪽의 수비를 보강하는데 신경쓴 것을 보여준다. 산성의 유일한 옹성도 북쪽의 산등성이와 잇닿은 골짜기인 '이비자구'를 향하고 있었다.

치 모양의 둔덕은 산성에 7개나 되었다. 그런데 이중 3개의 둔덕은 바깥쪽이 아닌 안쪽에 있어서 이런저런 추측을 낳는다. 결국 양쪽 산비탈이 가파르기 때문에 성벽을 수비하는 병사들의 집결에 편리를 도모하고자 만든 시설이라는 쪽이 우세했다.

산성에는 계단처럼 비탈을 깎아 평평하게 땅을 고른 건물자리가 삼삼오오 무리를 이루고 있었다. 거무스레한 색깔을 띠고 있는 이상한 흙구덩이가 보여서 무언가 했더니 현지 촌민들이 사용했던 간이 숯가마였다. 이런 웅덩이는 남다른 검은 색깔이 아니면 자칫 초소자리로 착각할 만했다.

산에는 도처에 숯가마를 세울 수 있을 만큼 팔뚝처럼 실한 나무가 빼곡했다. 30년 전에 이 수풀에서 호랑이의 발자국을 발견했다던 최하금 씨의 말이 피부에 와 닿는 순간이었다. 그때 최하금 씨는 젊음을 턱 대고 겁도 없이 발자국을 따라 몇 리나 그 뒤를 추적했다고 한다. 그러나 마을에서 길안내를 맡아 동행한 송씨 성의 한족 젊은이는 이 이야기가 나오자 바로 도리머리를 젓는 것이었다.

"그게 언제 일인데요 지금은 호랑이는커녕 멧돼지도 없지요"

그는 우리 일행이 잠깐씩 머무는 사이 나무사이를 헤집고 어디론가 바람처럼 다녀왔다. 언제인가 숲에 놓은 올가미에 산토끼나 노루가 걸렸는지 확인한다는 것이다. 그런데 송 씨는 이날따라 운이 나빴든지 나중에 토끼털도 줍지 못하고 말았다.

결국 헛물을 켠 건 우리 일행도 마찬가지였다. 이전에는 산성 유적지에 토기조각들이 널려있어 현지의 문물조사 요원들이 뇌석 두 개를 채집하였다고 한다. 그러나 발목이 푹푹 빠져 들어가는 낙엽더미는 지면 위의 모든 것을 눈처럼 덮어버리고 있었다.

"…골짜기 밖에 장군의 무덤이 있다고 하지요"

어딘가 실망하는 우리를 달래는 송 씨의 말이다. 그에 따르면 회패구 남쪽 끝머리에 있는 노양동老羊洞에 오랜 흙무덤이 있다는 것이다. 마을에서는 옛날 '고려성'을 수비하던 어느 장군의 무덤이라고 전한다고 한다. 아직 발굴되지 않은 이 무덤은 진가가 밝혀지지 않았지만 위치로 보아 산성과 연관을 갖고 있는 것만은 확실한 것 같았다.

▲골짜기 입구의 작은 성곽

▲ 표식판

　산등성이는 동쪽과 서쪽, 남쪽 삼면에 걸쳐 말발굽 모양으로 산성을 에워싸고 있었다. 골짜기는 산세가 험해서 외부에서 공격하기 힘든 천연 요새였다. 둘레의 길이가 무려 2,500m에 달하는 이 성곽은 남북에 각기 하나의 성문 밖에 없었다. 북문이 옹성으로 되어 있는 것과는 달리 남문은 별다른 시설이 없었으며, 대신 성문과 수십 미터 떨어진 골짜기 입구에 30평 정도의 작은 성곽을 별도로 두고 있다. 이 성곽 밖에는 바깥쪽으로 향하는 골짜기를 가로막은 담의 흔적이 남아 있다. 성곽 안에는 건물 자리로 보이는 작은 둔덕이 있어서 옹성이라고 하기 힘들었지만 그렇다고 외성이라고 하기에는 몸집이 너무 왜소했다.

　회패구 골짜기에서 올라오는 오솔길은 이 작은 성곽 부근에 이르러 2~30m 길이의 담에 막히고 있었다. 골짜기 양쪽을 가로막은 담은 위쪽

에서 흘러내리는 시냇물에 훼손되어 일부만 남아 있지만
아직 그 윤곽이 대강 남아 있었다. 작은 성곽은 산성 어구
에서 전초병이자 첫 방어선의 역할을 하고 있는 것이다.

"이런 깊은 골짜기에 산성을 지어서 뭣 하지요?" 송 씨가
불쑥 묻는 말에 잠깐 뭐라고 대답할지 몰랐다.

이 부근에는 연변지역에서 고성이 가장 많이 밀집되어
있다고 해도 과언이 아니다. 태양촌의 서북쪽에 있는 유수
천부터 시작하여 동쪽의 동불사銅佛寺까지 불과 20km 정도
되는 부르하통강 유역에는 오호령산성과 그 기슭의 유수천
고성, 성자구산성, 태양고성, 백석라자산성, 편검산성 등 산
성과 평지성이 무려 여섯 개나 된다. 게다가 동불사 서쪽을
가로 지난 3백리 고구려장성까지 이에 가세하고 있다. 부르
하통강은 길림과 돈화 지역에서 연길 지역으로 통하는 육지 교통로와 거
의 평행을 이룬다. 따라서 밀집된 고성은 이 교통로의 군사적 지위를 일
목요연하게 보여준다.

마을 남쪽의 '고려성'인 성자구산성이 전부인 줄 알았던 송 씨는 무척
놀라는 눈치이다. 그토록 많은 유적에 둘려 있는 마을에 이사를 온 것이
여간 자랑스럽지 않단다.

"정말요? 그럼 우리 마을은 풍수가 무척 좋은가 보지요?"

저도 몰래 어설픈 웃음을 짓고 말았다. 타지에서 이주한 송 씨를 두고
'남의 잔치에 덩달아 춤을 춘다'고 하는 게 아닌가 싶다. 유감스럽게도 원
주민인 조선족들은 선인들이 길지로 선택했던 이 고장을 뿔뿔이 떠나버리

▲ 성벽

▲ 성벽

고 6대 마을은 오래 전에 낯도 모를 이주민들의 촌락으로 전락되었다.

회패구에 나서니 북쪽으로 불과 1km 떨어진 부르하통강의 물소리가 바로 귓가에 들릴 것 같다. 성자구에서 흘러내리는 시냇물은 회패구에서 다른 골짜기의 냇물과 합류, 부르하통강에 흘러든다.

회패구라는 이름은 불과 30년 전에 새로 생긴 이름인데 그 전에는 뭐라고 불렸는지는 지금은 어느 누구도 잘 모르고 있었다. 30년이라는 세월이 두세 번도 아니고 수십 번이나 지난 천년의 '고려성' 역시 이 골짜기처럼 깊은 잿더미에 파묻혔다. 어쩌면 강 건너 북쪽에 바위로 외롭게 남은 '용'과 '호랑이'가 옛 '대궐'의 마지막 그림자일지도 모른다.

▲ 옹성문

연길시

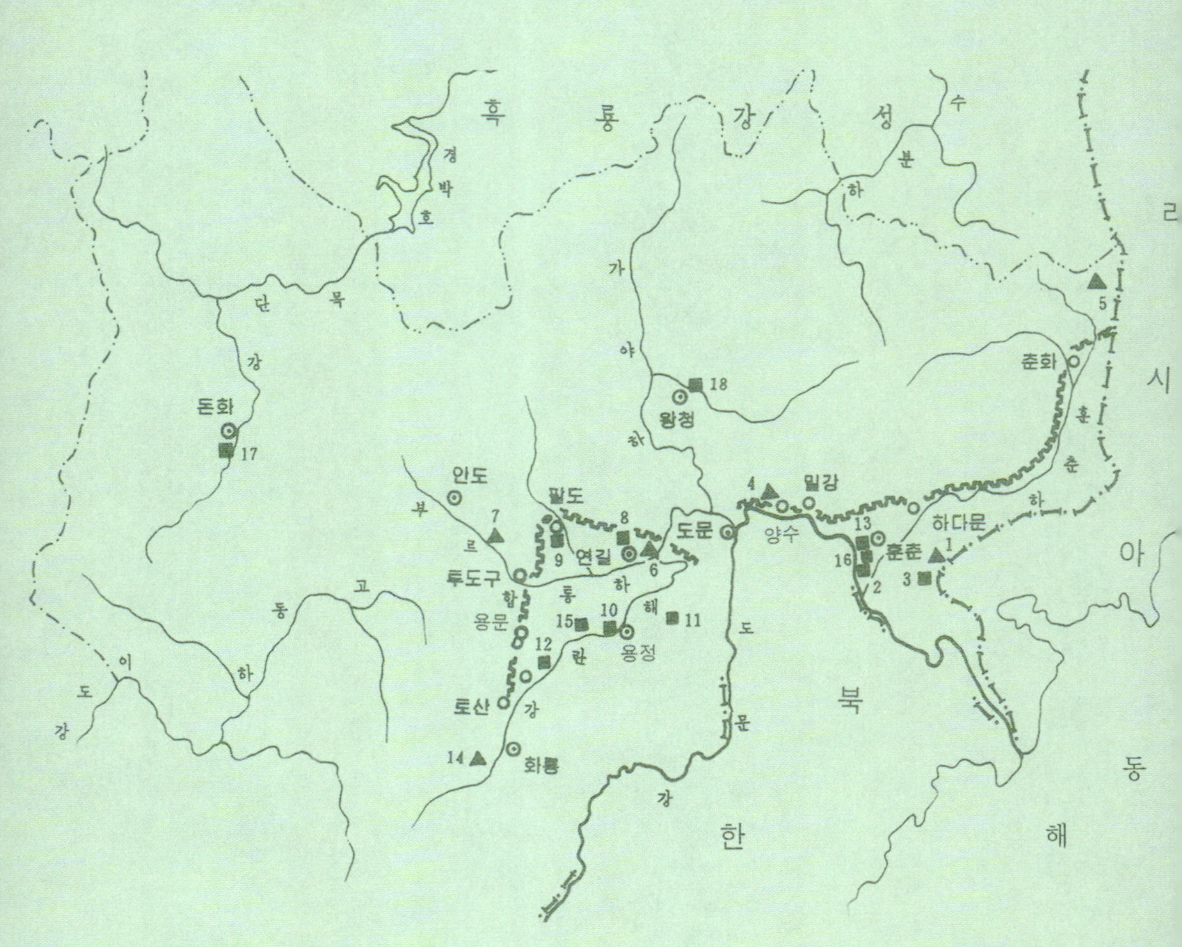

흑
룡
강
성
수
분
하
경박호
가야하
리
시
아
돈화
단목강
17
왕청
18
춘화
5
혼춘하
안도
팔도
4 밀강
하다문
부
르
7
8
도문
양수
13
1
투도구
9 연길
6
하
16 춘춘
함
용문
통
해
3
2
15 10
11
12
란
용정
도
북
이도강
동하
고
로산
강
문
동
14 화룡
강
한
해

황성 옛터, 성자산^{城子山}

연길시에서 동쪽으로 약 8km 가노라면 산 하나가 보초병처럼 길을 막아 나선다. 산은 연길 동북쪽에서 동쪽으로 쭉 뻗어나간 산줄기의 머리 부분에 위치, 흡사 용대가리와 같은 형국이다. 이 산은 산성이 있다고 하여 성자산城子山이라고 불린다.

마을버스는 시내 북쪽에서 성자산 서쪽 기슭의 소영촌 아래 동네인 구하동龜河洞까지 통한다. 구하동 북쪽의 산등성이를 타면 곧바로 산성 서북쪽의 성문으로 진입할 수 있으며, 남쪽의 산기슭을 따라 돌아가면 평지에 있는 성문으로 들어갈 수 있다.

일행은 구경도 할 겸 산기슭을 따라 산성을 돌아가기로 했다. 산기슭에는 장춘 – 도문 철도가 지나고 있었고, 철길 아래에는 부르하통하가 소리 내며 흐르고 있었다. 산굽이를 돌자 자그마한 동네가 금방 시야에 들어왔다. '산성리'라고 쓴 돌비석이 동네어구의 바자굽에 기대어 있었다.

▲ 성자산성 입구의 산성리 마을(현재)

▲ 산성리 마을(10년 전)

▲ 성자산성 표지석

▲ 성자산성의 온전한 서남쪽 돌담

산성리는 19세기 말, 큰 기근에 몰리던 조선 이재민들이 두만강을 건너와 세운 마을이다. 도회지와 멀리 떨어진 산성리에는 아직도 2~30가구의 인가가 있었다. 요즘 청정한 시골이 각광을 받으면서 마을에는 새로 늘어난 기와집들이 적지 않은 듯 하였다.

"예? 산성말임둥산성말입니까? 십분쯤 올라가믄 됩꾸마됩니다."

"마을을 벗어나믄벗어나면 비석이 인차 보일겜둥보일겁니다."

그늘진 집 모퉁이에 앉아 한가로이 이야기를 나누던 아줌마들이 열성스레 우리를 안내했다. 함경도 냄새가 다분한 사투리는 고향마을을 찾은 듯한 친근감을 주었다. 그들에 따르면 산성을 찾는 손님들이 자주 있다고 한다.

길가의 풀잎에서 간밤에 질금질금 내린 부슬비가 애잔히 묻어난다. 바지에 달라붙은 엉겅퀴를 뜯다말고 서너 발이나 앞선 일행을 불렀다. 풀숲에서 난데없이 둥근 돌이 보였던 것이다. 쑥대를 헤집고 보니 연꽃무늬가 돋친 연자방아 돌이었다. 연자방아에 꽃무늬를 새겨 넣을 정도라면 적어도 귀족이나 왕궁에서 사용하던 물건이라는 이야기이다. 반미터 지름의 이 돌은 무척 무거웠는데 일행 넷이 함께 들어올리기에도 버거웠다. 보아하니 이 유물은 무거운 덕분에 아직 산성리에 그대로 남아 있는 것 같았다.

뒷이야기이지만 현지 문물부문에서는 이 연자방아에 그다지 관심을 보이지 않았다. 여느 연자방아와 비슷한 걸로 오인했는지 모르겠지만 돌이 아니라 역사 자체가 소외 받는 것 같아 마음이 아팠다. 민속박물관을 준비하던 현지의 민간인에 의해 소장되어 그나마 다행이었다.

동네어구를 벗어나자 산자락의 오솔길 옆에 세워진 표지판이 한눈에 들어왔다. 1961년에 길림성에서 성급문화유물보호단위로 지정하고 세운 표지판이었다. 표지판 뒷면에는 궁궐 테두리의 1,000m 이내가 건설통제지대라고 명문으로 밝혀있었다.

표지판의 바로 동남쪽에 토성과 성문터가 있었다. 여기에서 수백 미터 더 올라가자 산등성이 아래에 펑퍼짐한 곳이 나타났다. 두 산마루가 마주보는 이 골짜기는 아늑한 분위기가 났다. 수림이 우거진 언덕은 인공적으로 반듯하게 땅을 고른 듯 하였다. 수림에는 물론 수림가의 경작지에도 기와조각들이 널려 있었다. 기재에 따르면 이곳에서 끈 무늬와 물결무늬의 기와가 발견되었다고 한다.

이곳에는 오래된 기와들이 적지 않게 있었던 것 같다. 현지에 성내에서 주은 기와로 지붕을 얹은 가옥이 있어 재미난 화젯거리가 되고 있었던 것이다. 일각에서는 이 옛 건물터를 궁궐터라고 보고 있다. 그러나 만주벌판을 주름잡던 무사도, 긴 소매 너울거리며 춤추던 궁녀도 더는 찾을 수 없었다. 색 바랜 기와조각만 외롭게 성자산 산성의 옛 궁궐터를 지키고 있을 뿐이었다.

기록에 따르면 이곳에서 중국의 제일 이른 돈 중 하나인 당나라의 개원통보를 비롯해서, 조선 숙종대왕 때의 송편통보, 송나라와 금나라 시기의 동전 등 10여 종의 동전과 구리거울, 금가락지, 목걸이, 솥, 활촉 등이 나왔다고 한다. 대부분이 우연히 밭일을 하면서 발견된 유물들이었다. 동하국의 관청도장과 옥제기물 등 귀중한 유물도 출토되었다고 전한다.

▲ 성자산성 성터밖 연자돌

현지에는 지금도 종종 이런 유물이 발견되는 걸로 전한다. 감자밭을 일구다가 '보배'를 주었다는 이야기는 허망한 풍문이 아니었다.

산성이 있는 이 산이 바닷물 위에 엉성한 모습을 드러낸 건 지금으로부터 수십만 년을 거슬러 올라간다. 성자산 부근의 소영자에 들짐승을 뒤쫓는 원시인들의 외침소리가 울리고, 성자산 산성의 성곽 위에 여러 조대의 무사들이 주마등처럼 바뀌었다. 그동안 이 산성터에 묻힌 유물들은 얼마나 많을까?……

학계에서는 발굴된 유물로 미뤄 성자산 산성이 고구려 시기에 축조되어 발해와 요·금시기에 계속 보수, 사용된 것으로 보는 견해가 지배적이다. 산성의 표지석에는 성곽의 축조시기가 발해로 되어 있지만, 현지에서 이것을 그대로 믿는 학자는 그리 많지 않은 것 같았다.

　1215년 10월, 요동지역 선무사宣撫使 포선만노浦鮮万奴는 요양遼陽에서 왕으로 칭하고 국호를 대직大直으로 하였다. 얼마 후 포선만노는 여진족의 옛 고장으로 나라를 옮기고 국호를 동하국東夏國이라고 한다. 이때 성자산 산성은 요양遼陽을 이어 동하국서기 1215년~서기 1233년의 두 번째 서울 '남경南京'으로 봉해진 걸로 전한다.

　활과 창을 잡은 고대인들에게 험한 산발을 탄 산성은 얼마나 무서운 장벽이었을까?…… 그러나 높디높은 성벽도 나라의 패망을 막을 수는 없었다.

▲ 성자산 북쪽의 욕지산 늪

몽골 병사들의 말발굽은 드디어 성자산 산성 아래에도 울렸다. <신원사新元史·포선만노>편에 따르면 몽골 병사들은 성문이 있는 동남쪽과 산등성이에 이어진 성곽의 서북쪽에서 협공하였다. 몽골군을 인솔한 대장이 사다리를 타고 성곽에 올라 무사 수십 명의 목을 베자 동하국 군사들은 한순간 군심이 흩어졌고 몽골군은 이 틈을 타서 산성을 깨뜨리고 포선만노를 포획했다고 한다.

고증에 따르면 15세기를 전후하여 여진족 올량하부兀良合部가 이 일대에서 활동했다고 한다. 당시 애단위愛丹衛의 치소가 바로 이 일대에 있었다는 것이다. 동하국이 멸망한 후에도 성자산 산성이 계속 사용되었을 가능성이 점쳐지는 부분이다.

우리는 가쁜 숨을 내쉬며 허위허위 서쪽 산마루에 올랐다. 정오의 햇볕이 머리 위를 따갑게 비추고 있었다. 멀리 서쪽으로 연길 시내가 한 점의 그림처럼 펼쳐져 있었다.

성벽은 키를 넘는 잡목에 파묻혀 있었는데, 잔존한 성곽은 대개 둔덕 모양이었다. 다행히 3~4미터 길이의 성벽이 서쪽에 온전한 모양으로 남아 그 옛날의 위용을 간신히 더듬게 하고 있었다. 이 성벽은 3~40년 전에 동네 민병들이 전쟁준비용 참호를 파다가 우연히 발견되었다고 한다. 그때의 참호는 아직도 성벽 부근에 군데군데 흉터처럼 남아 있었다. 전반 성벽은 성자산 산등성이의 지세에 따라 불규칙적인 타원형 모양으로 되어 있었는데, 어마어마한 키와 흡사하였다. 이 전형적인 고로봉식 산성은 그 둘레의 길이가 4454m나 된다.

성자산 북쪽으로 실개천을 사이에 두고 움푹한 모양의 산마루가 보였다. 현지의 노인들은 이 산을 조포수산이라고 불렀다. 그들에 따르면 옛날 산꼭대기에 있는 늪에서 왕이 미역을 감았다는 것이다. 그래서 조포수산은 '욕지산浴池山'이라고 불리기도 한단다. 이 이야기를 방증하듯 지금도 욕지산 산정에는 지름 3~4m의 늪이 있으며 늪 부근의 봉우리와 평지에는 초소자리와 건물터가 남아 있다. <삼국사기>에 따르면 일찍 고구려 태조왕이 동쪽의 책성柵城을 시찰했다고 하는데, 그가 순행 도중 욕지산에 미역을 감으러 올라갔었을까. 아니, 혹여 고구려가 아닌 동하국의 국왕이 미역을 감았을지도 모른다. 와중에 학계에서는 성자산 산성이 고구려의 '책성'이라는 설도 나와 왈가불가 논쟁이 이어지고 있다.

또 성자산 남쪽에는 강을 사이 두고 성자산 산성과 쌍둥이 성으로 불리는 평지성인 '하룡고성'이 자리잡고 있다. 하룡고성 역시 성자산 산성과 비슷한 시기에 축조된 고성으로 알려지고 있다.

연길분지의 동쪽에 자리잡은 성자산 산성은 곡창지대를 지키고 있으며, 연길에서 도문으로 통하는 부르하통강 기슭에 자리잡고 있어서 군사 요충지로 각광을 받는다. 성자산 부근의 산마루에서 발견된 망루와 봉화대는 산성의 이런 요새 신분을 잘 드러내고 있다.

산성의 옛 궁궐은 한시기 역사의 운무를 헤치고 예전의 모습을 재현할 듯 했다. 연길시의 2010년 도시전망계획서를 보니 성자산 산성의 옛터를 개발할 전망이 보였던 것이다. 그런데 "소나기만 울고 비가 내리지 않는 격", 산성에는 여태껏 별다른 움직임이 감지되지 않고 있다고 한다.

멀리 옛 궁궐터의 우거진 수풀 속에서 정오의 아지랑이가 아물아물 피어오르고 있었다. 그러나 옛 궁궐에 울렸던 궁정음악은 바람에 날려갔는지 더는 들리지 않는다. 문득 옛 노래 한마디가 떠올라 공연히 울적한 마음을 긁었다.

"…황성옛터에 봄이 오니
월색만 고요해
폐허속의 서린 회포를 말해주노라."

▲ 성자산 부근 욕지산

하룡고성, 노송에 묻힌 천년고성

　사람들은 소하룡小河龍이라고 하면 금방 눈앞에 세 그루의 노송을 떠올린다. 하룡은 연변 부르하통강과 해란강의 합수목 마을로, 연길에서 동쪽으로 10km 남짓 떨어진 동네이다. 하룡의 동쪽 산자락에는 노송 세 그루가 있는데, 나무마다 천년의 연륜이 새겨져 있어 '삼태송三胎松'이라고 불린다.

　삼태송은 청나라 말기1904년 조선 함경북도 명천의 밀양 박씨 박중근 형제와 길주의 양천 허씨 허웅범 삼형제가 정착하면서 최초로 발견한 것으로 전한다. 천년 역사를 가진 노송은 이때부터 마을의 당수나무로 성스럽게 모셔지고 있다. 지금 삼태송은 현지에서 특이한 명물로 되어 사람들의 발길을 끌고 있다.

　아쉽게도 사람들은 이 천년의 노송은 보러 가면서도 해란강의 기슭에 있는 고성 유적지는 그냥 무심히 스쳐 지난다. 어쩌면 이곳에 고성이 있는 줄 알면 오히려 더 실망할지도 모른다. 해란강 기슭에 오밀조밀 들어선 마을을 보면 금방 한숨이 앞선다. 농가 사이에 바자굽도 아닌 옛 성벽이 그대로 남아 있다는 것은 꿈같은 이야기이기 때문이다.

솔직히 우리 일행도 답사에 큰 기대를 걸지 않았다. 현지인들을 만나 유적지와 관련한 옛 이야기를 채집하는 게 제일 큰 목적이었다. 그런데 성벽터가 아직도 한군데 남아 있다고 하지 않는가. 하룡 태생인 김해 씨는 그가 살고 있는 하룡촌 5대隊가 바로 성곽 유적지에 자리하고 있다고 말했다.

▲ 하룡고성 성터

후에 그가 안내한 건 해란강 기슭에서 남쪽으로 수십 미터 떨어진 한씨 성의 농가였다. 이 농가의 구새 목 부근에는 너비 10미터의 나지막한 둔덕이 무릎을 치고 있었다. 뒷부분에 있는 흙 둔덕은 키를 넘고 있었는데, 둔덕에 세워놓은 덕대를 타고 포도넝쿨이 줄줄이 드리워 있었다.

"이건 마을에 남아 있는 유일한 성벽터지요."

▲ 하룡고성 북쪽성터자리

이 성벽은 마침 집과 밭을 경계로 자리하고 있었다. 집주인은 성벽이 담 맞잡이로 되자 내친김에 그대로 남겨둔 것 같았다.

김해 씨가 삽으로 몇 번 칼질하자 둔덕에는 금세 두세 뼘 크기의 계선들이 나타났다. 일부 학자들은 성벽이 판축版築 즉 흙을 다져서 쌓아졌다고 하는데, 이런 흔적으로 미뤄보아 흙벽돌로 쌓았다고 보는 견해도 있다. 흙벽돌은 중국 대륙에서 서주시기에 처음 사용되었으며, 당나라 시기에는 민간에 이르기까지 널리 사용되었다고 한다. 김해 씨에 따르면 하룡고성의 성벽은 바로 이런 '흙벽돌'로 겉면을 쌓고 가운데에 돌과 흙을 꽉 채웠다는 것이다. 고성은 이렇게 흙으로 쌓아졌다고 해서 옛날에는 토성土城이라고 불렸으며 하룡촌도 토성자촌이라고 불렸다고 전한다.

전반 고성은 둘레 길이가 약 980m인 네모모양의 작은 성곽이었다. 고성은 해란강 기슭을 따라 약간 동북쪽으로 기울어 있는 탓으로 마름형이라고 하는 사람도 있다고 한다. 고성은 성안에서 별다른 성벽이 아직 발견되지 않은 걸로 미뤄 내성이나 기타 성이 없는 단일한 성으로 보인다. 고성 남쪽에는 산꼭대기가 뾰족하다고 해서 현지인들이 소뿔봉이라고 부르는 화첨자鏵尖子산이 우뚝 솟아 있으며, 북쪽에는 수십 미터 폭의 해란강이 소리 내며 흐르고 있었다. 고성의 서북쪽 1.5km 되는 곳에는 부르하통강을 사이에 두고 유명한 성자산산성이 있었다. 성자산산성은 고구려 시기에 축조되고 그 후 발해, 금나라 말의 동하국 시기에 계속 사용된 옛 성으로 알려진다.

하룡 고성은 불과 30여 년 전까지 사면에 모두 토성이 있는 등 온전한 모양새를 갖추고 있었다고 한다. 마을 사람들은 토성 위를 둔덕길로 삼아 걸어 다녔다는 것이다. 토성 아래에 무성한 오미자나무는 고성에 한 점의 아름다운 그림을 그려주었다. 그때 고성 안에는 옛 우물터만 여섯 개나 되었다고 한다. 그리고 고성에 새로 집을 짓다 보면 땅 밑에서 차곡차곡 쌓인 돌들이 발견되기도 했단다. 옛날의 집터로 추정되는 곳이었다.

이 천년의 고성에는 또 아이러니한 비화가 숨어있었다. 1960년대 말, 중국에서는 소련과의 전쟁을 대비해 "방공 굴을 깊이 파고 식량을 많이 비축하자"라는 슬로건을 내걸었다. 이때 토성 밑에는 촌민들이 방공용으로 판 지하갱도가 있었다고 한다. 그리고 보면 사람들은 20세기에 이르러서도 계속 고성을 사용한 셈이다.

"겨울이면 성벽 위에서 눈썰매를 타고 미끄럼질을 즐겼지요" 김해 씨는 어릴 때 성벽 부근에서 늘 숨바꼭질을 했다고 회억한다. 그의 말을 빌리면 너비 10m, 높이 2m 남짓한 성벽, 그리고 성벽에 둘린 고성은 어린 그들에게 디즈니랜드와 같은 놀이터였다. 그러나 고풍스런 천년의 '놀이터'는 결국 종지부를 찍었다.

현지에서 고성의 동쪽에 집들을 지으면서 토성을 허물었고, 남쪽과 서쪽에 논밭을 개간하면서 토성을 허물었다고 한다. 또 북쪽에 대로를 닦으면서 토성을 허물어버렸다고 한다. 남쪽 성벽 가운데 있던 성문 자리와 옹성 역시 허물어지는 토성과 더불어 흔적조차 없이 말끔히 훼손되었다. 그때가 지난 1970년대 중반이었다고 한다. 그런 살풍경 속에서도 고성 일부 구간의 토성은 80년대까지 잔존하고 있었다고 한다.

말 그대로 천년의 상아탑이 일시에 와그르르 내려앉은 순간이었다. 거물처럼 산기슭에서 꿈틀거리던 수백 미터의 고성 성벽은 그렇게 단 몇 년 사이에 평지로 허무하게 사라졌다. 지금 농가들 사이에 있는 동쪽 성벽터가 그나마 옛날의 모습을 얼추 더듬게 할 뿐이다.

"그때는 오히려 마을에서 토성을 거추장스럽게 여겼지요" 그 시기를 지나온 김해 씨도 몹시 한심하다는 표정이다.

성벽터 위에 지은 뒷간과 돼지우리가 흉물스럽게 안겨와 저도 몰래 눈살을 찌푸리게 했다. 누가 뭐라고 하든지 고성은 쓰레기 취급을 받는 '고물'이 되어 있었다.

지금까지 고성에서 출토된 유물은 아주 적은 걸로 전한다. 일찍 동쪽 성벽 부근의 돌무지에서 돌도끼가 발견되었으며, 고성 북쪽의 부르하통강과 해란강 합수목 일대에서 고대의 석관묘들이 발견되었다. 이 무덤들이 소영자의 고분과 같은 시기에 있었는지는 고증이 필요하지만, 아무튼 고성이 원시사회 시대의 유적지 위에 세워졌다는 것은 분명하다.

▲ 하룡고성 성터 판축흔적

　사실 고성 부근의 유적지는 이밖에도 적지 않다. 현지인들은 소뿔봉의 북쪽 산등성이에 사찰 유적지도 있었다고 전한다. 그러나 산등성이에서는 기와조각, 토기 등의 일부 유물이 발견되었을 뿐이며 확실한 사찰유적은 아직 발굴되지 않았다. 일각에서는 석촉 등의 유물로 미루어 소뿔봉 산등성이를 고대 전장이라고도 한다. 어느 설이 유력한지는 발굴된 유물이 적어서 판단하기 어려운 상태이다. 그리고 고성에서 서쪽으로 2~3km 정도 떨어진 산등성이에서 천여 년 전의 보루 유적지가 발견되었다. 위치상 연길분지에서 고성으로 들어가는 입구에 있는 이 보루는 고성을 지킨 요새인 것으로 보인다.

　　"모두 옛날 이야기입니다. 언제 그런 게 있었는지도 모르지요." 김해 씨는 지레 손사래를 친다.

　　그건 그렇다 치고 육안으로 얼핏 보아도 고성과 성자산산성은 평지성과 산성이 형제처럼 가지런히 서 있는 형국이다. 그래서 일부 학자들은 고성과 성자산산성을 일체화된 '쌍둥이' 성곽으로 주장한다. 옛날 주민들이 전쟁이 없을 때에는 평지성인 하룡고성에서 생활하고, 전쟁 발발 시에는 험요한 요새인 성자산산성으로 이동하여 생활했다는 것이다. 짜깁기식의 억지 주장은 아닌 듯 했다.

▲ 하룡고성 장작더미 아래 성터

하룡 고성에서 고구려 전통의 특유한 그물무늬 모양의 기와조각이 발견되는 등 성자산산성과 비슷한 유물들이 적지 않게 출토되었던 것이다. 따라서 사학계에서는 하룡성 역시 부근의 성자산산성과 비슷하게 고구려 시기에 축조되었다는 게 통설로 자리잡고 있다.

　　어찌하든 하룡고성은 여러 조대에 걸쳐 계속 보수, 사용되었다는 게 지배적인 설이다. 적어도 발해와 금나라 말의 동하국 시기에 계속 이 성을 사용했다는 것이다. 또 일부 학자의 고증에 따르면 명나라 시기 여진족 일부가 이 부근에서 활동했다고 한다.

　　"그때 문화재이고 그렇게 값지다는 걸 알았더라면 굳이 토성을 허물었겠어요?" 김해 씨의 말에는 아쉬움이 물씬 젖어나고 있었다.

우리는 고성 북쪽으로 1km쯤 떨어져 있는 삼태송을 찾았다. 삼태송 부근에 삼삼오오 모여선 관객들은 공연히 흥분해서 오구작작 떠들고 있었다. 천년의 풍상세월을 헤쳐온 이 노송이 무척 흥미로웠던 모양이다. 노송 근처까지 버스가 반시간 간격으로 부지런히 오가고 있었다. 시내와 멀리 떨어진 시골마을인데도 택시가 심심찮게 보였다. 잠깐 세어보니 노송 근처에 토닭곰, 토끼구이 등을 경영하는 음식점만 해도 무려 20여 개가 되었다. 천년 노송의 치솟는 인기를 실감케 하는 부분이었다. 정작 노송이 파수꾼처럼 천년을 지켜온 부근의 고성은 슬픈 옛말로 외롭게 남아 있었다.

▲ 천년송과 성자산

천년의 무덤이 있는 마을, 소영자小營子

　연변조선족자치주의 수부 연길은 알아도 연길 동쪽 외곽의 소영자를 아는 외지인은 그리 많지 않다. 더구나 소영자라는 지명이 연길보다 훨씬 앞섰다는 것을 아는 사람은 가물에 씨앗 나듯 한다.

　소영자는 옛 지명으로서 지금은 소영촌이라고 불리는데 연길시에서 동쪽으로 7km쯤 떨어진 곳에 있다. 나지막한 산기슭을 따라 내처 수킬로미터나 쪽 이어진 촌락은 그대로 띠 모양을 이루고 있다.

　청나라 때 봉금封禁이 해제되기 전에 연길의 벌은 무인지대였다고 한다. 이 벌에 한반도와 중국 내지에서 찾아온 이주민이 보이기 시작한 것은 19세기 말이었다. 1880년대 초, 소영자에는 30여 가구의 만족과 조선인이 살았다고 전한다. 청나라 조정에서는 그들을 관리하기 위해 오늘의 소영자 동쪽인 계동溪洞 기차역 부근에 군영을 앉혔는데, 이 작은 군영으로 해서 얻어진 촌락의 이름이 바로 소영자라고 한다.

▲ 이 벼랑 기슭에 고분이 있었다고 전한다

연길 시내의 동쪽에서 소영자로 포장길을 따라 갈 수도 있고, 산행이 취미라면 산등성이를 가로탄 흙길을 따라 갈 수도 있다.

불과 3~40년 전만 해도 소영자와 연길 시내 사이에는 황량한 들이 가로누워 있었다. 그래서 밤길을 걷는 사람들은 종종 귓가를 스치는 바람소리에도 흠칫 놀랐다고 한다. 그러나 지금은 촘촘하게 들어앉은 살림집들은 물론이요, 공장건물까지 가세해서 오히려 귀찮도록 분주한 경상이다.

사실 소영자에 인가가 들어선 것은 3천 년의 긴 세월을 거슬러 석기시대까지 올라간다. 일찍이 연길 지역에는 예맥족 계통의 옥저沃沮인들이 살고 있었다. 그들은 소영촌 제10촌민소조의 유적을 포함, 많은 유적들을 연길시 주변에 남기고 있다. 그러나 소영자에서 유적지를 찾기는 생각처럼 쉽지 않았다. 나이 지긋한 동네 어른을 찾아 물었더니 대답 대신 물음이 날아왔다. "뭐 고대 유적지요? 우리 마을에 그런 게 다 있어요?"

▲ 산기슭의 소영자 마을과 산줄기 끝자락의 성자산

후문이지만 소영자의 토박이는 진씨, 박씨, 황씨, 장씨, 윤씨 등의 성씨 가족이었다. 아쉽게도 토박이 노인들은 대부분 세상을 뜨고 후대들도 거의 모두 본고장을 떠나고 없었다. 동네 좌상이라고 할 수 있는 60대의 사람들은 거의 소영자의 유래마저 잘 모르고 있었다.

소영촌 제10촌민소조 북쪽 골짜기에 있는 유적에서 약간의 토기 조각과 오석 조각이 발견되었는데, 유물이 너무 적어 학자들도 내용물을 뭐라고 판명하기 어려운 상태라고 한다. 다만 모래가 섞인 갈색토기와 흑요석기의 조각으로 미루어 선사시대의 유적지라고 추정할 따름이다.

유적지가 과수밭 서쪽에 있다는 기재에 따라 부근 산등성이를 반나절이나 오르내렸다. 무성한 잡초더미에서 이따금 이름 모를 새들이 후드득 날아올랐다. 워낙 유물이 적은 이 유적지는 아예 흔적도 찾을 수 없었다.

<삼국사기>에 따르면 고구려 동명왕 10년B.C.28년, 고구려는 북옥저를 정벌했으며 연길에서 약 80km 떨어진 훈춘 경내에 책성을 두었다. 또 고구려는 연길지역에 성자산산성, 하룡고성, 흥안고성 등을 세운다. 1963년, 성자산 서쪽 기슭에 있는 소영자에서 출토된 고구려 시기의 쇠솥 등의 유물은 이 시기 고구려의 흔적을 보여주는 대표적인 사례라고 하겠다. 그러나 정작 연변에서 고구려 시기의 유물이 발견된 것은 아주 적다.

고구려의 뒤를 이어 연변지역은 발해국의 중심지역이였다. 연길시 지역에서 발견된 발해 시기의 유적지만 해도 10여 곳 된다. 이중에는 소영자의 유적지도 들어있다. 이 발해 유적지는 소영촌 제1촌민소조의 서북쪽 산비탈에 있다. 지금은 과수밭에 흔적 없이 묻혀 있는 이곳은 성자산산성과 불과 수백 미터 떨어져 있고, 지세와 유물 특히 토기의 밑굽 기물 모양이 발해 시기 기물의 특점을 갖춘 것으로 미루어 발해시기의 촌락 유적지로 추정되고 있다.

천년의 촌락은 그대로 일장 연대기를 적고 있었다.

소영자의 석관묘는 일본인 후시다 료우사꾸藤田亮策가 조선총독부의 촉탁으로 1938년에 발굴을 주관, 1943년에 발표한 <연길 소영자유적 조사보고>에서 처음으로 나타난다. 이로부터 소영자는 천 년 전의 석관묘로 하여 고고학계에 자주 등장한다.

그러나 고고학적으로 유명한 이 석관묘를 알고 있는 현지인들은 전무하다시피 했다. 석관묘 부근의 동네에서 수십 년을 살아온 진명신80여 세 옹도 마찬가지였다.

"처음 듣는 얘기이네. 그게 어디에 있었나?"

다행히 유별난 기억 때문에 석관묘 유적지를 기억하고 있는 사람이 있었다. 어릴 때 소영자에서 학교를 다녔다는 장희명80여 세 옹에 따르면 석관묘는 바로 현 소영촌 제7촌민소조 북쪽에 있는 바위벼랑 기슭에 있었다고 한다. 그 무렵 장대종이라고 불리는 장씨 가문의 선인 산소가 이곳에 모셔져 있었는데, 고분 발굴시 일본인들이 그가 조선시대의 유지인사라고 존중해서 따로 이장했기 때문에 지금까지 특별히 기억에 남아 있다는 것이다. 그 후 일본군이 이 바위벼랑 아래에 비행기 격납고를 세우면서 원래의 지모地貌는 형체 없이 파괴되었다. 고분을 발굴하고 격납고를 만들면서 새로 벼랑기슭에 생겼던 버력 둔덕도 20여 년 전 소영자 남쪽의 대로를 닦으면서 말끔히 소실되었다. 이로써 고분의 흔적이 언제 있었던가 싶게 깡그리 사라진 것이다.

또 일부는 고분이 제4촌민소조의 뒷산 언덕에 있었다고 각설한다. 아닌 게 아니라 여기에도 수십 미터 지름의 큰 구덩이가 있어서 그 설에 어딘가 신빙성을 주기도 한다. 그러나 발굴 당시의 사진으로 미뤄보면 이자리라고 믿기 어렵다는 주장이 우세한다.

기재에 따르면 소영자의 석관묘는 특이한 구조형식으로 유명한데, 길림 중부지역의 돌널무덤과는 달리 2~3개의 석관묘가 돌널의 단벽 또는 장벽, 심지어는 개석이나 저석底石을 공유하고 있다. 이외 다수의 무덤 상부에서 0.5~1.0m의 봉석토封石土가 발견되었다는 점 역시 길림 중부지역의 문화와 차별된다.

석관묘의 구역은 동서 25m, 남북 8m의 면적 내에 있으며 52개의 무덤이 집중되어 있었다고 전한다. 일본학자 미가미 쯔기오三上次男의 연구에

따르면 이런 석관묘는 2개, 5개, 18개 등 각이한 조합이며 9개 조로 나뉜
다. 이런 석관묘는 인위적으로 군체를 이루는 것으로 판정되고 있다. 남
녀 합장과 남녀아동 합장의 현상이 나타났기 때문에 부계씨족사회에 들
어갔으며 가정이 이미 싹트기 시작했다는 것을 보여준다.

▲ 소영고분 유물

288

  석관묘에서는 골제骨制의 검, 촉과 타제의 석창, 무경석촉無莖石鏃이 나온
다. 수렵 도구의 종류가 많고 형식이 많으며 수량이 많고 제작이 정교한
것은 수렵경제가 발달했음을 보여준다. 학계에서는 이런 유물에 따라 두만
강 유역에는 시베리아에서 내려온 석관묘문화인들이 이 단계의 생활을 영

위했다고 주장한다. 또 석관묘에서는 마제석기, 슴베가 긴 버들잎형, 슴베 없는 납작 석촉, 석도 등의 마제석기, 홍도紅陶, 돌도끼 등이 출토된다. 이런 문화형태는 내몽고 지역의 적봉赤峰 홍산紅山 문화의 하가점夏家店 상층문화 등과 상통한다. 이미 청동기 시대에 들어선 것이다. 학자들은 적봉지역의 청동기문화인이 이때 동쪽으로 옮겨와서 무덤을 축조했다고 본다.

발굴된 유물들은 재료에 석재와 뼈가 많았으며 적지 않은 흑요석이 있었다. 수량적으로는 수렵도구가 많았고 형식에서는 갓 모양의 석기와 갈고리 모양의 옥, 인면의 뼈 비녀 등이 있었는데 모두 특이한 풍격을 형성했다. 이런 기물은 송화강 유역 중상류나 목단강 유역의 문화와 다른 것으로 평가된다.

소영자 석관묘의 유물은 골기가 고도로 성숙되고 흑요석기가 유행된 게 특점이라고 할 수 있다. 중원지대의 상商, 주周 시대에 상당한 소영자의 유적은 석관묘와 출토된 수장기물 등으로 두만강유역의 원시문화에서 대표성을 띈다.

소영자의 북산은 100여 년 전만 해도 수림이 빼곡히 들어서 있었다. 수십 년 전만 해도 꿩의 울음소리가 종종 노래처럼 들렸고, 당나귀만한 늑대가 드문드문 동네에 내려오기도 했다고 한다. 인적이라곤 드물었던 몇 천년 전에는 그야말로 원시인들의 수렵지로 손색이 없었을 것이다. 그러나 일본군이 소영자의 서쪽에 비행장을 닦던 무렵부터 민둥산으로 변해버렸다고 한다.

지금은 소영자에도 1년이 10년 아니 100년 맞잡이로 상전벽해의 변화가 일어나고 있었다. 농경지를 잃은 천년의 촌락은 어느새 콘크리트의 수림에 잠기고 있었으며, 천년의 석관묘 무덤자리 역시 황산의 잡초처럼 소리 없이 사라져가고 있었다. 천년의 이 현장은 한 세기도 안 되는 시간 동안 역사의 뒤안길로 원래의 모습을 숨기고 있는 것이다.

그런데 왜 유적지에 비석 등의 표식을 하지 않았는지 의아했다. 사실 문물 보호차원은 물론이요, 마을의 홍보와 관광개발 차원에서도 전혀 무시할 수 없는 일이었다.

"글쎄요, 그건 위에서 할 일이 아닐까요?" 동네 사람들의 아리숭한 대답이다.

무명의 산기슭에 고적하게 누운 소영자는 싸늘한 가을바람과 더불어 차창 뒤로 점점 멀어지고 있었다.

흥안興安 고성, 천년고성의 슬픈 이야기

흥안고성은 현지의 동네이름으로 명명된 옛 성곽인데, 연길시 바로 북쪽 외곽에 위치한 것으로 알려져 있다. 그런데 "등잔 밑이 어둡다"고 할까, 흥안고성의 정확한 위치를 찾기가 말처럼 쉽지 않았다. 옛날 고성 성터에 세워졌던 표지판은 개발의 붐에 어디론가 사라졌고, 고성도 현지 문화재 보호대상의 명단에서 지워졌다고 한다.

흥안향 정부청사 부근의 노인활동센터를 찾았더니 한담을 즐기던 노인들은 도리어 엉뚱한 질문을 던져왔다.

"이보게, 자네가 말하는 성터란 게 뭔가?"

아닌 게 아니라 흥안향의 이곳저곳을 뒤지고 다녔지만 성벽 비슷한 둔덕은 좀처럼 보이지 않는다. 대신 수풀처럼 일떠선 아파트들이 땅 위에 슬픈 그림자를 드리우고 있었다. 그래도 흥안고성과의 인연은 쉽사리 끊을 수 없나 보다. 방학봉 교수가 사그라지던 불씨를 다시 피워줬던 것이다. 연변대학 발해사연구소 전임 소장이었던 방학봉 교수는 연변의 고대 성곽 연구에서 권위로 꼽히는 인물이다.

"흥안고성 말인가? 바로 3호선 버스 종착역에서 얼마 떨어지지 않았네."

필자가 고령의 노인에게 안내 부탁을 드리기 어려워 머뭇거리는데, 그가 먼저 자리에서 일어선다.

3호선 버스의 종착역은 도시의 북쪽 끝자락이었다. 이쯤부터 건물들이 자리 나게 줄어들고 밭이 나타나고 있었다. 시내에서 빠져나온 연길 - 도문 도로는 낮은 비탈을 따라 계속 북쪽으로 내처 뻗어가고 있었다.

요금을 지불하느라 택시에서 잠깐 지체하는 사이, 길옆을 기웃거리던 방학봉 교수는 어느 결에 손에 기와조각을 들고 있었다. 잠시 후 보니 그것은 네모무늬의 붉은색 암키와였다. 흥안고성에서 흔하게 발견되는 이런 기와와 노끈무늬의 기와는 집안현의 환도산성에서 출토된 동류의 유물로, 색깔이나 무늬, 두께, 무게가 모두 일치하는 것으로 알려진다.

흥안고성은 동쪽이 높고 서쪽이 낮은 형국으로 남부와 서남부는 주민 구역이며 서쪽에는 북남 방향으로 일명 연길강延吉江이라고 불리는 연집강煙集江이 흐른다. 방학봉 교수에 따르면 우리가 차에서 내린 곳은 바로 흥안고성의 동북쪽 각루자리라고 한다. 연길 - 도문 도로는 고성의 동쪽 변두리를 뭉텅 잘라내고 있었다. 옛날 각루자리에는 높이가 1.5m 되는 작은 둔덕이 있었다고 한다. 그러나 새로 벽돌담이 일어선 이곳에는 기와조각을 제외하고는 아무런 흔적도 찾을 수 없었다.

▲ 흥안고성 동북쪽 각루자리─팻말 부근

대로 서쪽에는 연집강 강변으로 이어진 흙길이 있었다. 밭들 사이에 난 이 흙길은 이웃 지경보다 조금 더 높았는데 바로 흥안고성의 북쪽 성벽 자리라고 한다. <연길시문물지延吉市文物志>에 따르면 이 북쪽 성벽은 길이가 374m에 달했다고 한다. 서쪽 성벽은 연집강의 물에 밀려 말끔히 사라졌는데, 약 500m 정도 되었던 것으로 추정된다. 흥안고성은 둘레의 길이가 약 1,800m로 중등규모의 평지성이었다.

그러고 보면 연길 - 도문 도로를 달릴 때마다 흥안고성을 지나는 셈이었다. 그러나 누군들 대로 옆의 수수한 흙길이 천년 성벽 자리인줄 상상이나 했을까. 방학봉 교수에 따르면 지금 현지에서 흥안고성의 정확한 위치를 아는 사람은 한손으로 헤아릴 수 있는 정도라고 한다. 부근의 마을에서 고성을 잘 모르고 있는데 대해 어느 정도 이해가 갔다.

성터인 밭에는 황소 한두 마리가 웅크리고 앉아 한가롭게 새김질을 하고 있었다. 아직 밭갈이를 하지 않은 밭두렁에는 기와조각들이 자갈처럼 수두룩이 널려 있었다. 잠깐 사이에 우리는 빗살무늬의 기와, 노끈무늬의 기와조각 여러 개를 찾았다. 온전한 모양의 기와는 하나도 없었고 전부 손바닥 절반 크기의 조각들이었다. 이 성터에서는 기와조각을 비롯하여 토기 조각도 많이 발견되었다고 한다. 이런 유물들은 한때 고구려의 통치 중심이었던 집안에서 출토된 유물과 동일한 것으로 알려지고 있다. 연변의 옛 성곽에서 고구려 유물이 이처럼 밀집된 것은 다른 고구려 유적지에서는 보기 드물다.

흥안고성을 세운 것은 이곳이 고구려의 동북부 변계에서 중요한 교통로에 위치하고 있기 때문으로 보인다. 연길 지역은 도문이나 왕청, 훈춘에서 용정이나 화룡, 안도를 왕래하는 교통로의 중간 기착지에 위치한다.

"주위의 유적을 보게. 이곳이 중요한 요새였다는 걸 금방 알 수 있네."
방학봉 교수는 부근의 유적지들을 일일이 가리켜 보인다.

▲ 흥안고성 북쪽성벽 자리

흥안고성 서북쪽에는 고구려 3백리 장성의 일부라고 추정되는 평봉산
平峰山 장성과 봉화대가 있으며, 남쪽에는 모아산帽兒山 돈대, 서남쪽에는 연
길공원 소돈대, 동북쪽에는 대돈대가 있다. 동쪽 20km 되는 곳에는 쌍둥
이 성곽으로 불리는 성자산산성과 하룡고성이 있다.

이처럼 중요한 위치에 있는 성곽이라면 후세의 발해가 묵과할리 만무
하다. 그런데 흥안고성에는 성곽 서쪽에 발해 건축자재들이 일부 보일 뿐
이며 여느 성곽처럼 발해 시기의 흔적이 뚜렷하지 않다. 사실 발해는 흥

▲ 흥안고성에서 발견된 기와조각

안고성의 남쪽에 따로 성곽을 세우고 있었던 것이다. 이 발해성곽은 1937년 경성제국대 교수였던 도리야마 기이치鳥山喜一가 최초로 조사하고 <간도성고적조사보고>에 글을 발표하며 연길가延吉街 북고성이라고 명명된다. 그때 이곳은 일본군의 요충지였으며, 이 때문에 도리야마 기이치는 성곽을 조촐하게 조사하고 지표면의 일부 유물을 채집한데 불과했다. 1985년, 연변 문물조사팀은 두 번에 걸쳐 조사를 하고 고성의 위치와 규모, 출토된 유물을 종합적으로 분석한 후 현지의 북대촌 이름을 따서 북대고성北大古城이라고 이름을 지었다.

지금도 북대고성 자리에는 병영이 자리잡고 있다고 한다. 중국군의 한 유명 부대가 숙영하고 있는 이 병영은 흥안고성 남쪽으로 약 2km 떨어져 있다.

이때 웃지 못할 해프닝이 생겼다. 우리는 병영을 지척에 두고 부근에서 이리저리 헤매고 다녔다. 건물들이 빼곡하게 들어서서 옛길을 쉽게 찾을 수 없었던 것이다. 성터가 있었다는 채소밭은 한 뙈기도 남아 있지 않았다. 대신 고층 아파트들이 줄줄이 늘어서서 하늘을 찌르고 있었다.

나중에 보니 병영 역시 아파트 단지에 빈틈없이 포위되어 있었다. 그래도 병영 북쪽 담 기슭에는 산등성이로부터 내려오는 옛날의 물도랑이 그대로 있었다. 북대고성의 남쪽 성벽은 이 도랑을 지나 병영 쪽으로 조금 더 들어가 있었다고 전한다. <연길시문물지>에 따르면 유적지의 남

설인귀의 자국이 찍혀있는 동사방대^{東四方}臺

　동양촌^{東陽村}은 왕청 시가지에서 서북쪽으로 약 30km 떨어져 있으며, 앞뒤 산 사이의 벌에 위치한 자그마한 동네이다. 옛날 이 지역은 벚나무가 유난히 많다고 해서 만주족 말로 '요불러^{腰不勒}'라고 불렸다고 한다. 일설에 '요불러'는 만주국 시기 도박꾼들이 빚쟁이를 피해 여기로 들어왔다가 허리끈을 매지 않을 정도로 풍요한 고장이라는 걸 발견하고 부른 지명이라고 한다.

　옛날 벚나무가 어느 정도로 많았는지는 몰라도 산열매나 버섯은 정말 흔했던 것 같았다. 산에 들어서자마자 야생머루를 따느라고 약간 길을 지체해야 했다. 또 부근에는 가래토시 열매가 가득 널려 있었다. 그리고 보면 안내인으로 나선 초^初 씨가 배낭에 비닐봉지를 여러 개 넣은 데는 따로 속셈이 있었던 것이다. 안내를 하는 김에 산열매나 버섯을 딸 수 있으니 그야말로 "꿩 잡고 알 줍는 격"이었다. 그에 따르면 동사방대는 동양

"""

촌에서 산발을 타고 북쪽으로 5km쯤 더 들어가야 한단다. 동사방대는 산정이 평탄한 지대로 불규칙적인 네모모양인데 엇비슷한 두 사방대가 모두 산줄기의 동부에 위치하기 때문에 불리는 이름이다. 동사방대는 왕청 경내에서 제일 큰 고대산성이 있는 것으로 유명하다.

▲ 사방대 남쪽 변두리에 있는 사람모양의 벼랑바위

초 씨는 올해만 해도 동사방대에 세 번이나 올랐다고 한다. 조부 때부터 동양촌에서 살고 있는 그는 근방의 지리나 전설을 잘 알고 있어 이런저런 조사팀의 안내를 도맡다시피 하고 있는 것이다.

"옛날 여기 동사방대에는 홍라녀紅螺女가 있었다고 하지요……"

드디어 수림 속의 오불꼬불한 산길에서 옛 이야기의 끈이 줄줄 풀린다. 현지에서는 동사방대에서 서남쪽으로 20km 떨어진 남사방대를 홍라녀의 동생 녹라녀가 파수하고 있었다고 전한다. 이들 자매는 평소에 산봉우리에 봉화를 지펴 서로 연락을 주고받았다는 것이다. 홍라녀와 녹라녀는 발해 국왕의 딸 혹은 여동생으로 간주되는 전설 속의 인물이다.

산정으로 오르는 길은 동사방대의 서쪽에 위치하고 있었다. 절벽 근처의 오솔길로 산에 오르는데 발아래의 계곡에서 이름 모를 새가 푸드득하고 날아 지난다. 깊은 계곡에서는 이따금 운무가 뭉게뭉게 솟구쳐 올랐다. 초 씨에 따르면 동사방대에 안개가 끼면 왕청 지역은 비가 내리거나 흐린 날씨라고 한다. 해발 1,000미터의 동사방대는 왕청에서 제일 높은 산이라는 이름에 걸맞게 기상대의 역할을 하고 있는 것이다.

성벽은 산정에 채 오르기도 전에 벌써 시야에 나타났다. 높이 2미터의 성벽은 밑 너비가 3~5미터나 되었는데 몹시 견고하였다. 산성은 동북쪽과 서남쪽의 일부 구간에서 절벽 자체를 그대로 이용하였고, 기타 5km 남짓한 구간은 모두 흙으로 쌓고 있었다. 드문드문 나타나는 성벽의 결구는 산 아래로 통하는 길과 이어져 있었다. 서북쪽의 평탄한 곳에는 성벽 밖에 참호를 만들고 있었다. 굽이돌이나 밖으로 두드러진 곳에는 모두 각루가 설치되어 있었다.

2년 전 현지의 산악인들이 산정의 한 골짜기에서 맷돌을 발견하고 그들의 홈페이지에 사진을 올린 적 있다. 그러나 우리가 골짜기를 잘못 찾았는지 아니면 그 사이에 누가 가져갔는지 이 맷돌을 좋내 찾지 못했다.

산성에는 어디에나 할 것 없이 나무가 높이 자라고 있었고, 이따금씩 수십 평 크기의 풀밭이 여러 곳에 나타나고 있었다. 나지막한 풀밭에서 배어나온 지하수가 작은 냇물을 이뤄 산 아래로 흘러내리고 있었다.

▲ 고분골짜기 정상부

▲ 산성 남쪽기슭의 벼랑

▲ 동양촌 마을

▲ 마을 서쪽 '고려성' 성벽

"여기를 방와자房窩子라고 부르지요. 옛날에는 사람들이 이곳에 살았다고 합니다."

우리는 냇물가에 있는 평평한 풀밭에서 잠깐 걸음을 멈췄다. '방와자'는 거처라는 의미의 현지의 사투리이다. 그러나 군데군데 돌덩이가 박혀 있는 방와자에는 건물 흔적이 하나도 보이지 않았다. 대신 등산객들이 남긴 모닥불 자리와 막사 자리가 어수선하게 남아 있었다.

'방와자' 부근의 시냇가에 명물 하나가 있었다. 일명 '설례인薛禮印'으로, 옛날 설례가 남겼다는 자국이었다. 함지박 같은 큰 돌에는 손가락이 드나들 만큼의 구멍 세 개와 발자국 같은 옴폭한 구멍이 있었다. 초 씨에 따르면 이 흔적은 설례가 손가락으로 돌을 짚고 엎드려서 물을 마실 때 남긴 자국이라는 것이다. 마을의 노인들이 지금까지 그렇게 입으로 전해왔다고 한다.

설례614~683는 이름이 례禮요, 자가 인귀仁貴로 고구려와의 전쟁에 나섰던 당나라의 장군이다. 그러나 설인귀가 오늘의 연변지역까지 진출했다는 역사기록은 후세의 요사遼史에만 잠깐 언급될 뿐이며 이마저도 신빙성이 적은 것으로 전한다. 그렇다면 그의 전설이 동사방대에 화석처럼 남아 있는 건 도대체 무슨 영문일까…

사실 동사방대산성은 현지 학계에서 고구려나 발해 시기가 아닌 요·금시기에 축성된 것으로 주장되는 고대성곽이다. 이전에 산성에서는 여섯 귀의 쇠솥을 비롯하여 '대정통보大定通寶', '개원통보開元通寶', '천현통보天顯通寶' 등의 송나라의 동전이 출토되었다. 이와 비슷한 유물은 동사방대 동남쪽에 있는 광흥廣興산성에서도 출토된다. 광흥산성은 광흥촌 북산에 있다고 하여 지어진 이름으로, 둘레의 길이가 무려 2,288m에 달하는 고로봉 식의 산성이다. 산성은 말발굽 모양의 산골짜기를 빙 두르고 있는데 서북쪽 산등성이에 인공적으로 만든 3m 너비의 옛 교통로가 있는 걸로 유명하다. 이 교통로는 광흥산성과 5km 정도 떨어진 동사방대와 통하며, 이에 따라 광흥산성을 동사방대산성의 보성堡城으로 보는 주장이 우세하다.

동사방대의 산기슭에서 시작되는 옛길은 남쪽으로 동양촌의 서쪽어구까지 통하고 있었다. 이 길과 마을이 어우러지는 부근에 동사방대산성과 비슷한 시기에 축조된 것으로 보이는 고대 건축유적지가 있다.

지리적으로 보아 동사방대산성은 축성연대를 떠나서 험하고 높은 산정에 위치하여 유사시에는 천험을 이용하여 견고한 수비를 펼칠 수 있었다. 또 주변에 있는 유적지와 교통로로 미뤄 산성은 좌우 수십 리의 범위를 통제할 수 있는 요새였다.

미구에 산에서 내린 우리는 동네어구에서 서쪽으로 500m 가량 떨어져 있는 건축유적지를 찾았다. 이 유적지는 콩밭에 둘려 있었는데 아직도 네 주변에 성벽이 온전하게 남아 있었다. 둘레의 길이가 200m여인 성벽은 돌로 기초를 만들고 그 위에 흙을 쌓고 있었다. 1m를 넘는 깊이의 참호가 성벽을 빙 둘러싸고 있었다. 성내 밭에는 옛 기와조각이 자갈처럼 너저분하게 널려 있었다. 천 무늬의 이런 기와조각은 회색만 있는 것이 아니라 붉은색도 적지 않았다. <석진지析津志>에 따르면 이 유적지는 동양주東洋州로서 원나라 때의 중요한 역참이었다.

이 건축유적지 역시 동사방대산성처럼 요·금시기에 축조된 것으로 보는 견해가 지배적이었다. 그러나 동네 노인들로부터는 '고려성'이라고 불리는 등 축조연대에 약간의 잡음이 있었다. 확실히 요·금시기의 유적으로 단정하는 데는 성내에서 나타나는 붉은색의 기와조각으로 미뤄 무리가 있는 것 같았다. 산성에서 발견된 쇠솥에도 고구려의 자국이 '설레인'처럼 또렷하게 찍혀 있었다. 더구나 여섯 귀의 이런 솥은 고구려의 도읍지였던 환인산성에도 똑같이 출현한다.

▲ 마을 서쪽 고려성의 기와조각

동사방대산성과 관련된 유적은 여기서 그치지 않고 있었다. 초 씨에 따르면 동양촌 남쪽에 고분이 있는 골짜기라는 의미의 고분구古墳溝가 있다는 것이다. 고분구는 마을 남쪽 2km여 되는 곳에 위치하고 숲속으로 사라진 산길은 바로 산마루 아래에서 끝나고 있었다.

일명 '고분'이라고 하는 돌무지는 산꼭대기에 있었다. 돌이 무더기로 나타나는 산마루는 부근에서 이곳이 유일하다고 한다. 아닌 게 아니라 너비 10m 정도, 길이 4~50m에 달하는 돌들은 자연석이라고 하기에는 어딘가 석연치 않은 부분이 있었다. 돌들은 모두 인공적으로 다듬은 것처럼 네모모양이나 오각형이었으며 일부러 차곡차곡 쌓은 듯 흙속에 무지채로 박혀 있었다.

▲ 고분골짜기의 석재

"이전에 누군가 몰래 와서 돌무지를 파헤쳤지요." 초 씨가 돌무지 아래쪽에 있는 구덩이를 가리키며 비웃듯 하는 말이다.

"어림도 없는 일이지요. 저걸 어떻게 파지요?"

움푹한 구덩이는 돌무지에 고작 허연 상처만 남기고 있을 따름이었으며 정작 돌무지의 끝머리는 어딘지 전혀 보이지 않고 있었다. 몇 해 전 현지 문물부문에서는 이 '고분' 유적지에 조사팀을 파견했으나 결국 인공물인지 자연물인지 종내 확정을 내리지 못했다는 것이다. 다만 돌무지의

방향이 발해국 상경 용천부가 있었던 경박호^{鏡泊湖}쪽이며, 이에 따라 고분
이 인공축조물이라면 발해와 그 무슨 연관이 있지 않겠나 하는 막연한
추정을 한 게 고작이라고 한다. 결국 산성에서 살았던 선인들은 옛 기억
을 돌무지처럼 땅속에 깊숙이 박아 넣고 있는 것이다.

▲ 설인귀가 물마시던 흔적

하북고성, 왕청하^{汪淸河}에 흘러간 천년의 이야기

왕청^{汪淸}은 시가지를 흘러 지나는 왕청하^{汪淸河}에서 파생된 이름이다. 왕청의 원음은 왕친^{旺欽}인데, 만주어로 "갑옷이 단단하여 창으로 찔러도 꿰뚫을 수 없다"는 뜻으로 몹시 견고한 보루를 말한다. 그러나 왕청을 왜 '보루'라고 부르는지 사서에서는 별다른 기재를 찾기 어렵다.

청나라 때 북쪽의 녕고탑^{寧古塔}에서 이곳을 경유하여 서쪽으로는 연길, 남쪽으로는 훈춘으로 통하는 두 역로가 있었으며, 역로가 지나는 강기슭에 청나라 특유의 카룬^{卡倫} 즉 방어와 관리시설인 하순참^{哈順站}을 형성했다고 전한다. 하순^{哈順}은 만주어로 진한 잿빛의 물고기라는 뜻이니, 그때는 지명에 나타낼 정도로 왕청하에 물고기가 엄청 많았던 것 같다. 그러나 다리를 건너면서 보니 왕청하는 여름인데도 바싹 마르다 못해 너부러진 물고기처럼 허옇게 강바닥을 드러내고 있었다. 옛날 왕청하는 물이 많아서 크고 작은 두 갈래의 강으로 흐르기도 했다는데, 어느 때부터였는지는 몰라도 호랑이가 담배 피울 적의 옛말이 된 것이다.

또한 시가지 부근의 왕청하 기슭에서 발견되었던 고대 성곽도 먼 옛날의 이야기로 사라진 것 같았다. 지인의 소개로 찾은 현지주민 김병선 씨는 고대 성곽이 처음 듣는 이야기라면서 대뜸 머리를 내저었다. 유적지에 있었다는 벽돌공장을 물었더니 이 표지물마저 이미 소실되었다고 말한다.

▲ 하북고성 성터 자리

"거기에는 아무 것도 없습니다. 석탄재뿐인데요……"

그래도 기어이 현장에 가보겠다고 하는 필자에게 김병선 씨는 무척 한심하다는 표정을 지었다.

벽돌공장의 옛터는 시가지에서 동북쪽으로 1km 정도 떨어져 있었다. 자그마한 벽돌담에 에둘린 이곳은 산기슭을 뭉텅 잘라내어 우묵하게 패인 평지였다. 이 평지 가운데는 진짜 시뿌연 석탄재 무지가 큰 언덕처럼 높이 솟아있었다.

그 무언가 가슴에 쿵 하고 내려앉는 소리가 들리는 것 같았다. 주변을 샅샅이 훑고 다녔지만 옛날의 기와라곤 조각 하나 보이지 않는다. 벽돌구이용 흙을 파내느라고 이곳에 있던 성곽의 흔적은 아예 깡그리 사라진 것 같았다.

옛사람들은 이런 걸 두고 '환득환실'이라고 말했을까. 성곽의 흔적은 지표에 드러나 있는 게 아니라 벽돌공장에서 남쪽 도로변의 흙을 파내면서 형성된 구덩이의 단면에 드러났던 것이다.

<왕청현문물지汪淸縣文物志>에 따르면 지표면에서 20cm 떨어진 곳에서 두께 10cm의 기와무지를 발견했고 돌덩이들이 동서로 약 8m의 길이에 걸쳐 한층 쭉 깔려 있었다고 한다. 이런 흔적은 학계에서 별다른 잡음이 없이 성내의 건축유적지로 판정되고 있다. 단면에 드러난 유물의 범위는 동서로 약 130m 이어졌는데, 이 길이를 옛 성곽의 동서 길이로 보는 견해가 지배적이다. 물론 이런 기와무지나 돌덩이들은 지금은 아무런 흔적도 보이지 않는다.

단면 아래의 도로 기슭에는 많은 기와와 꽃무늬 벽돌 등의 유물이 적지 않게 발견되었다고 전한다. 평기와는 모두 천 무늬였으며, 표면이 노끈무늬와 민무늬인 두 종류가 있었다. 평기와의 머리에는 압지무늬가 있었으며, 반통 모양 기와의 한쪽 끝에는 사개가 있었다. 처마 끝의 기와는

노끈무늬거나 민무늬였으며, 안쪽은 모두 천 무늬였다. 기와의 앞부분은 그물무늬거나 열십자 무늬로 장식하고 있었다. 막새는 연꽃무늬로 장식하고 있었으며, 성내에서 발견된 꽃무늬의 벽돌에도 연꽃무늬가 있었다고 한다. 노끈무늬와 그물무늬의 기와는 고구려 특유의 유물이며 사개식의 반원통형 기와, 연꽃무늬의 기와는 발해의 전형적인 유물이다. 이로부터 학계에서는 이 성곽이 선후로 고구려와 발해 시기에 사용된 것으로 봐야 한다는 주장을 펴고 있다.

문물지에 있는 기와의 사진이 고대 성곽이 세상에 남긴 유일한 흔적인 셈이다. 유물 이야기가 나오자 김병선 씨가 문득 머리를 탁 친다.

"옛날 병풍산에서 돌도끼를 발견했지요. 그건 여기 성곽과 연관이 없어요."

언제인가 부근 마을에 살던 친구가 돌 캐러 갔다가 얻었다고 하면서 김병선 씨에게 자랑하더란다. 병풍산은 고대 성곽과 서쪽으로 불과 골짜기 하나를 사이에 두고 있는 자그마한 돌산이다.

사실 병풍산에서 발견된 돌도끼는 별로 이상할 바 아니다. 왕청 지역에는 일찍 3~4천 년 전의 신석기 말기에 인간이 살았던 걸로 알려져 있기 때문이다. 왕청 경내의 복흥復興삼장 일대는 이 시기 인간들이 활동한 유적지로 학계에 이름이 있다.

왕청은 중국의 전국戰國시대부터 진秦, 한漢 시대에 북옥저인들이 활동하던 범위에 들어있었다. 왕청의 배초구百草溝, 천교령天橋嶺, 하마탕蛤蟆湯 등 많은 곳에는 아직도 그들이 생활하던 유적지가 남아 있다. 고구려는 B·C 28년 북옥저를 정벌하고 '책성'을 설치하여 북옥저 지역을 통치한다.

이때 고구려의 세력 판도에 들어간 것으로 보이는 왕청은 북쪽지역에서 훈춘의 책성 지역으로 통하는 요로였으며 이에 따라 당연히 요새를 세울 만큼 주목을 받았던 것이다.

▲ 하북고성-성터가 있는 왕청하 기슭의 산

왕청은 당나라 초기까지 고구려의 속지였으며 그 후 발해국의 관할구역이었다. 발해에는 외부로 통하는 통로가 도합 다섯 개 있은 걸로 알려진다. 이중 일본으로 통하는 도로는 '일본도日本道'라고 불렸다. 옛 '일본도'는 구국舊國의 수도 오동성에서 출발하여 중경 현덕부를 경유하여 동경 용원부를 지나 일본해로 통하는 항구에 이르렀다. 훗날 '일본도'는 상경 용천부에서 출발하여 동경 용원부를 지나 일본해 항구에 이르렀다. 왕청은 '일본도'의 노선에서 꼭 거쳐야 할 곳이었으며, 지금도 많은 발해

▲ 하북마을의 당수나무

고성과 건축 유적지, 유물들이 남아 있다. 발해의 '일본도'에 위치한 하북고성은 발해의 유물에서 보기 드문 꽃무늬 벽돌 등의 귀중한 유물이 출토되는 등 발해 시기 이 성곽의 중요한 위치를 가늠케 한다.

"아래 마을에 수령이 아주 오랜 나무가 있어요. 그걸 보시겠어요?" 김병선 씨는 고성의 흔적을 하나도 찾지 못해 상심하는 모습이 안쓰러웠든지 이런 제안을 해왔다.

아닌 게 아니라 대뜸 귀가 솔깃했다. 나무이름이 하도 이상한 점도 있었지만, 혹여 고대 성곽의 흔적을 마을에서 볼 수 있지 않을까 하는 생각이 들었던 것이다. 고성의 이름은 바로 '하북고성'으로, 산기슭에 있는 이 하북마을에 연원을 두고 있기 때문이다.

그런데 김병선 씨는 마을어구에서 무척 놀란 기색을 짓는 것이었다. 웬일인지 '당나귀 나무'가 보이지 않는단다.

"어, 여기에 있었는데…… 언제 나무를 베어버렸나?"

잠깐 허둥지둥하던 그가 나중에 가리킨 것은 마을 가운데 서있는 아름드리 느릅나무였다. 나무에는 붉은 띠가 줄레줄레 드리워 있었다. 알고 보니 마을의 명물이란 바로 '당수나무'였다. 현지인들이 당수나무라는 말을 잘 몰라서 비슷한 음의 '당나귀 나무'로 부르고 있었던 것이다.

옛날 이 당수나무는 마을의 남쪽어구에 있었다고 한다. 그러나 지금은 가구들이 너무 불어나 본의든 타의든 마을 가운데로 '이주'했던 것이다.

청나라의 '봉금'시기, 왕청에도 인가라곤 없었다. 그 후 19세기 중반부터 조선 기민들이 들어오기 시작했지만, 1910년에 이르러서도 인구가 불과 수십 가구 밖에 되지 않았다. 1935년 도문圖們 – 목단강牧丹江 철도가 부설되면서 왕청 기차역이 서고 잇따라 인구가 기하급수로 늘어나 지금은 무려 30만 명이나 된다고 한다. 광복 전 왕청에는 층집이라곤 2층짜리 건물이 하나뿐이었고 기와집이 듬성듬성했으며 대부분 초가집이었다고 전한다. 그러나 지금의 왕청하 두 기슭에 우중충 솟은 건물들은 옛날의 흔적을 모조리 땅 밑에 묻어버리고 있었다.

강 건너 들리는 도시의 소음이 귀청에 따갑게 들린다. 벽돌로 되어 어딘가에 묻혀 있을 성곽의 유물들이 자기를 찾아달라고 멀리서 아우성을 치고 있는 것 같았다. 그러나 석탄재가 수북한 옛터와 강기슭의 빌딩들은 일순간 천 년 전의 세월로 연상의 끈을 이어놓기 어려웠다.

"새는 날아가도 울음소리를 남긴다"고 하북고성은 세상에 옛날의 기억을 도장처럼 찍어놓고 있었다. 왕청하라는 이 지명에 고대 보루의 흔적이 사진처럼 그대로 찍혀서 남아 있기 때문이다. 일각에서는 청나라 때의 하순참 자체가 견고한 보루였으며, 그래서 부근을 흘러가는 강을 왕청하라고 불렀다고 주장한다. 그런데 하순참은 강 하나가 아닌 왕청하와 가야하이 두 갈래 강의 합수목에 위치했던 걸로 알려지고 있다. 그래서 왕청하를 하순참으로 연결하는 데는 무리가 있다. 선민들의 기억에 아련하게 남아 있던 천년의 고성이 먼 훗날 주변을 흐르던 강 이름으로 변했는지도 모른다.

　동쪽에서 서쪽으로 흐르는 왕청하, 시계바늘을 거꾸로 돌려 천 년 전 고대 성곽의 모습을 다시 강기슭에 재현할 수는 없을까? 그러나 흘러간 천년의 이야기 역시 말라버린 강물처럼 포용하던 옛날의 사품소리를 더는 들을 수 없었다.

도문시

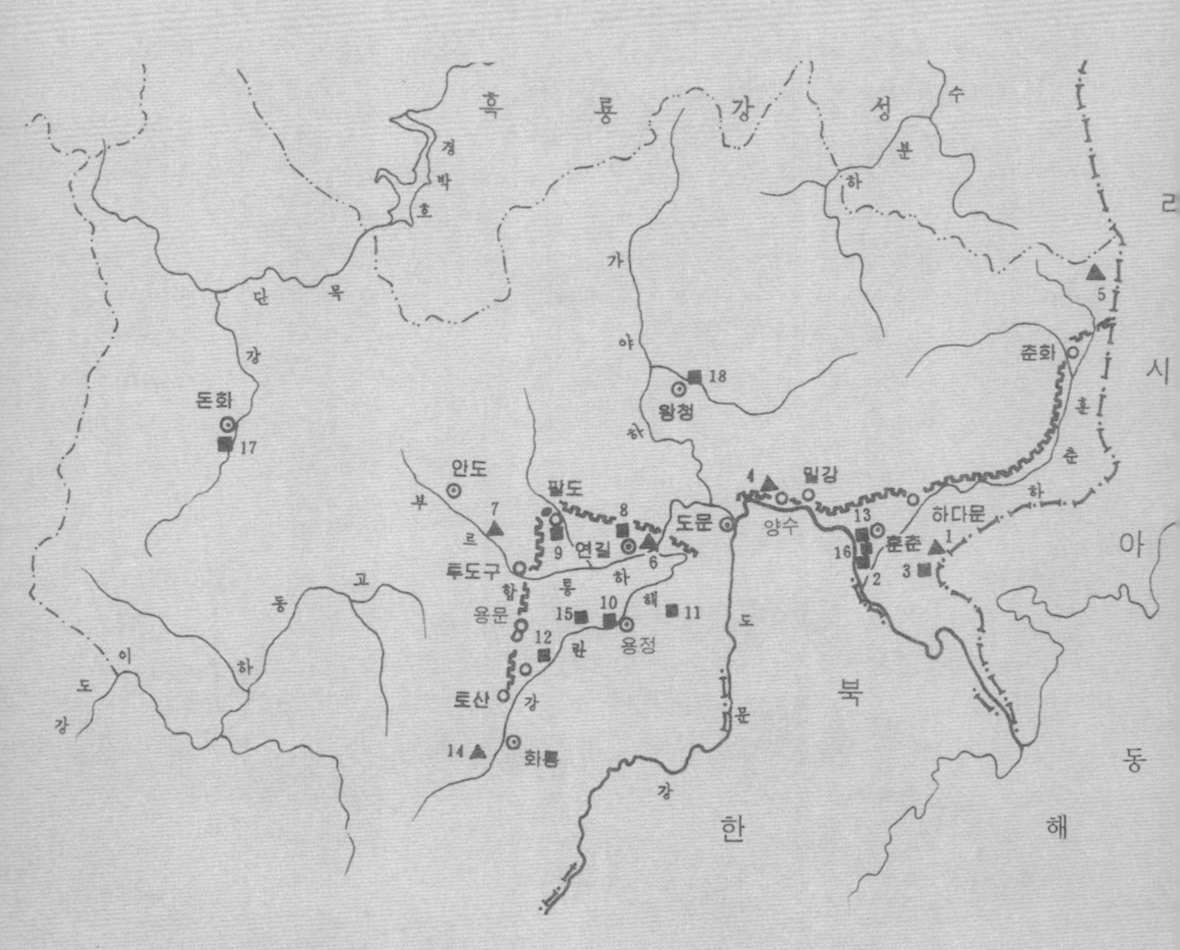

흑 룡 강 성
수
분
하
경박호
가
야
하
목
단
강
돈화
안도
부
르
17
왕청
18
춘화
훈
춘
하
하다문
밀강
4
13
1
양수
5
시
아
팔도
7
8
도문
9
연길
6
16
훈춘
2
3
투도구
통
하
해
함
동
하
용문
15
10
12
란
용정
11
도
북
토산
강
14
화룡
문
강
한
동
해
이
도
강
고

비문 없는 천년의 '비석', 만대성滿臺城

솔직히 기대를 접는 실망스런 시작일 줄은 몰랐다. 가야하嘎呀河에 댐을 만들면서 만대성툰滿臺城屯이라고 부르던 마을 자체가 없어진지 벌써 20년이 넘는다는 것이다. 마을에 이름을 빌려준 산성인 만대성 이야기 역시 어디론가 사라지지 않았을까 하고 우려하지 않을 수 없었다.

도문시 석현石峴에서 안내인으로 나선 김씨 성의 낚시꾼 역시 일행의 열기에 찬물을 끼얹는다.

"헛수고를 할 것 같은데요. 도대체 거기에 뭐가 있다고 그러지요?"

그는 댐에 종종 낚시를 다니면서 산발을 자주 탔지만 산성인지 토성인지 하는 건 아무런 인상도 없다는 것이다.

답사를 그만두고 중도에서 돌아설지 모른다는 생각은 석현을 지나자마자 또 한 번 일어났다. 갈 지之자 모양으로 굽이돌이가 심한 산길이 일행의 마음을 더욱 심란하게 만들었던 것이다. 비탈이 워낙 심한데다가 이

구간은 질척질척한 흙길이어서 웬만한 차는 움직이기 힘들었다. 이번 답
사를 위해 일부러 선택한 지프차도 금방이라도 비탈에 굴러 떨어질 듯
주정뱅이처럼 이리저리 비틀거렸다. 소나 수레에 의지해야 했던 옛날에
는 이 산길 자체가 일장 난중지사가 아니었던가 싶다.

▲ 만대성

그러고 보면 석현부터 30리 산길의 끝머리에 나타나는 영창永昌 마을은
진짜 누군가 벌을 받아 갇히는 영창囹倉으로 느껴진다. 그런데 김 씨가 마
을에서 찾은 친구 역시 영창 마을을 이전의 '감옥' 자리라고 말하는 바람
에 깜짝 놀라지 않을 수 없었다.

　"……정말인데요, 노인들이 그러시던데 옛날에 감옥이 있었다고 하지
요."

　우정권이라고 부르는 이 40대 사나이는 이 마을에 몇몇 안 되는 토박

이의 한사람이었다. 그에 따르면 영
창마을은 원래 인가가 100여 가구
에 달하는 순 조선족동네였다고 한
다. 지금은 외양적으로 몸집이 줄어
들었지만 아직도 80여 가구나 되어
얼핏 보면 별로 변화가 없는 듯 했

▲ 산성 기슭에 있는 영창촌

다. 그런데 지금은 서너 가구를 제외하고는 모두 타지에서 이주한 한족사
람들이라고 한다.

근대에는 이 고장에 어떤 감옥도 없는 것으로 알려진다. '감옥' 자리라
고 하는 이야기가 언제부터 있었는지 또 어떻게 생겨났는지 우 씨도 전
혀 모르고 있었다. 혹여 부근 산성의 어느 장군이 수비군의 범법자에게
벌을 주기 위해 이곳에 영창囹倉을 두었고 훗날 기억 속에 남은 그 이름이
바뀌어 영창永昌으로 되지 않았을까 하는 다소 엉뚱한 생각을 해보았다.

우 씨에 따르면 옛 만대성 마을은 영창에서 동북쪽으로 멀찌감치 보이
는 산 저쪽에 있었다고 한다. 영창 마을을 흘러 지나는 냇물은 이 산의
남쪽과 서쪽 기슭을 감돌아 나중에 가야하에 흘러든다. 만대성 마을로 통
하는 길은 냇가를 따라 산기슭에 이른 후 비스듬히 산을 기어오르고 있
었다.

길은 산중턱을 뭉텅 잘라내고 다시 가야하 쪽으로 내려간다. 내리막길
에 들어서기 전 왼쪽 비탈의 수풀 속으로 오솔길이 보일 듯 말 듯 나타
났다. 오솔길은 산등성이를 따라 계속 북쪽으로 이어지고 있었다.

동쪽 산비탈에 참호 모양의 인공도랑이 아래쪽으로 길게 있었다. 이런

인공도랑은 산마루에 오르기 전에 두세 개나 불쑥불쑥 나타났다. 그런데 참호라면 응당 그 뒤에 있어야 할 성벽이 일행과 숨바꼭질을 하듯 보이지 않는다. 이런 인공도랑은 지질탐사용 구덩이 등으로 전부 근대의 '작품'이었던 것이다.

▲ 성벽밖 참호

문득 나지막한 둔덕이 오솔길의 끝머리를 바위처럼 막아서고 있었다. 둔덕 뒤에는 허리께까지 빠지는 도랑이 있었고, 이 도랑 뒤에는 또 3~4m 높이의 둔덕이 버티고 있었다. 알고 보니 도랑은 성벽을 쌓아올리느라고 흙을 판 자리였고 높은 둔덕은 산성 동남쪽의 각루였다.

산성의 남쪽과 서쪽은 산등성이에 걸쳐 있었으며 북쪽과 동쪽의 대부분은 산중턱에 흙을 쌓아올리고 있었다. 동쪽 성벽에는은 성문까지 있어서 수비를 위한 시설물이 더 필요할 것 같았다. 성벽에서 동쪽으로 약 80m 떨어진 곳에는 남북향의 참호가 있었는데 너비가 10m, 길이가 거의 500m나 되었다. 산성에서 제일 낮은 북쪽의 성벽 밖에도 이와 비슷한 모양의 참호가 있었다.

건물터는 산성의 북쪽에 집중적으로 나타나고 있었다. 동북쪽의 산비탈에는 네모모양과 원모양의 토성이 산세를 따라 층계모양을 이루고 있었다. 지세가 상대적으로 제일 낮으며 따라서 박약한 고리인 북문을 수비하던 병영자리였다. 서북쪽의 평지에도 건물이 있었던지 오래 전에 천 무

늬의 회색기와 조각이 발견되었다고 <도문시문물지圖們市文物志>가 기록하
고 있다.

산성에서 제일 특이한 것은 동남쪽과 서남쪽, 서북쪽 모서리에 있는
둥그스름한 언덕이었다. 이런 언덕은 각루와 유사한데 지름이 3~5m에
달하는 등 덩치가 작지 않았다. 성을 지키는 군사시설물로 보이는 이런
언덕이 만대성이라는 이 산성의 이름을 만든 장본인이 아닌가 한다.

▲ 각루

둘레의 길이가 2,755m나 되는 만대성은 지세가 험요하고 견고하게 축
성되어 수비에는 이롭지만 공격은 매우 어렵다. 산성은 가야하 강변에 있
는 요새로서 왕청 지역에서 도문으로 통하는 요충지를 수비, 통제하고 있
는 것이다. 산성은 마을과 멀리 떨어져 있고 또 산세가 험한 탓으로 거의

그대로 남아 있었다. 윤곽이 선명한 동쪽 성벽은 아직도 바깥 높이가 3 m, 안쪽 높이가 2.5m 남짓하였다.

▲ 건물터

"옛날의 산성이라는 게 이런 걸 말해요?" 조목조목 설명해도 김 씨는 물론 우 씨도 어딘가 미덥지 않다는 눈치이다.

"별 게 아니구먼요 다들 산에 흙 둔덕이 이상하게 많구나 하고 생각했지요"

사실 성곽이라고 하면 대개 돌로 쌓은 거창한 모습을 눈앞에 떠올리기 십상이다. 그러나 대부분의 고구려성은 유럽 중세국가들의 성새처럼 국왕이나 귀족들의 재산을 보호하기 위해 중심지점에 높고 견고한 보루를 쌓거나 옹근 도시를 성벽으로 빙 둘러 감싼 게 아니다. 유사시 지방 주민 전체와 그들의 재산, 집짐승 등을 모두 피난시키며, 때를 엿보아 반공격으로 넘어갈 출발진지로 삼는 것을 목적으로 하기 때문에 험한 산속에 축조하는 경우가 많다. 때문에 이처럼 연변의 산야에 나지막한 둔덕으로 남아 있는 유적은 여태껏 사람들의 머리에 그려져 있던 고대 성곽을 연상하기에는 뭔가 끈이 닿기 어려웠던 것이다. 그러고 보면 산성 부근에 살면서 산성을 전혀 모르고 있었다는 게 별로 이상한 일이 아니었다.

산성은 서쪽과 북쪽, 동쪽 삼면이 가야하에 둘려있는데, 댐을 쌓으면서 수위가 높아져 허리에 은띠를 두른 것 같았다. 수풀사이로 언뜻언뜻 보이는 푸른 물은 산중에 세외도원의 분위기를 연출하고 있었다. 김 씨에 따르면 누군가 이 댐에서 쉰 근이 넘는 월척을 낚아 올린 적 있다고 한다.

그러나 산성에는 이처럼 월척을 낚은 무훈담처럼 남아 내려오는 이야기가 별로 없었다. 1970년대, 북쪽 산기슭에서 구리솥이 발견되었으며 그 후 산성 밖에서 수백 개의 동전이 들어있는 항아리가 발견된 게 고작이라고 한다. 이런 솥과 동전마저 산성의 주인처럼 어디론가 행방불명되어 그 진가를 확인하기조차 힘들다.

만대성은 옛날 고려장군이 숙영하던 곳이라고 하는 마을 노인들의 이야기도 막연한 전설로 간주할 수밖에 없다. 그것을 증빙할만한 신물信物이라곤 말할 줄 모르는 길고 둥근 흙 둔덕 밖에 없기 때문이다. 산성에 울리던 창과 칼 소리는 발목을 덮는 낙엽에 묻혔는지 더이상 귓가에 들리지 않는다.

험한 산중에 숨어있는 만대성은 평소 선인들이 생활하던 유일한 주거지가 아니었던 것만은 자명한 일이다. 여느 산성과 마찬가지로 만대성 부근의 평지에도 고대 유적이 나타나고 있었다. 3~40년 전, 영창 마을 서쪽의 산언덕에서 토기 조각과 석기가 대량으로 발견되었다고 한다. 이 산언덕은 평평하고 땅이 기름진데다가 수원이 풍부하여 고대 주민들의 주거지로 손색없는 장소였다. 그때 이 유적지에서 출토된 돌칼과 돌도끼만 해도 무려 수십 점이 되었다고 한다. 영창 마을의 학교에서 일부 유물들을 보관하고 역사학 교수의 실물표본으로 삼았다. 하지만 아쉽게도 이런 유물은 보존에 유의하지 않은 탓으로 대부분 유실되었다. 1980년대, 현지의 문물요원들이 조사할 때까지만 해도 지면에는 토기 조각들이 적지 않게 있었으며 문물지에 기록되기에 이른다. 그런데 이런 유물마저 훗날 현지에서 밭을 개간하면서 모두 땅 밑에 깊이 파묻혔다고 한다.

"정말 그런 게 있었어요?" 우 씨는 금시초문이라면서 이렇게 따지듯 묻는다. 이 심산벽지에 천 년 전부터 선인들이 살았다는 게 구전동화처럼 들린다는 것이다.

하긴 옛 이야기들이 무엇에 막힌 듯 모두 실전失傳되고 있으니 그럴 법도 했다. 어쩌면 선인들의 기억은 전부 세상 저쪽 영창의 가야하처럼 꽁꽁 갇혀버린 게 아닐까. 만대성은 가야하 기슭에 서 있는 비문 없는 천년의 비석을 방불케 했다.

▲ 성벽

주몽의 화살에 뚫린 구렁이산

　두만강은 도문시 양수진凉水鎭 경영촌慶榮村 부근에 이르러 활등처럼 크게 휘어진다. 한반도 최북단에 있는 마을인 함경북도 온성군 풍서리가 경영촌의 강남에 위치한다. 경영촌의 동쪽에는 활등을 타고 앉은 바위산 하나가 있는데 구멍이 많다는 뜻의 굴륭산窟隆山이라고 불린다. 고구려의 시조인 주몽이 활을 쏜 흔적이 남아 있다고 하는 굴륭산, 그래서 굴륭산에는 크고 작은 구멍이 유난히 많은 게 아닐까?

　주몽은 7살 때 스스로 활과 화살을 만들어 목표물을 정확히 맞혔으며 이로 인하여 부여말로 "활을 잘 쏘는 사람"이라는 뜻으로 불린 이름이라고 『삼국사기』가 전한다. 그러나 이 전설은 항간에서 부풀린 게 많아서 액면 그대로 믿기 어렵다는 지적이다. 이 전설이 사실이건 아니건 간에 굴륭산에 구멍이 많다는 것은 현지에서 삼척동자도 아는 일이다. 여름철이면 이런 구멍에 뱀이 유난히 많아서 굴륭산은 일명 구렁이산이라는 별

명을 갖고 있다. 그것을 다시 한자명으로 만들어서 굴룡산은 구룡산九龍山
이라고도 불린다. 아무튼 확실한 것은 굴룡산에서 고대 유물이 대량으로
출토되었다는 사실이다.

"이전에 마을에서 물도랑을 팔 때 옛날 물건이 많이 나왔다고 하던데
요……" 현지인 조만길40여 세 씨는 아리송한 기억의 끈을 가까스로 잡고
있었다.

그는 어릴 때 마을 부근에서 유적지 표지판을 보았다고 말한다. 나중
에 보니 표지판은 경영촌 북쪽을 지나는 도문-훈춘 철길과 도로의 교차
로 부근 둔덕에 있었다.

지면의 유물은 주로 굴룡산 서쪽 산기슭과 경영촌 부근에 분포하고 있
다. 이 유적지의 면적은 길이 1,500미터, 너비 250미터로 알려지고 있는
데, 출토된 유물은 토기와 석기, 골기, 자기, 건축자재 등 다섯 가지 유형
으로 나뉜다. 이런 유물이 무더기로 쏟아져 나온 것은 1957년 겨울철이
었다. 물길 공사를 하면서 마을 남쪽의 두만강 기슭에서 많은 유물이 나
왔고, 굴룡산 서쪽 기슭의 공사현장에서도 석기와 골기와 발견되었다. 연
변지역 원시사회 유적지에서 유일하게 삼족 기물의 밑부분 유물 2점이
발견되어 학계의 남다른 주목을 받았다. 가치와 재부의 상징인 조개껍질
화폐도 출토되어 한때 화제가 되었다. 그때 벌써 화폐로 교환할 정도로
거래가 몹시 활발했다는 것을 보여주기 때문이다. 유적지에서는 건축자
재도 적지 않게 발굴되었는데, 연꽃무늬의 막새, 압지무늬의 평기와 등이
었으며 이런 기와에는 천 무늬가 있었고 대부분 적갈색이었다고 전한다.
이런 유물이 모두 굴룡산 부근에서 발견되었다고 하여 이 유적지는 굴룡

산 유적지라고 불린다.

　학계에서는 강물의 충격으로 생긴 단면과 마을 웅덩이 단면에 대한 고찰을 거쳐 유적지를 상, 하 두 문화층으로 나눈다. 아래 문화층은 약 2천 년 전의 시기를 좌우하여 이곳에서 살고 있던 북옥저인들의 마을 자리이며, 윗 문화층은 발해와 요·금시기를 아우른 고대 문화의 유적이라는 것이다. 한편 동명왕 10년 즉 B·C 28년에 고구려가 북옥저를 정벌하여 멸하고 책성을 세워 북옥저지역을 다스렸다는 『삼국사기』의 기록을 감안해서 굴룡산 유적지의 연대표에 고구려 시기도 망라해야 한다는 견해도 만만치 않다.

▲ 굴룡산

　이곳은 유물이 풍부하고 상대적으로 한곳에 집중되어 있는 것으로 미뤄보아 단순한 주거지가 아니라 인구가 조밀하고 경제가 번영했던 중요한 성새였던 것으로 보인다. 또 학계에서 '경영고성'이라고 이름한 이 성새는 발굴된 유적으로 미뤄보아 장방형 모양이며 규모가 그리 작지 않다.

▲ 굴룽산 유적지 표지석

현재 굴룽산 유적지는 물론이고 고분들도 농가와 경작지, 과수원, 못, 대로 등에 파괴되어 원래의 형태라곤 전혀 찾아볼 수 없다. 강기슭에 나뒹구는 조약돌에 이름 못할 애수만 파릇하게 젖어나고 있을 따름이다.

그러나 굴룽산 유적은 외따로 고독한 게 아니었다. 이와 비슷한 유적이 굴룽산 동쪽에서도 발견되었던 것이다. 굴룽산 동남쪽으로 약 3km 되는 곳에 높이가 30m 정도인 자그마한 산이 있다. 산꼭대기에는 자연적으로 형성된 언덕이 두 개 있는데 남북 양쪽에서 보면 그 모양이 마치 강가에 엎드린 한 마리의 거북과 같다. 이 산은 형국이 거북인 데다가 다른 산들과 평지를 가운데 두고 홀로 떨어져 있기 때문에 현지에서는 '고산자孤山子' 혹은 거북이라는 뜻의 '왕팔산王八山'이라고 부른다. 유명한 고산자 유적은 바로 이 산 위와 산 부근에 있다.

두만강 기슭에 위치한 고산자는 북쪽의 도문 - 훈춘 도로와 수십 미터 길이의 길쭉한 언덕길로 이어져 있다. 조 씨에 따르면 고산자는 두만강 기슭의 천연적인 초소라고 불릴 정도로 이름 있는 곳으로, 이전에는 군부대에서 관리했다고 한다. 산 북쪽 기슭의 바위에는 배기통 모양의 네모난 구멍이 패어 있었다. 1960년대 말, 중국에서 전시준비를 하면서 "방공 굴을 깊이 파던" 때의 흔적인 것 같았다.

이전에는 고산자와 부근의 경작지에 토기와 자기 조각이 수두룩이 널려 있었다고 한다. 그때 고산자에서 채석했던 사람들에 따르면 이 유적지에서는 돌로 만든 창날과 도끼 등이 출토되었으며 원주형의 돌절구도 발견되었다고 한다. 그러나 고산자 부근의 밭에는 강돌이 드문드문 박혀 있을 뿐 토기나 자기 조각은 눈 씻고 찾아볼 수 없었다.

▲ 굴룡산 유적지 표지석 뒷면

"뭘 보시려는데요? 정말 아무것도 없다니까요."

조 씨의 권고를 뒤로 하고 기어이 산마루에 기어올랐다. 사실 서쪽 산꼭대기의 화강암에 인공으로 뚫은 흔적이 있다는 기재 때문이었다. 『훈춘현문물지珲春縣文物志』에 따르면 이 화강암은 둘레 60cm, 두께가 15cm나 되는 큰 돌덩이였다. 그런데 진짜 발품만 들인 셈이었다. 무거운 화강암마저 누군가 건축자재로 실어갔는지 종적을 찾을 길 없었다. 키 넘는 무성한 수풀은 2천 년 전 북옥저인들의 흔적을 모조리 어딘가에 파묻어버린 것 같았다.

굴룡산 부근에는 이 시기의 옛 무덤 유적들도 적지 않은 것으로 알려진다. 굴룡산 서쪽 기슭과 남쪽 기슭은 물론이고, 양수진을 위시한 양수평원 주위에서도 옛 무덤 떼가 여럿이나 발굴되었다. 이런 무덤들은 흙구덩이무덤, 돌무덤, 석관무덤 등 여러 가지 유형이며 모두 2,000 좌우의 무덤인 걸로 판정되고 있다. 양수평원 일대는 책성으로 비정되는 온특혁부성과 서쪽으로 불과 수십km 떨어져 있고, 북옥저인들이 활약하던 삶의 현장이었던 것이다.

또 굴륭산은 또 훈춘 옛 장성의 서쪽 끝이라는 주장이 있어 화제를 낳고 있다. 훈춘 옛 장성은 "변장邊墻", "변호邊壕" 또는 "고려변高麗邊"이라고 불리며 훈춘평원의 북부 산간지대를 가로지르고 있다.

▲ 강 건너 한반도 최북단의 마을 풍서리가 보인다

훈춘 옛 장성은 일찍 1920년대부터 고찰이 시작된다. 이에 따르면 장성 성벽은 전부 흙으로 쌓은 토성이며 일부 구간은 돈대나 망루, 봉화대로 이어진다. 이 장성은 훈춘하 하류의 훈춘평원을 중심으로 평원의 북쪽 산지대에 쌓여졌는데 훈춘평원의 안전을 도모하기 위한 것으로 보인다.

현재 옛 장성은 자연과 인위적인 파괴로 원래의 형태가 남아 있는 부분이 많지 않다.

훈춘의 옛 장성 축성연대를 두고 학계에는 고구려설, 발해국설, 동하국설, 고려설 등 서로 다른 네 가지 설이 있다. 그러나 고구려 때 북에서 내려오는 읍루의 남침을 막기 위해 북옥저인을 동원하여 쌓은 군사방어시설이라고 보는 게 제일 합당하다는 주장이 자리를 굳히고 있다. 그 이후 발해 시기와 동하국 시기에 계속 이 장성을 사용했다는 것이다. 그렇게 보면 장성 서쪽 끝머리로 추정되는 굴룡산 부근의 유적지에 고구려의 '직인'이 찍히는 것도 이상할 일은 아닌 것 같다.

하지만 굴룡산에서 고구려의 '직인'을 찾는다는 건 주몽의 화살구멍을 찾는 것과 마찬가지로 쉽지 않았다. 『훈춘고성고琿春古城考』에 따르면 굴룡산 꼭대기에 장성의 일부인 흙 둔덕이 있다고 하는데, 이 둔덕은 수풀로 몸을 감춘 구렁이처럼 종내 모습을 보이지 않고 있었다. 대신 남쪽 벼랑 기슭에 그 옛날을 견증한 비석인양 우뚝 서 있는 돌기둥만 눈에 아물거릴 뿐이었다. 보아하니 옛 장성은 굴룡산의 전설로 이미 사라진 것 같았다.

굴룡산의 이름을 만든 구렁이 역시 전설이 되어 있었다. 오래 전 현지의 농부들이 산의 석굴에서 죽어버린 구렁이를 발견했던 것이다. 그런데 이상하게도 그때부터 산 아래 마을에서는 장정들이 까닭 없이 죽는 일이 종종 벌어졌다고 한다. 구렁이가 굴룡산 북쪽의 채석장에서 울리는 남포소리에 놀라 죽었다고 추측을 하면서도 세간에서는 굴룡산의 수호신인 구렁이가 죽어서 그렇게 된 것이라고 여기고 있었다. 산기슭의 경영촌을 원래 '용배미'라고 불렀다고 하니 산과 마을은 예전부터 연관이 있었던 것 같기도 하다.

  굴룡산에 얽힌 천 년 전의 이야기는 산과 마을에 전하는 전설의 어디인가에 숨어있는지도 모른다. 아쉽게도 굴룡산의 전설과 기담은 두만강 기슭에 물음표만 남기고 있을 따름이다. 이 물음표를 과녁처럼 명중하여 의문을 말끔히 떨쳐버릴 '주몽의 화살'은 도대체 어디에 있을까……

▲ 거북이산

'아리랑 고개'의 정암亭岩산성

정암산성으로 가는 길은 생각보다 훨씬 멀었다. 연길에서 도문을 지나 양수진凉水鎭까지 약 50km, 이어 양수진에서 산성 기슭의 정암촌까지 10km 정도 더 들어가야 했다. 마을 북쪽에 있는 정자 같은 둥그런 바위가 금방 손끝에 닿을 듯 지척에 보였다. 정암산의 이름은 이 때문에 붙여졌으며, 정암촌 역시 정암산의 유래를 따서 불리게 되었다고 한다.

산성을 지척에 두고 잠깐 주춤해야 했다. 양수진에서 살고 있는 동창이 홀로 산행에 나서는 필자를 막아 나섰던 것이다. "혼자서는 어림도 없어. 성벽은커녕 산을 오르는 길도 찾지 못해." 그의 말에 따르면 정암산은 산세가 험하고 골이 깊어서 초행자는 자칫 성곽의 이마빼기도 만지기 어렵다는 것이다. 동창은 나중에 현지 토박이인 자신의 자형 이덕호 씨를 안내인으로 찾아줬다.

우리가 탑승한 택시는 마을 동쪽의 대로를 따라 산속으로 더 들어갔다.

이 길은 옛날 훈춘에서 왕청과 목단강 지역으로 통하던 천년의 고도古道라고 한다. 고도古道는 1980년대에만 해도 울퉁불퉁한 수레길이었다고 하는데, 지금은 왕모래를 깐 국방도로로 되어 있었다. 마을을 1km 정도 벗어났을까, 정암산은 수풀이 울창한 분위기로 성큼 눈앞에 다가왔다. 차에서 내리자 이 씨는 정자 바위로 오르는 방향이 아닌 북쪽 산골짜기로 통하는 길에 들어선다. 그에 따르면 정자 바위는 해발고가 400m 정도에 불과하지만 톺아 오르기가 힘들다고 한다. 언제인가 그도 정자 바위 쪽을 선택해 산을 오르다가 비지땀을 동이깨나 흘렸다고 한다. 안내자가 없었더라면 필자 역시 오후 내내 엉뚱한 곳에서 허둥거릴 뻔한 것이다.

▲ 정암봉

▲ 정암산성 동쪽 성터

▲ 정암산성 서쪽 성문터

"노인들이 그러시는데 광복이 되던 해 일본군이 이 산성에 들어와서 진을 쳤다고 하네. 왕청 쪽에서 진격해오는 소련군을 막을 심산이었나 보네." 이 씨가 말주머니를 주섬주섬 풀어놓는다.

그때 많은 일본 군용차량이 정암산성으로 진입했다고 한다. 정암산성에 무슨 물건이 얼마 들어갔는지는 지금도 미스터리로 남아 있다. 일본군까지 이 산성을 이용했다면 정암산성은 천혜의 군사요충지가 틀림없다.

산골짜기에 들어선지 얼마 안 되어 산세가 갑자기 급하게 뻗어 내리고 높다란 참나무 숲이 빼곡하게 깊어진다. 아이들의 머리통만한 돌덩어리들이 수풀사이에서 무더기로 보였다. 골짜기를 따라 도란도란 흘러내리던 물줄기는 이곳에 와서 돌 틈사이로 사라지고 있었다. 어림짐작에도 성곽에 이용했을 자재는 산에 가득한 듯 했다.

문득 이 씨는 걸음을 멈추더니 참나무 밑부분을 발길로 툭 찼다. "이건 산짐승이 누워있던 자리구먼." 아닌 게 아니라 참나무 아래에 깔린 두툼한 낙엽더미에는 우묵한 자리가 패어 있었다. 옛날 정암촌에는 늑대가 동네어구까지 와서 어슬렁거렸다고 한다. 지금도 정암산에는 여전히 멧돼지며 노루가 뛰어다니고 있다고 한다. 그런 말을 들으니 산을 오르느라고 땀벌창이 된 몸에 싸늘한 기운이 뻗친다.

500m쯤 올라가자 드디어 산중턱에 돌로 쌓은 산성의 모습이 삐죽이 나타났다. 천년의 이끼가 덮인 성곽 위로 나무 사이를 꿰뚫고 햇빛이 가느다랗게 쏟아져 내리고 있었다. 우리는 수풀을 헤집고 어렵사리 산성의 한 모퉁이에 다가섰다. 허물어진 산성의 돌 틈에서 금세 세월의 숨쉬는 소리가 새어나올 것 같았다.

바람소리에 우수수 흔들리는 나무 가지들이 환영처럼 제멋대로 춤을 추고 있었다. 어디선가 함성을 지르며 내닫는 무사들의 창과 방패가 번뜩이는 듯 싶다. 솔직히 천년의 산성에는 한그루의 나무, 한조각의 돌에도 고혼이 숨어있는 것 같았다.

우리는 잠깐 다리쉼을 하고나서 계속 산비탈을 따라 올라갔다. 높다란 바위가 나타나 숨을 톺으며 기어올랐더니 금방 현훈증이 일어난다. 10m 남짓한 높이의 아스라한 절벽이 바로 눈앞에 있었는데, 이 바위의 너비는 고작 서너 뼘에 불과했던 것이다. 그런데 이 씨는 평지를 걷듯 어느새 저만큼 앞쪽에 멀어진다. 그를 불러 세우기가 뭣해서 네발걸음으로 간신히 바위를 건넜다. 방금 산행에 자신 있노라고 동창에게 오기를 부렸던 게 생각나서 낯이 화끈 달아오른다.

서쪽 산성은 이 절벽 바위에 이어서 쌓았는데 산등성이를 따라 길게 누워 있었다. 성곽의 문터 자리와 부근의 참호 자리가 확연하게 보였다. 이 씨에 따르면 산등성이에 있는 이 산성 유적지는 변화가 거의 없다고 한다.

정암산성은 불규칙적인 삼각형 형태로 산등성이를 따라 축조되었으며 둘레의 길이가 약 2.5km나 된다. 이중 동북부의 성벽은 700m, 서쪽 성벽은 800m, 남쪽 성벽은 800m 정도인데, 어림잡아 약 500m 길이가 되는 절벽에는 낮은 곳만 골라가며 돌을 덧쌓고 있었다. 성내에는 동문, 북문, 서문 자리가 있었다. 남쪽 성벽의 문터에는 골짜기 사이의 길을 따라 길 옆에 돌로 쌓은 군사시설이 있었다는데 지금은 훼손되어 흔적조차 찾을 수 없었다.

▲성벽 위에 선 안내인. 성벽 높이가 키를 넘는다

성곽 아래쪽의 평퍼짐한 곳에 너비 2~3m의 웅덩이가 보였다. 삼태기 모양이었으며 바깥쪽으로 홈 채기가 패어 있었다. 현지 사학자들은 이런 웅덩이에서 온돌자리를 적지 않게 발견했다고 한다. 그러나 낙엽과 흙에 묻힌 탓인지 온돌을 놓았던 자리는 쉽게 눈에 띄지 않았다. 온돌이 놓인 이런 구덩이는 정암산성에 무려 30여 곳이나 되는데 모두 병영 터로 주장되고 있다. 성곽에 많은 병력이 상시적으로 주둔했다는 이야기이다. 산성 동남부의 정자 바위는 산성의 천연적인 전망대로 불린다. 바위 위에서 고도古道의 상황을 낱낱이 살펴볼 수 있기 때문이다. 바위 서쪽에 있는 병영 터는 이런 주장에 무게를 실어주고 있다.

정자 바위에는 재미있는 일화가 깃들어 있다. 이 바위는 동서 두 봉우리로 이뤄졌는데, 두 봉우리 사이에는 굵은 나무가 뉘어져 다리가 만들어져 있어서 서로 왕래가 무척 쉬웠다고 한다. 그런데 지금은 이 다리가 없어져 두 봉우리를 드나드는 게 마치 견우와 직녀의 상봉처럼 몹시 어려운 모양새라고 한다. 봉우리의 높이가 수십 미터 되고, 또 봉우리 사이의 거리가 3~4m나 되기 때문에 두 봉우리를 드나든다는 게 전설 같은 이야기로 되었던 것이다.

정암산성 성곽에는 전망대와 병영 터, 문터 그리고 통로와 샘물이 있으며 바람을 피할 수 있는 분지도 있다. 정암산성은 그야말로 난공불락의 요새라고 할 수 있었다.

아쉽게도 정암산성은 아직 축성연대를 확인할 만한 유물을 발견하지 못한 상태이다. 사학계에서는 정암산성의 축조연대에 대해 아직 정설이 없다. 한때는 명나라 시기의 유적지라는 결론이 나와 실제로 정암산 기슭에는 그런 내용의 돌비석까지 있었다고 한다. 그 돌비석은 지금 어찌된 영문인지 사라졌다고 한다. 그러나 정암산성은 산성의 조형, 축성기법으로 보아 훈춘의 살기성, 통긍산

▲정암산성 평지성터

산성과 유사하다. 이 때문에 발해 시기이거나 이보다 더 이른 고구려 시기로 추정되고 있다.

늦은 가을의 저녁 해가 서쪽 하늘에 떨어지고 있었다. 찬바람에 실려 오는 싸늘한 한기에 몸이 오싹했다. 우리는 땅거미가 지기 전에 부랴부랴 산을 내렸다. 동창은 그때까지 정암촌에서 우리를 기다리고 있었다. "옛 성곽은 이 마을 안에도 있단다." 동창이 귀뜸하는 말이다.

정암촌에도 산성과 비슷한 시기에 축조되었을 것으로 보이는 성벽이 있었다. 성벽은 어른의 키 높이로 돌을 쌓았는데 아직까지 남아 있는 부분이 20~30m 정도 되었다. 이 성벽은 정암산성 남쪽의 고도古道 부근에 위치한 걸로 미루어 정암산성의 평지성 성터가 아닐까 하는 추정을 하게 된다. 고구려 성곽은 산성과 평지성이 한조를 이루고 있는 경우가 많기 때문이다.

정암촌은 500여 명의 인구가 살고 있는 비교적 큰 동네로, 1938년 일제강점 시기 집단이주한 충청북도 사람들로 이뤄졌다고 한다. 정암촌에는 충청도 사투리와 충청도 웃다리 농악 등이 지금껏 보존되어 있었다. 마을의 노인들은 보름 같은 명절 때면 모임장소에 삼삼오오 모여 옛 '청주 아리랑'을 부른다고 한다.

> "시아버지 죽으면 좋다 했더니 빨랫줄이 끊어지니 또 생각나네.
> 아리랑 아리랑 아라리요 아리랑 고개로 날 넘겨주소.
> 시어머니 죽으면 좋다 했더니 보리방아 찔 때마다 또 생각나네.
> 아리랑 아리랑 아라리요 아리랑 고개로 날 넘겨주소…"

'청주 아리랑'은 중국에서 동란이 일어났던 '문화대혁명' 시기에 한때 마을에서 자취를 감췄다고 한다. 그러나 힘든 아리랑 고개를 넘으면서 고향에 대한 향수는 그렇게 쉽게 떨어뜨릴 수 없었던 모양이다.

어느덧 정암바위는 저녁의 어스름 속으로 점점 멀어지고 있었다. 차창 밖의 어디선가 '청주 아리랑'의 슬픈 노랫가락이 들려오는 것 같아 공연히 심정이 침울했다.

훈춘시

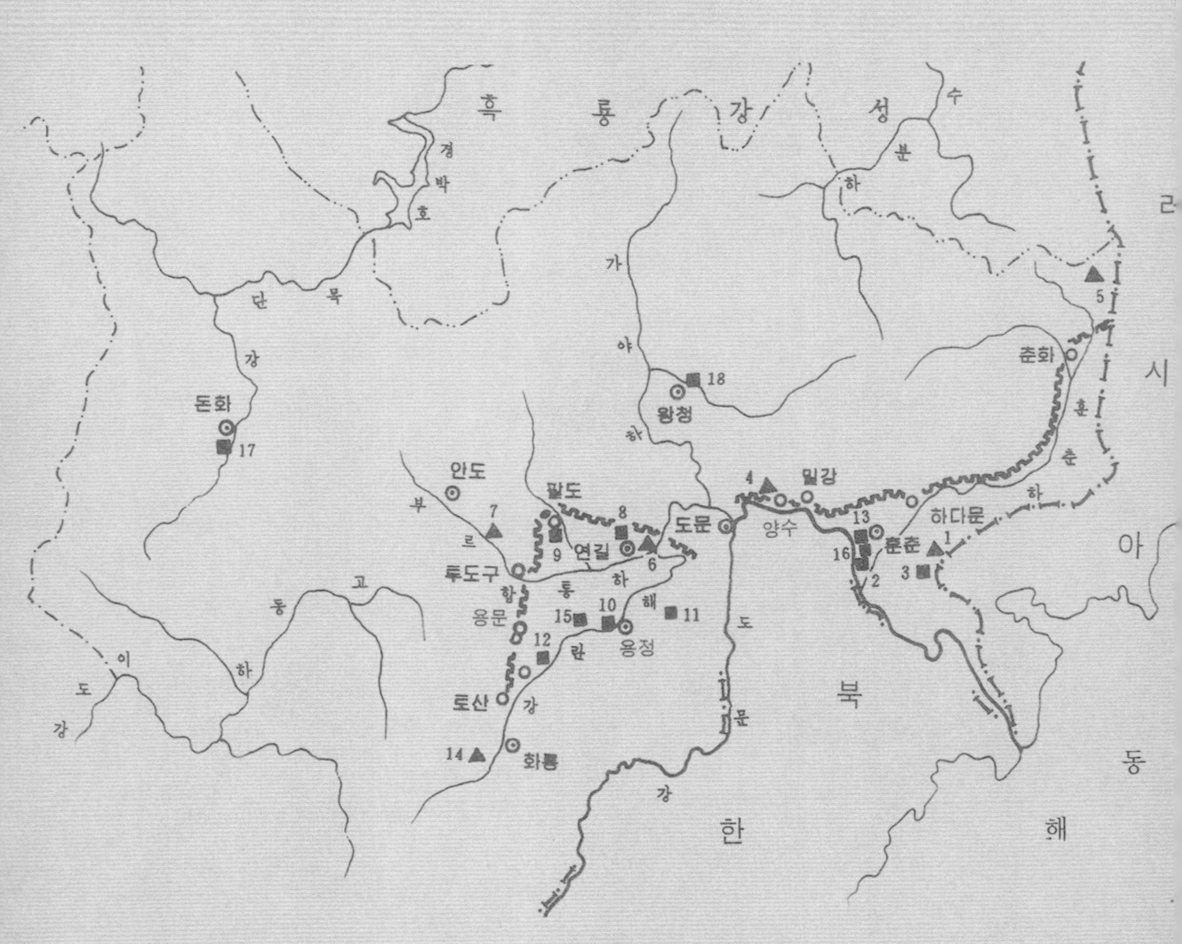
흑 룡 강 성
수
분
하
경박호
단 목 강
가
야
하
리
춘화
훈
춘
하
시
돈화
17
18
왕청
안도
팔도
밀강
4
하다문
7
8
도문
양수
13
1
연길
9
6
16
춘춘
투도구
함
통
해
2 3
아
용문
15
10
11
도
14 화룡
토산
강
12
용정
란
부
르
고
동
하
이
도
강
문
강
북
한
동
해

책성柵城, 천년의 된장이 있는 고성

　책성은 고구려 성곽으로서 목책을 둘러친 성이라는 뜻이다. 일부에서는 책성이라는 이름의 연원을 북옥저의 다른 이름인 치구루置溝樓에서 찾기도 한다. 구루溝婁는 성城을 일컫는 고구려 말이다. 따라서 치구루는 치성置城으로 책성의 이름과 통한다는 것이다. 이 이름을 통해서도 책성은 북옥저 지역에 설치된 고구려 성곽임을 알 수 있다.

　고구려가 패망하고 발해가 건국된 후에도 책성은 여전히 별명으로 남아 있었다. 중국 <위지·동이전魏志東夷專>에 따르면 '책성의 된장豉'은 발해의 명산물이었다. 이 '책성의 된장' 역시 지명과 더불어 고구려의 것을 그대로 이어 받은 게 아닌가 한다. 된장은 발해에 앞서 소문이 났기 때문이다. 사서는 "고구려는 장양藏釀을 잘 한다"고 전하고 있다. 장양은 발효식품으로 된장을 이르는 말이다. 옛날 된장은 특유한 냄새로 인하여 중국인들에게 고려취高麗臭로 불렸다.

▲ 온특혁부성 성터앞 해자

▲ 고성촌과 온특혁부성 표시판

책성의 위치는 대체로 온특혁부성溫特赫部城에 비정하는 게 사학계의 통설이다. 온특혁부성은 훈춘 시가지 서남쪽으로 10km 남짓이 떨어진 삼가자향 고성촌에 있다. 시가지를 떠난 지 얼마 안 되어 먼발치에서 한일자로 솟아있는 흙 둔덕이 차창으로 달려왔다. 천 년 전의 옛 성곽은 그렇게 현대도시와 나란히 서 있었다.

우리는 성곽 안에 오밀조밀 들어선 동네를 잠깐 거닐었다. 토장 맛을 보러 시골행차를 한듯했던 기분이 어딘가 찜찜했다.

온특혁부성이라는 이 괴이한 공식명은 고구려의 행정지명인 책성과는 십만 팔천 리 거리가 있다. 나중에 전문가로부터 들으니 '온특혁부성'이라는 명칭은 금나라 때 이곳에 있었던 '통문수온적흔부統門水溫迪痕部'로 인해 지어진 이름이라고 한다. 상기 이름에서 통문수通門水는 지금의 두만강을 이르는 말이며, 온적흔溫迪痕은 일명 온적한溫迪罕으로 여진족들이 신감神龕이나 신판神板을 부르는 말이다. 온적흔과 온적한은 청나라 때 온특혁으로 통용되었으며 이에 고성도 온특혁부성으로 불리게 되었다는 것이다.

고성의 성벽 위에는 옛날의 책성 목책인 듯 아름드리 큰 나무들이 가득 솟아있었다. 고성 서쪽의 1km 되는 곳에서 두만강이 굽이굽이 흐르고 있었다.

"성벽은 옛날 이보다 썩 높았지요 해마다 내려앉아서 이 모양이지요" 고성 부근에서 살고 있는 노인의 말이다. 그에 따르면 수십 년 전에 고성의 성벽은 4~5m의 높이였다고 하는데 지금은 2~3m에 불과하였다. 일부는 모래에 뒤덮여 언덕을 이뤘으며 어떤 부분은 아예 허물어지고 평지로 되어 있었다.

　　온특혁부성은 제형梯形으로 생겼으며 성벽은 모두 흙을 다져 쌓았다. 둘레의 길이가 무려 2,269m에 달하는 성벽은 자연적인 파괴와 인위적인 파괴를 입어 옛 모양을 찾아보기 힘들었다. 성내의 남쪽 구간은 경작지가 되었으며 북쪽 구간은 주택구로 되어 옛날 있었다는 건물자리는 보이지 않았다. 성곽의 성문자리는 더는 분간하기 어려웠다. 성내와 남쪽 성벽 밖에는 기와조각이 널려있었다. 성곽 중부의 참호에서도 기와조각과 더불어 토기 조각, 쇠솥 등의 유물이 발굴되었다고 한다. 이중에는 노끈무늬와 돗자리 무늬의 암키와, 압지무늬의 암키와, 연꽃무늬의 막새기와가 있었다고 한다. 이런 유물로 미뤄 많은 학자들은 온특혁부성 자리에 고구려 시기와 발해 시기의 옛 성곽이 있었던 것으로 보고 있다.

▲ 비우성 성터

▲ 비우성 성터 치

▲ 비우성 표지석

▲ 온특혁부성 동쪽 성벽

온특혁부성은 홀로 서있는 고독한 성곽이 아니었다. 온특혁부성의 북쪽 성벽은 바로 이웃 성곽인 비우성斐優城의 남쪽 성벽이었다. 비우성은 만주어로 키의 모양을 이룬 성이라는 뜻이다. 비우성은 둘레의 길이가 2,023m로 온특혁부성과 크기가 엇비슷하였다. 성벽은 흙을 다져서 쌓았으며 문에는 옹성이 있고 성벽 둘레에는 14개의 치가 있었다. 성벽의 네 모퉁이에는 각루가 세워졌으며 성벽 밖에는 해자가 있었다. 비우성 내외에서는 발해 연꽃무늬의 막새와 요·금시기의 기와조각, 토기 조각 등이 발견되었다고 한다.

"땅을 파다가 도장을 발견했는데요, 노인들은 그걸 보물이라고 해요" 태邰씨 성의 농부가 하는 말이다. 그처럼 비우성 성내에 있는 농가는 20여 가구로 대부분 만주족이었다. 태 씨는 오래전에 누군가 여기 밭에서 관청의 구리도장을 발견했다고 자랑한다. 도장을 발견한 농부는 그때 인민폐 10위안을 포상금으로 받았다고 한다. 비우성에서는 이처럼 구리로 만든 관청도장이 여러 개 발견되었다. 그중에는 금나라 말기 포선만노浦鮮萬奴가 건립한 동하국이 사용했던 연호 '천태天泰', '대동大同'을 새긴 새겨진 도장이 있었다.

지금까지 두 성곽에 얼굴을 보이고 있는 상기 여러 조대 중에서 요나라와 원나라의 유물은 그리 뚜렷하지 않으며 발견된 유물도 몹시 적은 결로 알려진다. 반면 금나라 말의 지방할거정권이었던 동하국의 유적과 유물은 이처럼 많이 발견되고 있다.

또 비우성에서는 고구려 특유의 붉은색 기와도 적지 않게 발견되었다. 비우성은 일명 고력성高力城이라고 불리는데, 고력성은 중국 원어발음으로 고려성과 비슷하다. 그래서 일각에서는 비우성을 고구려나 발해 시기의 성곽을 개축한 것으로 본다. 현존하는 온특혁부성의 성곽과 마찬가지로 이전 성곽의 일부였다는 것이다. 그래서인지 비우성은 치가 유난히 많고 귀퉁이마다 각루가 있어 온특혁부성과는 전혀 다른 모양새를 보이고 있다. 이조 시기의 <용비어천가>, <이조실록> 등 문헌의 기재에 따르면 비우성은 원나라 때 해관奚關 총관부의 치소였을 가능성이 아주 높다.

▲ 비우성 성터 성문자리

두 성곽은 여러 조대의 흔적을 한데 뒤섞어 말 그대로 잡탕의 '된장찌개'를 만들고 있는 것 같았다. 그런 와중에도 다행히 고구려나 발해 유물은 자기 본색을 잃지 않고 여전히 '된장'의 맛을 진하게 풍기고 있다.

태 씨에 따르면 비우성에는 2~30년 전까지 돌문이나 각루가 남아 있었다고 하는데 지금은 거의 흔적을 찾아볼 수 없었다. 그러나 비우성은 '책성의 명산물'처럼 유명한 군사 전기를 문헌에 남기고 있었다. <길림통지吉林通志>에 따르면 명나라 만력万曆연간 비우성은 동해의 해와이객부海瓦爾喀部 소속이었는데 오랍부烏拉部 포점태布占泰의 협박을 받았다. 그래서 비우성은 누르하치에게 귀속을 요청하고 누르하치는 동생과 아들에게 군사 3천명을 주어 비우성을 진공했다. 누르하치의 군사는 이때 1만 명의 병력을 가진 포점태를 대패하고 적은 군사로 많은 군사를 이긴 희소한 전례를 세웠다고 한다.

성곽과 북쪽으로 5km 떨어진 곳에는 발해의 동경 용원부로 비정되는 팔련성八連城이 있었다. 팔련성은 성 8개로 이뤄져 있다고 해서 훗날 지어진 이름이다. 이처럼 책성 지역은 일국의 도읍지가 될 만큼 위치가 빼어나다는 평을 받는다. 책성 지역은 훈춘강과 두만강의 충적평원 서북부에 위치하는데, 훈춘벌은 연변조선족자치주에서 제일 큰 벌로 기후가 따뜻하고 땅이 비옥하며 수원이 충족하여 관개에 편리하며 농사가 잘 된다. 책성은 또 동남쪽으로 바다와 잇닿아 있어 일본으로 가는 통로에 서 있기도 하다.

책성의 정확한 축성 시기는 아직까지 알려지지 않고 있다. 435년, 고구려를 방문했던 북위의 사신 이오李傲는 "고구려의 동북 영역이 책성을 경계로 하고 있다"고 기록하고 있다. 문헌에 나타나는 것은 이보다 일찍인 태조왕太祖王이 태조대왕 46년A·D 98년, 태조대왕 50년A·D 102년 두 차례 책성을 순수巡守한 기록이 처음이다. 또 A·D 217년 고구려가 한漢나라의 평주平州에서 망명한 하요夏瑤 등의 1천여 가구를 책성에 안치시켰다는 기록도 있다. 고구려 후기에도 책성은 도독都督, 즉 욕살褥薩이라는 최고의 지방장관이 파견되었던 동북부 지방통치의 중심지였다. 후기의 책성 도독으로는 '고자묘지高慈墓誌'에 보이는 고량高量을 들 수 있다.

▲ 고성촌 안내판

"우리 동네에 조선족이 한두 가구 살고 있지요……" 성터에서 돌아서는 우리를 쫓아와 발목을 잡는 게 있었다. 우리 일행이 조선족인줄 알고 동네 노인이 귀띔하는 말이다. 그에 따르면 동네 주민의 대부분은 만주족과 한족이다. 동네 조선족은 샅샅이 헤아려야 고작 10여명에 지나지 않는다고 한다.

　고성의 동네는 옛날 '고려성'이라고 불렀다고 한다. 고려성은 1960년부터 고성촌이라고 개명, 고성촌은 주변에 온특혁부성과 비우성 이 두 옛 성이 있다고 해서 새롭게 지어진 이름이라고 한다. 고구려는 결국 화려했던 역사 속으로 빗물처럼 씻겨져 버렸다. 그래도 지금 고성촌에서 재배하는 농산물이 여전히 된장을 만드는 콩이 주종이라는데 다소 안위가 된다. 기록도 없이 사라진 수많은 이야기들은 천 년 전의 세월과 애수를 땅의 검은 혈관 속에 깊숙이 묻고 있었다.

'금단의 정원' 수류봉水流峰

　수류봉은 훈춘 동남쪽 경신敬信벌에서 제일 높은 산인데 산정에서 수리개가 날아다닌다고 해서 한때는 수리봉이라고 불렀다고 한다. 훗날 중국말로 이름이 옮겨지면서 발음은 이와 비슷하지만 원래의 뜻과는 전혀 다른 수류봉으로 되었다는 것이다. 그런데 '짝퉁' 이야기는 엉뚱하게도 천리 너머 한국 경상북도에 있다. 경상북도 상주군 가은읍에도 이와 유사한 산이 있으니 역시 수류봉이라고 불린단다. 이 산은 옛날부터 골짜기에 물이 많이 흘러내려서 수류봉이라는 이름으로 불렀으며 구전되는 과정에서 수리봉이라고 변음이 되었다는 것이다.

　뭐가 뭔지 잠깐 헷갈리는 일이지만, 진짜 수류봉 자체에는 뭔가 신비의 색채가 다분한 것 같다. '가는 날이 장날'이라고 마침 비가 찔끔찔끔 내려 운무가 자욱한 산은 더욱 무슨 베일에 가린 듯 했다.

　군인 한 명이 산기슭에서 우리 일행을 기다리고 있었다. 사실 수류봉 답사는 시초부터 곡절을 겪었다. 중국과 러시아 국경지역에 위치한 수류봉은 군사금지구역으로 민간인의 출입이 제한된 곳이기 때문이다. 그래서 수비군의 허가를 받는데 꽤나 어려운 절차를 거쳐야 했다. 군인에 따르면 도보로 산 정상에 오르는데 1시간 정도 걸린다고 한다. 다행히 지금은 포장도로가 있어서 차로 직접 올라갈 수 있었다.

▲ 권하 뒷산 수류봉

해발이 460m인 수류봉 주봉은 초봄인데도 아직 눈이 수북이 쌓여 있었다. 이 때문에 눈 속에 활짝 피어난 진달래가 더욱 반가운건지도 몰랐다. 정상에서 국계 푯말의 좌우에 보이는 산등성이가 바로 중국과 러시아의 국경선이라고 한다. 일본군의 옛 토치카가 비석 뒤에 있었는데 관찰구로 멀리 러시아 쪽의 산과 평야가 달려오고 있었다.

안내를 맡은 군인은 수류봉 수비군으로 있은 지 7년 째 된다고 말한다. 그러나 그는 부근에 있다는 산성 이야기는 처음 듣는다고 했다. 산성은 수류봉 동쪽의 약 3km 되는 곳, 다시 말해서 러시아말로 일명 바라바사巴拉巴沙산이라고 불리는 연성산連城山에 있는 것으로 알려져 있다. 연성산은 산위에 고성 유적지가 있고 또 서북으로 수류봉과 연접되어 있다고 해서 불리는 이름이다. 그러나 연성산은 국경선에 위치한 탓으로 갈수 없었으며, 목적했던 산성 답사는 결국 수류봉 정상에 오르는 것만으로 만족해야 했다.

산성 성벽은 동서 주향으로 산세에 따라 약간 휘어들었는데 그 길이가

1km여 인 것으로 전한다. 성벽은 돌로 쌓았으며 밑 너비가 약 5m, 높이가 1~1.5m이라고 한다. 성곽 남쪽에는 산성 수비군의 통로로 보이는 너비 5~6m, 깊이 1m인 참호가 있으며 동쪽에는 성곽보다 반미터 정도 높은 보루가 하나 있다.

▲ 수류봉 경계비

이 산성은 현지의 문물지를 제외하고는 별다른 문헌기재나 조사기록이 없는 걸로 알려진다. 수류봉 자체가 '금단의 정원'으로 산성답사가 이뤄지기 힘들었기 때문이 아닌가 한다.

역사의 기억은 현지에 구전되는 전설 속에 그 무슨 흔적을 남기고 있는지도 모른다. 현지에서는 '백마상서白馬上書'의 이야기를 전하고 있는데, 이 이야기는 발해 시기를 배경으로 삼고 있었다.

▲ 수류봉 능선의 일제강점시기 요새

▲ 수류봉 정상부의 근대참호

"발해 시기 산성의 주인은 관영寬永이었다. 관영은 이 산성을 소창蘇
昌이라고 하고 '소창왕'이라 자처했다. 동경성에 사는 관영의 조카 금아
金亞태자는 홍라녀紅螺女와 녹라녀綠螺女 자매를 처로 삼고 있었다. 어
느 한번, 금아태자는 녹라녀를 데리고 백마를 타고 숙부 관영에게 왔다.
관영은 꽃 같은 미모의 녹라녀를 빼앗으려고 조카를 죽인다. 그러나 녹
라녀가 순종하지 않자 관영은 그를 옥에 가두었다. 녹라녀는 이 소식을
언니에게 알리기 위해 편지를 써서 남편이 타고 온 백마더러 편지를 전
하게 했다. 그 편지를 받아본 홍라녀가 군사를 일으켜 관영을 쳤고, 겨우
목숨을 살려 도망한 관영은 연성산에 성을 쌓고 살았다고 한다…"

이 전설은 흥미롭지만, 고성의 축성연대를 둘러싼 의문을 해소하기에
는 역부족이라는 지적이다. 발해 시기 산성의 주인은 관영이 확실한데,
이 산성이 과연 그가 도망한 후 쌓은 축조물이겠는가 하는 것이다. 연성
산에 있는 성곽은 길이만 해도 무려 1km 정도에 달하는 중등규모의 석
성으로, 싸움에서 패배하여 쫓긴 잔존세력이 짧은 기간 내에 축성할 수
있는 게 아니기 때문이다. 이는 연성산에 이미 산성이 있었을 수도 있다
는 이야기가 된다.

그동안 많은 학자들은 산성의 지세와 구조, 전설에 근거하여 연성산의
산성을 발해 시기의 성곽으로 의심했다. 고구려를 배제한 것은 연해주와
가까운 두만강 하구에 고구려 성곽이 있을 가능성이 희박하다는 설이 주
류였기 때문이다. 그도 그럴 것이 이전에는 고구려가 연해주에 진출했다
는 문헌기록이 없었고, 연해주 지방에서 고구려 유적이 발견되지 않아 고
구려의 동북지역 경계가 연해주에 이르지 못한 것으로 알려져 왔던 것이
다. 그러나 2008년 한-러 조사단에 의해 연해주의 해안성 크라스키노성

유적에서 고구려 계통 막새기와와 시루가 발견되는 등 고구려가 6세기 두만강 동쪽의 연해주 남부까지 진출했음을 보여주는 고고학 증거가 나왔다. 크라스키노성 유적은 고구려 시대부터 존속했고 발해 시기에 성곽이 개축되었다는 것이다.

▲ 수류봉 옛 토치카

재미있는 것은 위에서 거론했던 천리 밖의 가은읍이 바로 백제의 시조 견훤의 고향이라는 대목이다. 지금도 가은읍에는 견훤에게 얽힌 전설이 적지 않게 전해지고 있다. 백제는 고구려와 더불어 부여에서 출발한 나라이다. 그런데 백제의 땅에 있는 수류봉수리봉의 지명 이야기가 고구려의 옛 땅 위에도 나타나는 것은 단지 공교로운 일치일까……

수류봉 부근의 산성을 일찍 고구려가 두만강 유역에 축성한 성곽으로 보는 주장은 어제 오늘의 이야기가 아니다. 그러나 이런저런 추측만 무성할 뿐이고, 어느 시기에 축성된 성곽인가 하는 것은 확실한 유물이 없어서 여전히 미스터리로 남아 있는 것이다.

산성 부근의 수류봉은 이 일대에서 조망이 제일 좋은 곳이었다. 옛 일본군 토치카는 물론 지금도 수비군의 망루가 있는 걸 보면 이곳에 산성 주인이 세운 망루나 봉화대 유적이 있을 걸로 쉽게 유추할 수 있었다. 그러나 수류봉 꼭대기는 1930년대부터 전부 요새화 되면서 옛날의 흔적을 찾는다는 것 자체가 전혀 불가능하게 되었다.

널따란 벌에 뉘어있는 거울 같은 늪과 그 늪에서 흘러나오는 물로 이뤄진 자그마한 강이 흡사 한 점의 그림처럼 발아래의 서쪽 산기슭에 펼쳐져 있었다. 하나의 원을 지을 듯 말듯 그린 이 강은 그야말로 자연의 걸작이라고 해도 과언이 아니었다. 물어보니 강은 그 모양새를 이름에 옮겨 권하圈河라고 불린단다. 수류봉 산기슭의 마을 이름과 세관도 모두 이 권하에서 연유했던 것이다.

먼 옛날 경신벌에는 큰 호수가 있었는데 천년 묵은 미꾸라지가 거기서 살판을 쳤다고 한다. 이 미꾸라지는 몸길이가 열두 발이나 되었는데, 그 놈이 헤엄을 칠 때면 고요한 호수에 산채 같은 물보라가 일었고 꼬리를 한번 치면 온 호수가 움찔움찔 요동을 쳤다. 이 미꾸라지는 자주 성깔을 부렸기 때문에 해마다 호수가 범람하여 부근에는 큰물이 졌다. 동해 용왕은 이 미꾸라지를 없애려고 작심하고 그가 물곬을 파헤쳐서 동해바다에 나오면 용왕자리를 주겠다고 유혹한다. 우직한 미꾸라지는 곧바로 땅에 대가리를 들이밀었다. 미꾸라지가 꿈틀거리며 기운을 뽑는 대로 땅바닥이 구불구불 파헤쳐졌다. 그렇게 아흔아홉 굽이가 생겨나고, 드디어 마지막 한 굽이가 남았다. 그런데 미꾸라지는 현실로 다가선 '용왕'의 꿈에 너무 흥분했던 모양이다. 젖 먹던 힘까지 다하여 땅을 떠박지르는 순간 허리가 폴싹 꺾이며 꼬꾸라졌던 것이다. 이렇게 이 아흔아홉 굽이의 물곬에 물이 흐르면서 권하가 되었다고 한다.

어찌 보면 개천에서 용이 되어 하늘로 날아오르려던 '미꾸라지'의 꿈이 물거품으로 스러진 구슬픈 이야기였다. 정상에 올랐지만 여느 답사 때처럼 심정이 개운하지 않은 원인을 이제야 알 것 같았다. 수류봉에는 결국 용으로 탈바꿈하지 못한 구렁이의 한이 봄날에도 녹지 않는 눈처럼 응어리로 꽁꽁 맺혀 있었던 것이다. 산성 역시 천년 세월이 흐르도록 자신의 이름 석자마저 찾지 못한 서러움을 안고 있지 않은가.

산 정상에서 난데없이 바람이 휙 지나가면서 우우 소리까지 지른다. "봄바람에 소대가리가 터진다"는 경신벌의 기담이 재현되는 순간이었다. 흡사 운무 저쪽에서 천년의 구렁이가 지르는 괴성을 듣는 것 같아 금세 온 몸에 찬 기운이 흘러내린다. 아니, 어쩌면 산성의 옛 전장터에 사라진 원혼들의 비명인지도 모른다. 진짜 수류봉은 산성의 이야기를 담고 있는 조물주의 '음반'이 아닌가 싶었다. 아, 단 한 굽이의 저쪽에 숨어있는 산성의 참모습은 도대체 무엇일까……

▲ 옛 토치카에서 바라본 수류봉 산등성이

통긍산^{通肯山} 산성, 바위벼랑에 울린 천년의 종소리

통긍산은 훈춘^{琿春}시에서 동쪽으로 약 180km 떨어져 있는데, 훈춘 – 동녕^{東寧} 포장도로가 바로 통긍산 북쪽 기슭을 지난다. 현지에서는 통긍산이라는 지명에 별로 익숙하지 않았다. 통긍산 근처의 란가쟁자촌^{蘭家趙子村}에서 유^劉씨 성의 심마니를 안내인으로 찾았으나 어딘지 모르겠다면서 머뭇거렸다. 그래서 그에게 산의 대략적인 위치와 형태를 한참이나 설명해야 했다.

"참, 고성라자^{古城砬子}를 그러시네. 처음부터 그렇게 말씀하시죠"

유 씨에 따르면 현지에서는 통긍산을 고성라자^{古城砬子}라고 부른다고 한다. 라자는 만주어로 바위벼랑이라는 뜻이다. 따라서 고성라자는 옛 성이 있는 바위벼랑이라는 의미이다.

우리를 태운 승용차는 마을을 떠나 굽이굽이의 산길을 톺아 올랐다. 산중턱에 이르자 유 씨가 차를 멈추라고 소리친다. 통긍산의 전경을 바라볼 수 있는 곳이 바로 여기에 있단다. 아닌 게 아니라 눈앞에는 산줄기에서 홀로 삐져나온 산마루 하나가 나타났다. 연연히 파도치는 산봉우리의 대열에서 누군가 엉겁결에 불쑥 뛰쳐나온 듯 했다. 통긍산은 별명 그대로 도끼로 깍은 듯 아스라하게 솟아 있었는데 얼핏 보기에도 지세가 몹시 험악했다. 통긍산은 동, 남, 서 삼면이 벼랑이고 북쪽이 다른 산줄기와 이어져 평탄하다고 하는 것이 유 씨의 소개이다.

▲ 통긍산성으로 가는 길

차는 계속 북쪽 산등성이로 올라갔다. 깊이를 모를 산골짜기에서 운무가 자오록하게 피어오르고 있었다. 보일 듯 말듯 숨바꼭질을 하는 산봉우리…… 우리 차는 마치 물고기처럼 하늘 위를 헤엄치고 있는 것 같았다. 현지인들은 이 산등성이를 하늘다리라는 의미의 '천교天橋'라고 부른다. 그렇다면 통긍산성은 땅 위가 아닌 하늘 저쪽에 있는 게 아닌가. 대로 옆에 난데없이 큰 웅덩이가 여러 개 나타났다. 이 웅덩이들은 30여 년 전 송진松津기름을 만들던 공장자리라고 한다. 여기에 바로 통긍산으로 들어가는 길이 있었다. 오솔길을 따라 불과 수십 미터 들어가자 금세 빽빽한 수림에 갇혀버렸다. 전후좌우로 아름드리 고목과 수풀이 꽉 박아서서 방금 지나온 길마저 찾기 힘들었다.

그런데 정작 우려는 그 때문에 생긴 것이 아니었다. 해마다 산삼을 캐러 통긍산으로 다녀간다는 유 씨가 한식경이 지나도록 성벽을 찾지 못했던 것이다. 유 씨는 서쪽 비탈에서 여러 번 성벽을 본 적 있다고 하는데 무성한 수림 속에서 성벽을 찾는 게 쉽지 않았던 모양이다. 우리는 서쪽

374

산비탈을 따라 헤매다가 다시 산마루로 걸음을 옮겼다. 일단 산의 남쪽 모서리까지 이른 후 다시 방향을 잡고 산성을 찾기로 했다.

'신기루'는 이때 나타났다. 위쪽의 둔덕에 이르자 우리는 모두 저도 모르게 환성을 터뜨렸다. 기다란 둔덕인줄 알았더니 돌로 쌓은 성벽이었던 것이다. 이 성벽은 산마루 쪽으로 우리와 불과 20m쯤 떨어진 곳에 있었다. 그러고 보면 '업은 애기를 동네에 가서 찾은 셈'이었다. 낙엽에 덮인 성벽은 주위 경물과 비슷해서 전혀 눈에 전혀 띄지 않았던 것이다. 성벽은 폴싹 주저앉아서 안쪽의 높이는 1m 정도 밖에 되지 않았다. 성벽 위에는 풀은 물론이고 아예 고목이 웅크리고 있어서 비탈과 혼연일체를 이루고 있었다.

▲ 서쪽에서 보는 통긍산 원경

성벽을 따라 계속 남쪽으로 향했다. 드문드문 초소 자리인 듯한 구덩이와 흙 둔덕이 보였다. 굽이돌이를 돌다가 지세를 살피느라고 바깥쪽으로 나갔다. 바깥 성벽은 안쪽과 달리 3m를 훨씬 넘었다. 성벽은 다듬지 않은 돌이 그대로 엇물려 쌓여 있었다. 돌에는 이끼가 가득 돋았는데, 천 년 세월의 흔적인 듯 거무스레한 색깔이 묻어난다. 서남쪽 성벽은 성문터인 듯 한 군데가 크게 뚫려 있었다. 뚫린 성벽의 아래쪽으로 산골짜기의 시냇물이 보였다. 통긍산의 성곽은 불규칙적인 모양이었으며 성벽 높이가 바깥쪽은 5~8m, 안쪽은 2m 정도였다. 지금은 성벽이 거의 무너져서 원래의 형체를 찾아볼 수 없었지만, 그래도 성곽의 험요함과 장관은 가늠하고도 남았다.

문득 시야가 확 트였다. 드디어 통긍산의 남쪽 끝에 이른 것이다. 벼랑 가에 서니 금세 눈앞이 아찔해졌다. 이 벼랑은 골짜기에서 300m나 떨어져 있다고 한다. 구불구불한 포장도로가 구렁이처럼 산 아래에서 저 멀리로 굼실굼실 기어가고 있었다. 얼핏 시계를 보니 북쪽 기슭에서 여기까지 오는데 장장 두 시간 정도가 걸렸다. 도중에 지체한 시간을 제외하더라도 발품이 엄청 든 셈이다. 통긍산이 남북 길이가 약 1,000m, 동서 너비가 약 600m인 자그마한 산이라는 게 도무지 믿어지지 않는다. "산은 높아서가 아니요, 신선이 있으면 유명하다"라는 말이 생각난다.

산의 골짜기도 허투루 볼게 아니었다. 통긍산 동쪽에 있는 골짜기는 일명 삼인구三人溝로 불리는데 언제부터인가 이런 기담이 전해지고 있었다. 옛날 세 사금꾼이 이 골짜기에서 금맥을 발견했는데 그때까지 형이요, 동생이요 하던 그들은 금방 흑심이 생겼다고 한다. 셋은 금맥을 독차

지하려고 혈안이 되어 칼을 빼어들었다. 결국 그들 셋은 엉켜 싸우다가 전부 죽고 말았고, 금맥은 다시 수풀 속으로 사라져 버렸다고 한다. 삼인구의 이 피비린 이야기는 주변에도 영향을 미친 것 같았다. 삼인구의 동쪽산은 붉은 바위벼랑이라는 의미의 홍라자紅砬子산이라고 불린다.

갑자기 지척의 숲속에서 부스럭거리는 소리가 들려서 끔쩍 놀랐다. 수풀 사이로 거뭇거뭇한 웬 짐승이 보였다. "괜찮아요, 노루이구먼요." 유 씨는 허리춤에 찔러 넣은 비수에 손을 가져가다 말고 한숨을 후 하고 내쉰다. 그에 따르면 통긍산 주변에는 늑대나 범이 종종 나타난단다. 이미 오래전에 인적이 끊어진 산성은 짐승들이 노니는 곳으로 되고 있는 것이다.

<훈춘고성고珲春古城考>는 "통긍산위通肯山衛 고성은 현 소재지에서 동북쪽으로 350리 떨어진 통긍산 위에 있다"고 기록했고, <명태종실록明太宗實錄>, <만주원류고滿洲源流考>, <길림통지吉林通志>는 '통긍산위通肯山衛는 산 이름에 따라서 지은 것'이라고 소상하게 밝히고 있다. 이 통긍산위는 명나라 초 누얼간奴兒干 도사都司의 산하에 설치된 치소治所인 걸로 전한다. 아쉽게도 통긍산산성의 확실한 축성연대를 고증할 수 있는 자료는 더 없다.

산마루의 여기저기를 둘러보았다. 동쪽과 남쪽 모서리에는 성벽이 없었고, 그 부근에는 움푹하게 들어간 흔적이 보였다. 통긍산의 동쪽과 남쪽은 벼랑이어서 성벽이 없었으며, 급한 비탈인 서쪽에만 성벽이 있었다. 삼면이 절벽에 막혀 자연방어가 가능하고 다른 한 면은 경사가 완만하여 출입이 가능한 이 같은 형태의 산성은 고구려의 산성 가운데서 가장 대표적인 환인의 오녀산성五女山城에서도 그림자처럼 그대로 나타나고 있다.

▲ 통긍산 산성 유적지의 돌무덤

▲ 통긍산 산성 중부의 유적지

현지의 많은 학자들도 산성의 조형과 축성기법이 부근에 있는 살기성, 성장라자산성과 유사하며, 따라서 통근산산성을 고구려 산성으로 봐야 한다고 주장한다. 그런데 '고구려'라는 도장은 산성이 아닌 엉뚱한 곳에 찍혀 있었다. 산성 북쪽으로 10여 km 떨어진 곳에는 청나라 때의 역참인 고력영툰高力營屯이 있었다. 고력영은 중국 원어발음으로 고려영高麗營과 비슷하다. 이에 따라 학계에서는 이게 고구려의 흔적이라는 견해가 지배적이다.

산성의 중심부 바로 북쪽에는 자그마한 흙 둔덕이 있었다. 둔덕 서쪽 기슭에는 길이 4~50m, 너비 10m 정도로 돌을 쌓은 평퍼짐한 곳이 있었다. 학자들이 건물 유적지로 추정하는 곳이었다. 또 이 근처에는 적석무덤으로 보이는 크고 작은 돌무지가 여러 개 있었다. 옛날 우물자리도 두세 개 있었다고 하는데, 발목을 덮는 낙엽에 묻혀 전혀 찾을 수 없었다.

"이 부근에서 손바닥 크기의 향로가 발견되었대요" 유 씨는 아직도 뭐가 아쉬운지 서운한 표정이다. 후문이지만 문물지에는 세발짜리 쇠솥이 발견되었다고 기록되어 있었다. 그러나 이 쇠솥과 향로가 동일한 유물인지는 확인할 길이 없다. 향로였든 쇠솥이었든 이미 행방불명이 되었기 때문이다.

통긍산에서 발견된 유물은 이뿐만이 아니었다. 30여 년 전, 산성에서는 동으로 만든 종이 발견되었다고 한다. 지름 30~40cm의 이 종은 란가촌의 촌장사무실 어구에 매달려 고음확성기 역할을 했다. 회의나 모임 때면 언제나 맑은 종소리가 마을에 쟁쟁하게 울려 퍼졌다고 한다. 그런데 이 종마저 지난 1980년대에 행방불명되었다는 것이 유 씨의 설명이다.

산성의 옛 주인이 세상에 남긴 자취는 실로 적지 않은 듯 했다. 그들과 만날 수 있는 흔적들은 그렇게 어디론가 하나둘씩 사라지고 있었다. 고개를 돌려 보니 멀리 통긍산의 벼랑바위는 여전히 하늘 아래에 우뚝 서 있었다. 그러나 산속에 울렸다는 그윽한 천년의 종소리는 더는 들을 수 없었다.

▲ 통긍산성벽 바깥쪽 일부

성장라자城墻砬子산성, 철조망에 둘린 옛 산성

　성장라자산성은 훈춘 시가지에서 동북쪽으로 약 100km 떨어져 있다. 라자는 만주어로 벼랑바위라는 뜻이다. 이름 그대로 성장라자산은 산세가 험해 조금 경사진 동쪽을 제외한 다른 쪽은 깎아지른 듯한 벼랑이라서 등반이 거의 불가능하였다. 산 서쪽의 하곡분지에는 풀밭이 뉘엿하게 펼쳐져 있었다. 그래서 부근의 마을도 풀밭이라는 의미의 초평草坪촌이라고 불리는 모양이다.

　산기슭의 풀밭에는 기다란 철조망이 늘어서서 길을 가로막고 있었다. 철조망이 그다지 녹 쓸지 않은 걸 보아 세운지 별로 오래되지 않은 것 같았다. 옛 성곽이 근대의 '군사금지구역'으로 거듭나지 않았는데 새삼스레 철조망을 세웠다는 것이 어딘가 이상했다.

　필자가 산속에서 나온 '야인'으로 보였던가?…… 나중에 저녁노을을 밟고 산에서 내렸을 때 촌민의 놀라하던 모습이 지금도 눈앞에 선하다.

"이보게, 뭘 하려고 혼자서 산에 들어갔나? 자넨 정말 담통이 크구먼."

알고 보니 이 성장라자산에는 호랑이가 자주 출몰한다고 한다. 얼마 전 호랑이가 부근 산기슭에서 부림소를 잡아먹어 항간의 식후 여담으로 되고 있었다. 저녁때면 산에는 멧돼지도 곧잘 나타난단다. 철조망은 바로 이런 산짐승을 막느라고 세운 것이었다. 기사를 쓰기도 전에 오히려 기사거리가 될 뻔 했다.

▲ 성장라자산성-초평마을에서 본 산성

산성은 이 일대에서 제일 큰 옛 성곽으로, 골짜기에 의해 두 부분으로 나뉘고 있었다. 이런 골짜기는 모두 산 서쪽에 있었다. 남쪽 골짜기를 두도관頭道關이라고 부르며 북쪽 골짜기를 이도관二道關이라고 부른단다. 골짜기는 옛 성곽의 천연적인 험요한 관문이 되어 있었다.

<훈춘고성고珲春古城考>는 이렇게 적고 있다. "성장라자산성은 현 치소에서 동북쪽으로 100km 떨어져 있다. 산성은 동토문자東土門子의 동북쪽에 위치, 산등성이에 축조되었으며 아아하게 높이 솟아있다. 성은 크기가 아주 넓은데, 동서 너비가 2km 남짓하며 남북 길이가 약 3km 남짓하다.… 바깥 성벽을 속칭 두도관이라고 부르며, 안쪽 성벽을 이도관이라고 부른다. 바깥 성벽은 돌을 쌓아 만들었는데, 근자에 주민들이 돌을 캐내어 집을 짓는데 사용한 탓으로 이미 무너졌다."

산성의 현 상황은 이 기재와 별반 차이가 없었다. 다만 옛날 두도관 골짜기 어구에 일부 남아 있었다고 하는 석성의 기반이 우거진 수풀 때문인지 흔적이라곤 조금도 남아 있지 않아 여간 아쉽지 않았다.

골짜기 어구의 철조망에는 드나드는 문이 있었다. 여기에서 조금 더 들어간 후 가파른 비탈을 타고 남쪽 산의 정상에 올랐다. 산에는 성벽의 흔적은 하나도 없었고 대신 참호가 줄레줄레 정상 주변을 빙 둘러싸고 있었다. 현지인에 따르면 북쪽 산도 이와 비슷하지만 시멘트로 만든 오랜 물탱크가 있어 약간 다른 양상을 보인다고 한다.

1940년대 일본군은 북쪽으로 소련홍군의 진격을 막기 위해 성장라자산을 군사요새로 사용했다. 그때 일본군은 군부대의 보급물자를 성장라자산의 어느 한 동굴에 보관했다고 전한다. 일본군은 패망에 즈음하여 동굴 어구를 폭파했고 그래서 동굴은 미스터리로 남았으며 이 미스터리의 동굴 이야기는 현지에서 전설처럼 전해지고 있었다.

훈춘 – 동녕東寧 도로 기슭에 위치한 성장라자산은 근대에도 군사요충지로 자리를 잡았던 것이다. 산에 남아 있는 참호 등의 시설은 그때의 흔적인 걸로 보인다. 그러나 옛 성곽의 유적지나 유물은 빽빽한 수림에 가리고 낙엽에 덮여 전혀 찾아볼 수 없었다. 이제 옛 성곽은 그저 성장라자라는 이름에만 남아 있는 게 아닌가 한다.

▲장성 일부로 추정되는 산성 기슭의 유적

<훈춘현지琿春縣志>에 따르면 1920년대 성내에 살던 주민이 구리도장 하나를 발견하였다고 한다. 이 도장은 손잡이가 달린 네모도장이었다고 전한다. 도장에는 '덕호노부德虎魯府 군정지인軍政之印'이라고 새겨져 있었고, 손잡이 옆에는 또 '대동大同 6년, 예부조禮部造'라는 글자가 새겨있었다. 이

런 글자로 미루어 이 도장은 금나라 말 동하국의 유물로 판정된다.

성장라자산에서 동북쪽으로 수십km 떨어진 대려령大麗嶺이 멀리 보였다. 대려령은 흑룡강성과 길림성의 접경지대에 위치한다. 성장라자산성은 대려령에 있는 옛 산성인 통긍산산성과 함께 훈춘에서 흑룡강성 동녕東寧을 경유하여 연해주의 쌍성자雙城子로 통하는 교통로와 목단강牧丹江 이북의 흑수말갈로 내왕하는 교통로의 요충이다. 또 해삼위海參崴 쪽으로 통하는 옛길은 바로 성장라자산성과 동남쪽으로 불과 1km 떨어진 분수령을 지난다. 성장라자산성과 통긍산산성은 모두 훈춘-동녕 도로 기슭에 있고 삼면이 절벽인 산위에 축조되는 등 성곽의 위치와 구조가 사뭇 유사하다. 이에 따라 학계에서는 성장라자 역시 통긍산산성과 마찬가지로 고구려 때 축성된 성곽이라고 보는 견해가 우세한다.

중국의 고고考古역사 계간지인 <동북사지東北史地>는 이에서 한걸음 더 나가 고구려의 '책성柵城'으로 주장한다. 그러나 지세가 험요한 성장라자산성은 군사요새로서는 매우 적합하지만 '책성부'라고 하는 부府의 행정통치중심이라고 하기에는 신빙성이 떨어진다. 외중에 일부 학자들은 출토된 구리도장으로 미뤄 성장라자산성을 요·금시기에 축성된 성곽으로 주장하기도 한다.

성장라자산 서쪽의 강기슭 언덕에서 발견된 옛 주거지는 옛 성곽에 덮인 베일을 어느 정도 걷어내고 있었다. 초평촌 부근에 있다고 하여 '초평草坪유적'이라고 불리는 이 유적지는 초평촌 동쪽 1km 되는 란가쟁자하蘭家趙子河의 동쪽 기슭에 위치한다. 유적지는 남북 길이가 약 80m이고 동서 너비가 약 50m이며, 주변은 넓은 평지이다. 지금 이 유적지는 대부분 경

▲ 산성 기슭의 습지와 철조망

작지로 되어 있다. <훈춘현지>에 따르면 이곳에서는 많은 기와와 막새 조각, 토기의 장식품 등이 발견되었다. 기와는 대부분 회색의 천 무늬였으며 평기와에는 압지무늬와 노끈무늬가 있었다. 그리고 막새에는 모두 발해 특유의 연꽃무늬가 돋쳐있었다. 발굴된 자기瓷器병은 주둥이와 밑부분만 남아 있었는데, 도문시의 경영촌慶榮村 유적지에서 발굴된 요나라와 금나라 시기의 자기병과 유사한 걸로 판정되고 있다.

출토된 유물과 유적지의 크기로 보아 초평 유적지는 규모가 상당히 큰 건축지로 추정되고 있다. 유적지는 부근의 성장라자산성과 잇닿아 있어 성장라자산성의 축성시기를 추정하는 다른 하나의 근거로 되고 있다. 이에 따르면 성장라자산성은 고구려 시기에 축조되었으며 그 후 발해와 요·금시기에 계속 사용된 걸로 보는 게 마땅하다. 고구려와 발해 시기에 어느 관할지역이었는가에 대해서는 아직 많은 고증을 필요로 한다.

서쪽 산기슭에는 큼직한 바위들이 성곽의 잔해처럼 널려 있었다. 뭔가 둔덕 비슷한 게 보여 다가서서 보니 1~2m 높이의 토담이었다. 토담의 바로 옆에는 무너진 돌담이 가지런히 서 있었다. 두 담 사이는 세 사람 정도 나란히 걸을 수 있을 정도로 폭이 넓었다. 솔직히 성벽이라고 하기보다 '참호'에 가까웠다. 이 '참호'는 벼랑 기슭에서 시작되어 풀밭 쪽으로 쭉 이어지고 있었다. '참호'는 작은 수림을 지나 평지에 이르자 키 넘는 골짜기로 변했으며 나중에 풀밭이 끝나는 경작지 부근의 철조망에 이르러 자취를 감추고 있었다.

성장라자산성의 '참호'는 문헌에 아무런 기재도 보이지 않는다. 등반이 불가능한 산 서쪽에 있다 보니 답사 내내 사각지대가 되지 않았는가 한다.

"······성장라자산성이 평지까지 이어졌다는 증거물입니다." 연변대학 발해연구소 전 소장인 방학봉 교수는 이 '참호'를 성곽의 일부라고 주장했다. 통상 산성과 평지성은 나란히 있다는 것이다. 그러나 평지성인 영성자고성이 성장라자와 떨어져 따로 있다는 점은 이 주장에 의문을 던진다.

▲ 성장라자산성 참호, 장성의 일부로 추정하는 설도 있다

이와 전혀 다른 목소리도 있었다. '참호'가 훈춘 경내의 장성 일부일 가능성이 십분 크다는 것이다. 훈춘 장성은 일명 국경의 담이라는 의미의

'변장^{邊墻}'이나 국경의 참호라는 의미의 '변호^{邊壕}'라고 불린다. 현지에서는 훈춘 장성을 아예 고구려의 국경이라는 의미의 '고려변^{高麗邊}'이라고 부르기도 한다. <훈춘고성고^{古城考}>에 따르면 훈춘 장성은 훈춘평원의 북쪽에 위치하며 북쪽으로 읍루의 침입을 막고 훈춘평원의 안전을 도모하려는 것이었다. 훈춘 장성은 천년의 풍운에 많이 파괴되어 원 모습 그대로 이어져 있는 부분이 거의 없다. 장성의 대체적인 위치는 알아도 많은 부분이 아직도 공백으로 남아 있다. '참호'가 장성의 일부일 가능성을 배제할 수 없다는 이야기이다.

그렇다면 이 '참호'의 진실은 도대체 무엇일까? 성장라자산성은 마치 철조망에 둘리듯 천년의 '미스터리'에 겹겹이 쌓여 있었다.

황혼의 어스름을 헤치고 벼랑바위가 거대한 장벽처럼 시야를 꽉 막고 있었다. 그 장벽 뒤의 어디선가 금세 호랑이의 포효소리가 들릴 것 같았다. 천년의 성곽은 그렇게 오랜 세월이 지나도록 좀처럼 범접하기 어려운 존재였다.

영성자營城子의 이름 뒤에 숨은 갑옷의 무사들

영성자營城子는 굳이 고성이라고 밝히지 않더라도 벌거숭이처럼 몸을 훤히 드러내놓고 "나 성곽이요"하고 한껏 뽐내는 이름이다. 그런데 생뚱맞게 경영할 영營자를 성곽 앞에 성씨처럼 붙여놓은 건 도대체 무슨 영문인지 알 수 없다.

영성자고성이 있는 훈춘하琿春河 기슭은 연변지역에서 유달리 만주어 지명이 많이 남아 있다. 훈춘하에서 따온 훈춘이라는 이름 자체도 만주어를 음차한 것으로, 원래의 의미는 꼬리라는 뜻이며 시초에는 '강물', '지류'라는 뜻으로 쓰이다가 후에 '성읍', '변경'이라는 뜻으로 사용되었다고 한다. 이와 마찬가지로 훈춘하 중류의 하다문哈達門은 만주어로 언덕이라는 뜻이며 흑적달黑滴達은 창날이라는 뜻이다.

그러고 보면 영성자고성에 달린 글자를 만주어로 해석하는 게 제일 합리적일 것 같다. 만주어로 풀이하면 열기 힘든 '자물쇠'가 쉽게 풀리지 않는가.

중국어 '영營'자의 발음 'ing'은 만주어로 군대편제나 성씨를 이르는 말이다. '영營'이 성씨로 쓰였다면 당연히 성주나 성내의 유명한 가족의 성씨를 따왔으리라고 짐작할 수 있겠지만 아직까지 연변지역에서 성씨로 이름을 지은 고성은 없는 것으로 알려진다. 그런데 훈춘하 하류지역에는 이밖에도 'ing'자 발음의 꽃 '영英'를 붙인 고대 성곽 영의성英義城도 있다. 따라서 '영營'자를 만주어의 군대편제 쪽으로 해석하는 게 훨씬 자연스럽다. 우연한 일치인지 몰라도 이 두 성곽은 모두 둘레의 길이가 천 미터 남짓한 등 그 크기가 엇비슷하다.

<길림통지吉林通志>에 따르면 명나라 때 비우성斐优城 일대를 중심으로 훈춘지역에서 한동안 여진족 와르객부瓦爾喀部가 널리 활동했다고 한다. 영성자는 청나라의 봉금 전에 훈춘지역에서 활동한 여진족이 먼 옛날의 기억으로 후세에 남긴 이름이 아닌가 한다.

그러나 훈춘 시가지에서 영성자 고성으로 가는 길은 더는 먼 옛날의 기억을 살리기 힘들었다. 흙길이 아닌 포장도로는 산굽이를 따라 무려 100km 정도 계속 이어졌는데 차창 밖에 드문드문 지나는 마을 역시 기와집들이 줄느런하여 그 옛날의 시골풍경을 도무지 떠올릴 수 없었던 것이다.

버스 종착역은 춘화진春化鎭이었다. 여인숙을 찾아 여장을 풀고 부근에서 택시를 불렀다. 나중에 여인숙 앞에 대기한 것은 현지인이 운영하는 무허가 택시였다. 말이 진이지 작은 동네여서 전문 택시가 없단다. 거리가 아니라 시간당으로 임대료를 계산하는 게 이색적이었다.

▲ 영성자고성 표식판

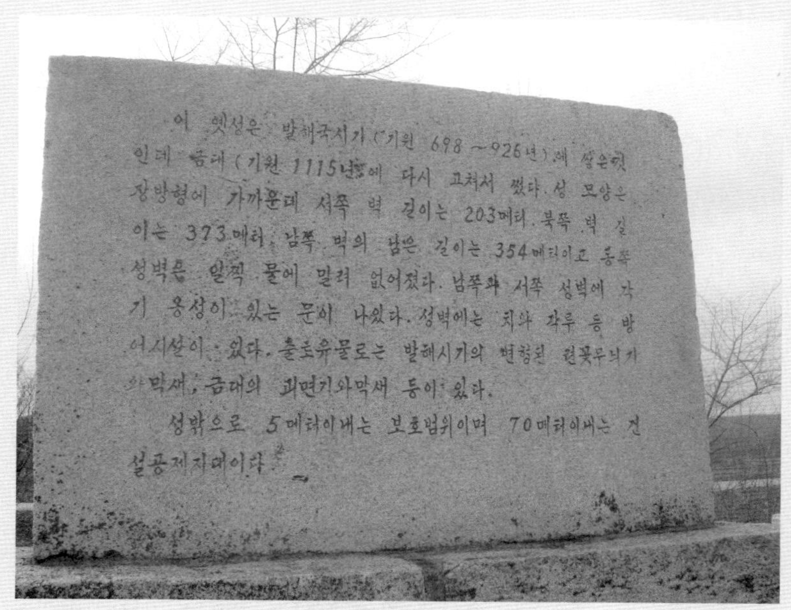

▲ 영성자고성 표식판 한문안내문

진짜 에피소드는 잠깐 뒤에 생겼다. 현지 태생이라고 하는 장張씨 성의 기사가 영성자고성이 뭐냐 하고 물어왔던 것이다. <훈춘현문물지琿春縣文物志>에 기록된 위치와 내용을 대충 설명했더니 그제야 알았다는 듯 고개를 끄덕거린다. "등잔 밑이 어둡다"고 하던가, 장 씨에 따르면 현지에서 영성자고성은 그저 토성으로 통한다는 것이다.

영성자고성은 춘화진에서 북으로 약 5~6km 떨어져 있는데, 바로 훈춘하 상류의 하곡분지 남쪽 기슭에 위치한다. 훈춘–동녕東寧 도로는 바로 고성의 서쪽 50m 떨어진 곳을 지나고 있었다. 영성자고성은 보란 듯이 길옆의 평지에 길고 높은 흙 둔덕으로 서 있었다. 고성의 표지판이 대로 옆의 나지막한 둔덕 위에 보였다.

"진짜로 영성자고성이 맞네요." 자못 놀라움에 젖은 장 씨의 말이다. 그는 하루에도 여러 번 표지판을 지나지만 고성의 이름에는 전혀 신경을 써본 적 없다고 한다.

"토성 밖에 없는데요. 뭘 보시지요?"

진짜 고성은 토성을 제외하고 남아 있는 게 없었다. 그마저 동쪽 성벽은 언제인가 물길을 바꿨던 훈춘하에 밀려 전부 파괴되어 있었다. 성벽 자리 부근에는 그때의 기억인 듯 맑은 물이 길쭉한 웅덩이를 이루고 있었다. 그래도 동쪽을 제외한 기타 삼면의 성벽은 잘 보존된 편이었다. 고성은 잔존한 성벽의 둘레 길이가 무려 930m, 높이가 3~4m인 등 연변지역의 온전한 평지성으로는 굴지의 거대한 몸집을 자랑하고 있었다.

잔존한 성벽에는 부동한 거리를 두고 울뚝불뚝 밖으로 내민 치가 10여 개나 있었다. 동쪽 성벽에도 치가 설치되어 있을 것으로 짐작되었지만 성벽 자리에 있는 웅덩이의 물 위에는 다만 수풀의 그림자가 애처롭게 비껴있을 따름이다. 남쪽과 서쪽 성벽에는 각기 옹성 하나가 있었으며 서남쪽 성벽 모서리에는 각루 자리가 하나 있었다. 특이한 것은 잔존한 서북쪽 성벽의 모서리가 여타의 성곽과 달리 직각이 아니고 원각이라는 것이었다. 이로부터 볼 때 동북쪽 성벽의 모서리도 원각이 아닌가 한다.

성내에 남아 있는 유물이라면 밭에 널려있는 기와와 토기 조각으로, 그나마도 전부 손가락 크기의 자잘한 것들이었다. 기와는 회색뿐만 아니라 붉은색도 있었으며 전부 천 무늬가 찍혀 있었다. 성곽에서 서쪽으로 200m 떨어진 자그마한 언덕 위에는 인공적으로 쌓은 흙무지가 보인다. 망대로 추정되는 이 인공물은 고성에서 토성을 제외하고 현존하는 유일한 유적이다.

사실 고성에는 유적이 이뿐만이 아니었던 것으로 전한다. <간도역사유적間道の史蹟>에 따르면 1942년 일본인 사이토齋藤가 성내 동쪽 구석에서 건축유적을 발굴했다고 한다. 이 유적에는 초석들이 5평 정도의 땅 위에 가지런하게 놓여있었다고 한다. 훗날 이런 돌덩이들은 밭을 경작하면서 전부 성 밖에 버려졌다. 그 때문에 현재로선 건축유적지의 확실한 위치마저 확인하기 어렵게 되었다. 그리고 성내 동쪽에서는 둥그런 우물이 발견되었는데 우물 벽은 돌로 쌓았으며 지름이 0.7m, 깊이가 3m 남짓했다고 한다. 광복 후 성내에 살고 있던 농가에서 이 우물을 사용했다는 것이다. 그러나 우물 역시 밭을 만들 때 일부러 메웠는지 아니면 강물에 파괴되었는지 흔적도 보이지 않는다.

약 20년 전까지 가까스로 고성에 남아 있었던 돌절구도 똑같은 신세였다. 현지 사학자가 답사를 하던 도중 발견하고 그 자리에 놓아두었다는 이 돌절구는 불과 몇 년 전에 어디론가 잠적했다고 한다. 그가 답사기에 사진으로 남겨두지 않았더라면 성내에서 돌절구가 발견되었다는 기록마저 옛 우물처럼 깡그리 소실될 뻔한 것이다.

▲ 영성자고성 동북쪽 모서리

　고성에서 이런 유적이나 유물보다 이름 있는 것은 무협지에나 나올 법한 칠성검七星劒이다. 이전에 성내에서 이런 검이 발견되었다고 하자 장 씨는 처음 듣는 이야기라면서 황폐한 고성에 그런 '보물'도 있었나 하며 반색하였다. 호기심이 동한 그가 질문을 연신 들이대는 바람에 엉뚱하게 주객이 전도되는 진풍경이 벌어졌다.

　어느덧 땅 위에 거뭇거뭇한 그림자가 깔리기 시작했다. 멀리의 산등성이는 물론이요, 가까이에 있는 영성자고성의 토성도 희미한 윤곽으로 색이 바랜다. 어둠의 장막은 고성에 깃들어있던 천년의 기억을 바야흐로 덮어버리고 있는 것 같았다.

그렇잖아도 잡초만 무성한 성벽 위에는 더는 바람에 나부끼는 깃발도 없었고, 깃발을 꽂은 선민도 종적이 묘연하였다. 비록 초평草坪마을 부근에서 일부의 석관무덤이 조촐하게 발견된 게 고작이지만 그때 이곳에서 살던 선민들은 엄청 큰 군락을 이뤘던 것으로 보인다. 영성자고성이 중등규모의 성곽인 건 제쳐놓고서라도 고성 부근에 또 다른 고대유적이 나타나고 있기 때문이다. 영성자고성에서 동북쪽으로 2,~3km

▲ 고성 동쪽 성벽은 물에 밀려 흔적이 없다

떨어진 곳에는 성장라자城墻砬子산성이 있으며 산성 기슭에는 이 두 성곽과 밀접한 연관이 있는 것으로 추정되는 대형 건축 유적지가 있다.

군집한 유적은 고성의 위치가 몹시 중요하다는 것을 보여준다. 영성자고성은 성장라자산성과 마찬가지로 옛날 연해주의 쌍성자雙城子와 해삼위海參崴 그리고 목단강 이북의 흑수말갈로 통하는 교통로를 수비하던 군사요새였던 것이다.

이름에서 볼 수 있다시피 영성자고성에는 한때 여진족 사람들이 죽치고 있었던 게 분명하다. 그러나 영성자고성의 주인은 여진족 사람들만이 아니었던 것으로 분석된다. 성곽의 구조와 발굴된 유물로 미뤄보아 영성자고성은 발해 시기에 축성되고 요·금시기에 개축한 성곽으로 보는 주장이 학계에서 우세하고 있기 때문이다. 와중에는 영성자고성이 발해 시기를 앞서 고구려 때 축성되었다고 주장하는 학자들도 적지 않다. 영성자고성의 바로 동쪽에 있는 성장라자산성은 고구려 시기의 '책성柵城'이라는 설이 있을 만큼 고구려의 낙인이 또렷하게 찍혀있는 성곽이기 때문이다. 고구려 성곽은 보통 산성과 평지성이 한조를 이룬다. 이에 따라 영성자고성 역시 성장라자산성과 한데 묶어보아야 한다는 것이다.

유감스럽게도 영성자고성이라는 이름의 옛 그림은 군데군데 닳고 떨어져서 뭐라고 윤곽을 잡기 힘들었다. 군대편제라는 뜻을 갖고 있는 고성 이름에 갑옷을 입은 무사들의 그림자가 비껴있듯 천년의 기억 역시 어딘가에 구전동화처럼 꽁꽁 묻혀있지 않을까……

▲ 영성자고성 서쪽 성문터

도원동桃源洞의 잉어 왕은 정말 있었나

　옛날 훈춘하琿春河는 마적달馬適達 마을을 지난 후 아래쪽에 불쑥 나타나는 산굽이에서 늘 심술을 부렸다고 한다. 세간에서는 툭적하면 범람하는 강물을 두고 강에서 수백 년 살고 있던 잉어 왕이 작간을 부린 것이라고 전한다. 마을사람들은 강기슭에 제물을 차리고 잉어 왕에게 제사를 지내며 부디 좋은 고장으로 만들어 달라고 애원한다. 잉어 왕이 선심을 썼던지 그때부터는 큰물이 예전처럼 말썽을 부리지 않았다고 한다. 그래서 산굽이에 있는 마을 이름을 도원동이라고 지었다는 것이다.

　그런데 산굽이에 있던 마을은 도원동이 아니라 농평農坪이라고 하는 설이 있다. 현지 전설수집가 한정춘 씨에 따르면 이 마을은 훈춘하의 등쌀을 못 이겨 수십 년 전 강북에 있는 지금의 자리로 옮겼다는 것이다.

　농평은 이름 그대로 농사를 짓는 산지대의 평평한 둔덕이라는 말이다. 진짜 강 굽이돌이를 만든 산의 꼭대기는 높이가 40미터에 불과한 평평한

▲ 농평마을

둔덕이다. 이 둔덕의 북쪽 끝머리에는 신발 모양의 석성이 있다. 동서 양쪽은 험한 비탈을 그대로 이용했고, 남북 양쪽은 돌로 쌓아올렸다. 석성은 동서 양쪽에 각루를 두고 있으며 성문이 남북 양쪽에 도합 3개가 되는 등 시설물이 그리 많지는 않다. 석성은 성벽의 둘레의 길이가 430미터로 아주 작은 성곽이다. 이 평정식 산성은 지금까지 별 다른 유적이나 유물이 발견되지 않고 있는 걸로 알려져 있다. 지금은 도원동 남산성이라고 불리는 이 성곽이 옛날에는 무슨 이름으로 불렸는지 알 수 없지만 선인들이 살던 고장이었던 것만은 확실하다.

산과 물을 이웃한 이런 풍수 좋은 덕땅을 버리고 도원동이라는 선경 같은 이름을 이웃에 내준 게 풀기 어려운 한으로 남았는지도 모른다. 이 사한 농평 마을이 이전처럼 물을 이웃하고 산 둔덕을 뒤에 업고 있는 것이다. 비록 이 물은 골짜기에서 흘러나오는 무명의 시냇물이지만 마을 뒤쪽의 둔덕에도 도원동 남산성과 비슷한 크기의 산성이 있다. 이를 우연한 합치라고 하기에는 약간 억지를 부리는 것 같다.

농평은 마적달 아래에 있는 동네라고 해서 한때는 하마적달下馬適達이라고 불렸다고도 한다. 학계에서는 마적달을 만주어로 뾰족하다 혹은 날카롭다는 뜻이라고 해석하는 경우가 많다. 마적달이라는 지명이 만주족과 연관이 있다는 이야기이다. 그러나 한정춘 씨는 마적달에 있는 발해의 무덤탑이 위치한 둔덕이 바로 말발굽모양이며 마적달은 이를 뜻한 한자명

마제탑馬蹄塔의 변음이라고 주장한다. 한정춘 자신이 마적달 태생이며 더구나 탑 부근에서 살았다고 하니 이 주장에 한결 무게가 더 실리는 것 같다. 아무튼 농평은 지명부터 화제의 도마에 올라 입씨름을 하고 있는 셈이다.

▲ 한정춘(전설수집가)

인터뷰 도중에 그는 전설수집가답게 구수한 이야기 하나를 들려준다. 이전에 무덤탑 부근에 터전이 있었는데 언제인가 팔뚝만큼 굵은 구렁이 한 쌍이 돌무더기에서 나와 밭머리에서 한가롭게 햇볕 쬐임을 하더란다.

"노인 분들은 탑을 지키는 영물靈物이라고 하시면서 구렁이를 다치면 화를 입는다고 신신부탁을 하는 거예요."

그때 한정춘 씨는 일감을 놓고 멀찌감치 서서 신비스런 구렁이를 반나절이나 눈요기를 했다는 것이다. 전설의 영물을 전설 속이 아닌 현세에서 눈으로 확인한 장면은 그의 기억에 잊을 수 없는 순간으로 남아 있었다.

취재노트를 접으면서 하필이면 왜 두 마리의 구렁이일까 하는 의문이 들었다. 혹여 이 구렁이는 마적달 부근의 훈춘하 양안산성에서 파견한 수호신이 아닐까 하는 다소 엉뚱한 생각까지 들었다.

화두에 오른 마을 뒷산은 훗날 농평 마을이 마적달촌 6대隊로 개명되었다고 해서 일명 6대산이라고 불린단다. 마을사람들은 또 뒷산을 모양새로 미뤄 가마솥뚜껑 산이라고 부르고 있었다. 하지만 산성이름은 6대나 가마뚜껑이 아닌 산기슭의 마을 이름을 따서 "농평산성"이라고 불린다.

뜻하지 않게 이런 지명 이야기 때문에 혼선을 빚는지는 몰라도 농평 마을에서는 산성의 이름을 제대로 아는 사람이 없는 것 같았다. 산에 유적이 있는 줄 알고 있는 사람이 한손에 꼽힐 정도였으니 더 말할 게 있겠는가. 오히려 촌민들은 금맥을 탐사하듯 뒷산을 찾는 타지의 나그네가 자못 이상하다는 눈치이다.

"산에 뭐가 있다고 그러지요? 옛날 지질탐사대가 파놓은 자리밖에 없는데요"

마을 뒷산은 높이가 20여 미터 밖에 되지 않았다. 동북쪽은 신설도로가 지나면서 높은 절단면을 만들었고 동쪽과 남쪽은 가파른 비탈이었으며 북쪽에는 연연한 산발이 멀리 이어지고 있었다.

마을 뒤를 감돌아 흐르는 시냇물에는 1970년대에 세웠다는 작은 콘크리트 다리가 놓여 있었다. 훈춘으로 통하는 옛길은 바로 이 다리를 지나 뒷산 남쪽 기슭을 지난다. 이상하게도 산으로 오르는 길은 보이지 않았다. 혹여 길이 있었다면 동북쪽이 아닐지도 모르지만 신설도로가 지나면서 빡빡 밀어버린 것 같았다.

산이 별로 높지 않았기 때문에 경사가 다른 곳보다 약한 남쪽 비탈로 금방 산꼭대기에 오를 수 있었다. 산꼭대기를 몇 걸음 앞두고 무릎을 넘는 긴 도랑이 나섰다. 지질탐사대의 '작품'이라고 하는 이 탐사용 도랑은 자칫 '참호'로 착각하기 십상이었다. '참호'는 산성 서남쪽과 동북쪽에 각기 하나씩 있는 걸로 알려져 있다. 그런데 산성에는 진짜 참호가 있어서 역시 지명처럼 약간의 혼선을 빚는다. 참호는 너비와 깊이가 각기 2미터나 되는데 산성 동쪽을 횡단하고 있으며 동남쪽으로는 성벽을 이어 산중턱까지 내려가고 있었다. 1980년대 현지의 문물요원들이 산성을 답사하고 남긴 기록지인 『훈춘현문물지珲春縣文物志』가 아니라면 헷갈리기 쉽다.

헷갈리는 일은 계속 꼬리에 꼬리를 물고 있었다. 문물지에 따르면 산성은 대부분 돌로 성벽을 쌓았다는 것이다. 하지만 높이가 1m 정도에 달하는 성벽은 전부 흙무지 모양이며 거기서는 비죽이 내민 돌조각도 보이지 않는다. 세월의 비바람 속에서 원래의 모양을 잃어버렸을까……

▲ 성벽과 참호

▲ 농평산성 원경

▲ 성벽

산성에서 제일 유표한 유적은 북쪽에 있는 세 갈래의 성벽이다. 높이가 1미터 남짓하고 서로 4~6미터 떨어진 성벽은 거대한 흙무지처럼 산꼭대기에 길게 솟아있다. 성벽은 서북쪽 성문 자리에서 동북쪽으로 휘어들고 다시 동남쪽으로 꺾어들면서 성 북쪽을 타원형으로 빙 에워싼 것으로 전한다. 그러나 서북쪽과 동북쪽에 도로를 신설하느라고 산 자체가 반 이상 깎였기 때문에 이곳에 있었다는 성문은커녕 성벽조차 형체라곤 남아 있지 않았다. 천년의 비바람을 버텨 온 산성이 단 몇 년 사이에 산산조각이 난 것이다.

마을사람들이 뒷산을 볼거리 없는 민둥산으로 알고 있는 것도 그리 이상할 바 아니었다. 산성에서는 토기조각 몇 점만 발견되었을 뿐 별다른 유물이 출토되지 않았던 것이다. 농평산성은 3km 밖의 강남에 마주하고 있는 도원동 남산성과 함께 훈춘하 중하류의 수륙통로를 파수하고 통제하고 있다. 족집게처럼 교통로를 옥죄고 있는 두 산성의 모양새는 훈춘하 서쪽의 간구자산성과 소홍기하 보루를 방불케 하고 있었다. 비록 성곽의 규모와 모양새, 시설 등은 간단하지만 축성구조가 살기성과 유사하기 때문에 살기성처럼 고구려 시기에 축성된 성곽으로 보아야 할 것이다.

하지만 산성지역에서 특기할 사례로 등장하는 유물은 그 후인 발해시기의 것으로 알려진다. 농평산성 동쪽으로 2킬로미터 되는 산비탈에 있는 무덤탑은 발해국 문왕文王 대흠무大欽茂가 동경 용원부에 서울을 잡고 있던 시기에 쌓은 것이다. 무덤탑의 지궁에서 중년 남성의 유골 한 구가 발견되었는데, 이 남성은 발해 시기 도원동과 농평 두 산성 지대를 수비하던 장군이라는 설이 대두하고 있다. 동경 용원부가 있었던 훈춘 팔련성

▲ 멀리 보이는 도원동 산성

八連城은 마적달과 약 60km 떨어져 있고, 지궁의 유골 임자를 왕족이라고 하기에는 탑 부근에 다른 무덤 유적이 없으며 또 어느 유명한 대신이라고 하기에도 이를 뒷받침할 문헌자료가 전혀 없기 때문이다.

마적달에는 산성과 탑을 제외한 기타의 유적도 나타나고 있다. 도원동 마을의 호로별툰胡蘆鱉屯 유적지에서는 토기 등의 유물이 출토되는데 이런 유물은 용정 금곡金谷 유적지에도 등장하며 역시 북옥저인들이 활약하던 시기의 것으로 알려진다. 선인들은 대를 이어 이 고장에 삶의 터전을 잡고 천년의 이야기를 훈춘하처럼 계속 이어내려 왔던 것이다.

훈춘하에 잉어 왕의 전설이 구전되고 무덤탑에서 영물이라고 일컫는 구렁이가 한 쌍 등장한 것은 전세傳世의 땅에서 일어나는 천지의 감응이라고 하는 노인들의 이야기에 저도 몰래 귀가 솔깃해진다. 선인들이 옛 고장을 찾은 후세들에게 잉어 왕으로 또 구렁이로 현신하여 옛날의 위풍을 과시하지 않았을까……

간구자, 메마른 골짜기의 기록

훈춘의 사람들에게 동흥촌東興村은 아직도 '간구자干溝子'라는 옛 이름으로 통한다. 간구자는 마른 골짜기라는 뜻으로, 골짜기에 흐르는 냇물이 늘 말라있다고 해서 생긴 지명이다. 하지만 막상 여름철이면 물이 적지 않으며 아직도 버들치 따위의 물고기가 꽤나 잡힌다고 한다.

간구자는 일본 강점시기인 1930년대 말 집단부락을 만들면서 생긴 동네이다. 북쪽의 왕씨네 골, 방씨네 골, 춘개네 골 등 작은 골짜기에서 삼삼오오 흩어져 살고 있던 사람들은 이때 억지다짐으로 골짜기 어구에 내려와 이삿짐을 풀게 되었다고 한다.

그때는 땅이 쩡쩡 얼어터지는 동지섣달이었다. 11살의 어린 나이였던 최명숙 옹은 엉성한 초막 때문에 아직도 그때의 기억이 어제처럼 또렷하다고 말한다. 사람들은 땅 위의 눈을 치고 앞뒤에 나무기둥을 세웠으며 용마루를 얹고 잔가지들을 걸쳤다. 콧구멍만한 초막은 그나마 뙤창문이

달렸다 뿐이지 선사시대에나 있었을 법한 원시인의 오두막으로 착각하기 십상이었다.

이런 초막은 이듬해 봄을 맞아 눈석임처럼 사라졌다. 나중에 산기슭에 는 2~30 가구의 집들이 올망졸망 줄지어 늘어섰고 그 주위에는 목책까 지 길게 나타났다고 한다.

▲ 최명숙 옹

그때의 간구자의 모습은 한 장의 색 바랜 사진처럼 최명숙 옹의 기억에 남아 있었다. 그러나 얼마 전 사위의 안내로 20 년 만에 고향땅을 밟았다는 최명숙 옹은 진짜 골물처럼 연신 한숨을 쏟아냈다고 한다. 70여 년의 세월 속에서 사진 속의 영상이 흡사 골짜기 바닥에 스며든 냇물처럼 어디론가 사라진 것이다.

"옛날의 모습이 하나도 없스꾸마없습니다. 그때는 지금처럼 남 향이 아니라 동향집이었지요"

불과 10여 가구밖에 남지 않은 마을에는 아직도 초가가 여럿 보였지만 모두 이전의 가옥이 아니었는 것이다. 더구나 운명의 비바람에 부대껴 간 구자에 잡목처럼 뿌리를 내렸던 최초의 원주민은 단 한 명도 찾아볼 수 없었다고 한다. 결국 이번 걸음은 노인의 향수鄕愁를 더 애잔하게 만들었 고 그의 가슴에 더더욱 메울 수 없는 골짜기를 만들었다.

마을 동쪽에 있는 산줄기는 훈춘하琿春河를 마치 작두처럼 썩둑 잘라버 리려는 듯 남쪽으로 쑥 내밀어져 있다. 이 산줄기는 옛 산성이 있는 걸로 유명하지만 정작 최명숙 옹의 기억에 남아 있는 건 그것이 아니었다. 그 때 산에서는 당나귀만한 늑대가 자주 마을에 내려와 집짐승을 물어갔다고 한다. 그래서 마을에서는 산자락에 돌로 제단을 만들어 해마다 산신령에게 제사를 지냈다는 것이다.

"좌상 노인이 나서서 이래라 저래라 하고 지시를 내렸으꾸마내렸습니다. 그러면 돼지랑 잡아서 제물로 올려놓고 그랬스꾸마그랬습니다."

▲ 눈이 내린 뒤 산등성이에 길게 드러난 성벽흔적

이 풍속은 훗날 어디론가 잠적한 늑대처럼 마을에서 광복을 계기로 소리 없이 사라졌다고 한다. 산자락에 있던 돌제단도 언제인가 가뭇없이 자취를 감췄다. 그러고 보면 아직도 골짜기에 길고 높은 토성으로 남아 있는 옛 산성 그 자체가 기적일지도 모른다. 그러나 이 산성이 최명숙 옹의 기억에 아무런 흔적을 남기지 않고 있다는 것은 좀처럼 해득하기 어려운 대목이었다. 무명의 촌부村婦로 세상을 무심하게 살아오면서 혹여 산성을 북산의 피나무나 오리나무처럼 그저 간구자의 일부분으로 여겼을까……

▲ 건물터

아이러니하게도 마을의 원조 인물이 모르는 이 산성을 후세들은 대부분 알고 있었으며 산성이 있는 골짜기를 성자구城子溝라고 부르고 있었다. 1980년대, 현지의 문물조사 요원들이 유적조사를 하면서 옛 산성이 마을에 알려지고, 그때부터 이 골짜기에 새로 생겨난 이름이 아닌가 한다.

간구자하干溝子河를 따라 마을에서 북쪽으로 불과 6~700미터 올라가니 오른쪽 산에 첫 골짜기가 나섰다. 초봄에 내린 하얀 눈 때문에 성벽은 앞뒤 계선이 극명하여 금세 눈에 뜨였다. 성벽은 마치 흰 구렁이처럼 골 어구의 양쪽 비탈로 기어오르고 있었다. 아직 얼음이 풀리지 않아 발을 적시지 않고 폭 10여 미터의 시냇물을 쉽게 건널 수 있었다.

골 입구는 가운데 둔덕을 하나 두고 결구가 두 개 있었다. 성내의 골짜기에서 흘러내리는 시냇물은 남쪽 결구를 지나 간구자하에 흘러들고, 마을에서 올라온 달구지길은 북쪽 결구를 지나 성내로 들어간다. 남쪽 결구는 빗물에 패이거나 채금 때문에 파괴되어 꽤나 넓고 깊다. 성문은 바로 달구지길이 지난 북쪽 결구였다. 골 어구가 산성 서쪽의 유일한 출입구라는데 신경이 쓰인 모양으로 토성은 내외 이중으로 되어 있었다.

골은 다시 두 개의 골짜기로 나뉜다. 골짜기 사이에 있는 둔덕에 올라서자 둥그런 구덩이가 연달아 나타난다. 위치를 보아 초소가 있던 자리인 것 같았다. 평퍼짐한 곳에는 건물터가 적지 않았다. 이전에 건물터에서 토기 등의 유물이 일부 발견되었다고 한다. 그러나 눈과 낙엽에 덮여 별다른 흔적을 찾을 수 없었다.

작은 벌을 마주 하고 있는 동쪽 골 어구에도 역시 아무런 흔적이 없었다. 성문터는 고사하고 토성의 흔적조차 보이지 않는다. 산등성이를 타고 있던 토성이 골 어구에 이르러 물처럼 잦아들고 있었던 것이다. 산성 동쪽에 보루가 있었다는데 역시 개답하면서 파괴되었는지 찾아볼 수 없었다. 이런 보루는 성 동쪽에 2개, 북쪽에 1개, 서북쪽에 3개 있었던 것으로 『훈춘현문물지珥春縣文物志』가 전한다.

토성은 산세를 따라 쌓았는데 동쪽 골 어구를 제외하고는 거의 원상태로 보존되어 있었다. 성벽은 굽이돌이의 봉우리에 치나 각루 모양의 둔덕을 쌓고 있었다. 또 동북쪽의 토성 밖에는 참호가 있었다. 산성의 제일 높은 곳은 동북쪽과 서남쪽 산봉우리로, 이곳에 올라서면 전반 성내가 한눈에 안겨든다.

광복 전, 산성의 남쪽과 동쪽 산기슭에는 철길이 부설되어 있었다. 이 철길은 광복이 난 후인 1945년 9월 소련군이 전부 폭파하고 침목까지 말끔히 뜯어갔다고 한다. 지금은 옛 철길 남쪽에 훈춘-동녕 도로가 부설되어 있지만 현지 사람들은 천 년 전의 옛길이 바로 이 철길 자리에 있었다고 한다.

간구자산성은 홀로 있는 유적이 아니다. 산성은 동남쪽으로 훈춘하를 건너 1.5킬로미터 밖의 소홍기하小紅旗河 옛 보루와 마주하고 있다. 이 두 고대 유적은 서로 배합하여 마치 족집게처럼 훈춘하 통로를 옥죄이고 있는 것이다. 아닌 게 아니라 훈춘하 기슭의 군사요새로 손색이 없었다.

▲ 망루

▲ 성벽밖 참호

비록 산성은 지금까지 알려진 것이 많이 없지만 일찍 간구자에 집단부락이 서던 그 무렵에 벌써 자기의 모습을 세상에 일부 드러내고 있었다.

『훈춘현지琿春縣志』에 따르면 민국民國, 1911~1949시기 촌민 장춘張春이 성내에서 개간하다가 구리거울을 발견했다. 이 거울은 지름이 다섯 치 남짓했는데, 머리에 광환이 둘린 신선이 나무 아래에 앉아있으며 양산을 든 누군가가 그 옆에 기립하고, 두루미와 거북이가 나무 위에 앉아있으며 달과 해가 하늘에 두둥실 걸려있었다는 것이다.

그런데 이 구리거울은 물론이요 훗날 성내에서 출토되었다는 뇌석과 쇠로 만든 화살촉, 쇠솥, 연자방아 등의 많은 유물이 행방불명되었다는 것이다. 간구자산성은 골짜기의 마른 시냇물처럼 지난날의 기억을 어딘가에 꽁꽁 파묻고 있는 것 같았다. 과연 산성을 수비하고 있던 무사들은 허구 헌 세월 속에서 하루하루의 일상을 어떻게 보냈을까……

"봄에 밭에 나가 김을 매는데 그렇게 배가 고플 수 없었어요……"

이 이야기를 할 때 남몰래 눈시울을 붉히던 최명숙 옹의 모습이 산성의 수풀 속에 실루엣처럼 떠오른다.

그에 따르면 간구자에 살면서 제일 인상 깊었던 것이 보리밥이었다고 한다. 그때는 주로 조와 보리 등의 잡곡을 심었는데 척박한 산골이라서 소출이 그렇게 많지 않았다. 어린 시절, 보릿고개에 식량이 떨어져 온 집안이 너남 없이 배를 곯던 정경은 지금도 잊히지 않는다는 것이다.

고로봉식인 간구자산성은 그 둘레가 무려 2.5km에 달하는 대형 성곽이다. 산성에는 평소에 적어도 수백 명에서 천 명 단위의 수비군이 있었던 것으로 추정할 수 있다. 혈기가 왕성한 장정들이 수풀처럼 욱실거렸을 이

산성은 척박한 고장에서 어떻게 그토록 많은 군량을 조달했을지 궁금하다.

산성의 옛 기록은 『훈춘고성고珲春古城考』에서 일부 찾아볼 수 있다. 이 문헌은 "간구자산성이 동북쪽 비탈의 가로지른 산언덕에 건물을 지었으며 동북쪽으로 현의 소재지와 40여리20여 km 떨어져 있다. 너비는 250장丈이요, 길이는 3백장丈이며 동북쪽에 문 2개 있고 서쪽이 문 1개가 있으며 간구자산 기슭에 잇닿아 있다……"고 기재하고 있다. 이 기록은 현 산성 위치와 모양새가 일치한다.

그러나 옛 산성이 간구자의 메마른 골짜기에 남긴 원시기록은 여기에서 달랑 마침부호를 찍고 있었다. 수풀 속에 슬프게 누워있는 토성은 산성에서 창칼을 휘두르던 무사들이 땅 위에 그려놓은 마지막 흔적이 아닌가 한다. 여름이면 도랑에 넘치던 물처럼 간구자의 골짜기에 가득하던 옛 이야기들도 언제인가는 그렇게 다만 몇 마디의 기록으로 줄어들지 않겠는가 하고 우려되는 순간이었다.

'살기^{殺氣}'가 서린 살기성^{薩其城}

훈춘 버스터미널 앞에 삼삼오오 모여 있던 택시기사들은 여행객들이 버스에서 내리기 바삐 어서 자기 차에 앉으라고 부산을 떨었다. 그중 눈어림으로 깨끗해 보이는 차를 골라 앉았다. 택시기사는 행선지를 말해주자 시동을 걸다말고 피씩 하고 웃음을 흘린다.

'이건 뭐야, 도대체 양포향^{楊泡鄕}이 어쨌는데?'

"…실은 제가 바로 양포향에서 살거든요" 기사는 한마디로 필자의 궁금증을 하늘로 날려 보낸다. 유씨 성의 이 젊은 기사는 양목향 소재지인 양목림자^{楊木林子}촌 부근에서 산다고 했다. 양목림자촌은 살기성의 북쪽 산기슭에 자리잡고 있는 마을이다.

'이거 오늘은 행운이 넝쿨 채 굴러드는 게 아닌가'하는 생각이 들었다. 맹랑하게도 그건 잠시뿐이고, 유 씨는 살기성산성의 이름을 처음 듣는다고 하면서 집에 전화를 걸어 성곽의 위치를 묻는다. 그러나 양포향 토박이라고 하는 그의 모친 역시 살기성을 모른다고 한단다. 그래서 필자는 혹시 지명을 잘못 보지 않았나 하고 의구심이 들기까지 했다. 산성은 이상하게 시작부터 요리조리 숨바꼭질을 하고 있는 것 같았다.

▲ 살기산성 안내문 표지석

훈춘 시내를 떠난 차는 금방 양포향으로 통하는 포장도로에 들어섰다. 말이 포장도로이지 시골길처럼 울퉁불퉁하다. 양포향 탄광에 뻔질나게 드나드는 트럭에 의해 길이 많이 훼손되었다고 한다. 택시가 수없이 요동치면서 20여 분 달리자 벌이 끝나면서 산들이 나타났다. 멀리 산 북쪽에 보이는 첫 동네가 바로 양목림자촌이라고 한다.

마을에 들어서며 길을 물으려고 하는데 마침 휴대폰이 울렸다. 유씨의 자형이었는데 이전에 버섯을 따러 산에 올랐다가 산성의 표지판을 본 적 있다고 한단다. 아쉽게도 그가 알고 있는 산성은 그게 전부였다. 내친 김에 촌민을 찾아 물었으나 "그 식이 장식"이다.

이윽고 유 씨는 휴대폰을 놓더니 마을 남쪽에 1km 정도 떨어져 있는 자그마한 산등성이를 가리킨다. "저 산등성이의 동쪽에 있는 골짜기를 따라 조금 더 들어가면 된다고 합니다."

마을을 지난 차는 흙길을 타고 기우뚱거리며 산자락으로 다가섰다. 그러나 골짜기에 있는 길은 좁고 험해서 승용차는 아예 엄두도 내기 힘들었다. 차에서 내려 골짜기를 따라 잰걸음을 놓았다. 아닌 게 아니라 길가에 산성 표지판이 나타났다. 표지판 중 하나는 버림을 받은 듯 받침판에서 떨어져 있었다.

표지판을 뒤로 하자 바로 산 위로 향한 오솔길이 나타났다. 산성은 대개 산세를 따라 산등성이에 축조하는 법이다. 얼른 오솔길로 접어들었다. 키가 넘는 잡목 때문에 몇 미터 앞을 내다보기 힘들었다. 천년의 세월은 역시 그처럼 신비의 베일에 깊숙이 가려져 있었다. 그렇다면 산성 옛터에 남아 있는 역사의 기억을 어느 정도 찾아낼 수 있을까……

▲ 살기성 성터 위의 오솔길

문득 오솔길이 간데없이 뚝 끊어진다. 제잡담 나무숲을 헤치고 산비탈에 달라붙었다. 얼마 후 기다란 흙 둔덕이 앞을 막아섰다. 잠깐 숨을 돌리면서 위치를 보니 산등성이의 동북쪽이다. 둔덕 안쪽에는 2~3m를 사이 두고 또 하나의 흙 둔덕이 있었다. 흙 둔덕 사이의 낮은 도랑은 옛 참호의 자리인 것 같았다.

북쪽 둔덕 위에 올라서니 시야가 탁 트였다. 북쪽으로 양목촌 뒤에 있는 낮은 산들과 훈춘강이 보이고 서쪽으로 훈춘분지가 멀리 펼쳐져 있었다. 훈춘강 하류 충적평원의 수륙 요충지에 위치하고 인구가 조밀한 동네를 곁에 두고 있는 살기성은 군사요새로 적합한 곳이었다.

살기성은 둘레의 길이가 무려 7km에 달하는 대형 석축 산성으로 알려져 있다. 그러나 돌로 쌓은 성벽은 지금 대부분 허물어져서 얼핏 보기에는 돌과 흙 혼축성으로 혼돈하기 쉬웠다. 자칫 성벽이 아닌 둔덕으로 오인하기 십상이라는 이야기이다. 그래서 유씨의 자형이 살기성을 표지판 정도로 알고 있는 것이 어느 정도 이해가 되었다.

▲ 살기성 성터

살기성은 주위에 산등성이들이 빙 둘러쳐져 있는데 남쪽이 높고 북쪽이 낮으며 모양이 불규칙적이다. 성벽 밖의 산비탈은 경사가 30~40도여서 몹시 험했다. <훈춘현문물지 琿春縣文物志>에 살기성은 성문자리가 다섯 개 남아 있는 걸로 기재되어 있는데, 동쪽과 서쪽 성벽에 각기 하나씩 있으며 남쪽 성벽에 둘, 북쪽 성벽에 하나가 있다고 한다. 북쪽은 산성을 출입하는 중요한 경로이며 이 성문을 나서면 금방 촌락이 밀집한 평원이다. 산성 서남쪽과 동남쪽에는 망대가 있다. 이런 망대는 모두 밖으로 두드러지게 뻗은 산봉우리를 이용하여 축조하였다. 날씨가 맑으면 서남쪽 감시대에서는 여기에서 20km 정도 떨어져 있는 훈춘 시내도 바라 볼 수 있다고 한다.

성 동쪽에는 기나긴 고대 참호가 있었다. 이 참호는 훈춘강 북쪽의 하다문哈達門에서 시작되어 남쪽으로 멀리 러시아 경내까지 이어진다고 한다. 위치로 볼 때 고대 참호는 분명 훈춘평원의 동부를 장성처럼 지키고 있었다. 살기성은 바로 그 '장성'의 남부에 있는 성곽이었다.

<훈춘현문물지>에 따르면 성안에서 건물터가 두 개 발견되었고, 돗자리무늬, 빗살무늬, 노끈무늬가 있는 기와 등의 유물이 출토되었다고 한다. 이중 희귀한 것은 글자를 새긴 기와이다. 이 기와는 임금 왕王자를 돋을새김을 한 기와로, 그 아래의 글자는 떨어져 보이지 않는다고 한다. 살기성에는 고구려 시기의 유물이 대부분이고 발해 시기의 유물은 아주 적게 출토되었다고 한다. 1950년대, 산성에서는 쇠로 만든 활촉이 발견되었다고 한다. 그러나 이런 활촉은 언제인가 행방불명되었다는 것이다.

살기성은 짜임새와 배치가 집안시에 있는 고구려의 환도산성과 비슷하며 발굴된 기와들도 환도산성에서 발굴된 것과 꼭 같아 고구려산성이라는 게 정설로 자리잡고 있다. 살기성은 고구려 시기에 축조되고 발해 시기에 계속 사용했다는 것이다. 일부 학자들은 살기성의 위치와 짜임새, 발굴 유물로 미루어 양목림자촌 유적을 포함한 살기성 유적을 고구려 때의 책성으로 추정하고 있다. 그러나 여기에는 반론도 만만치 않다. 살기성은 대부분이 산비탈에 있기 때문에 군사요새라는 '신분'에는 어울리지

만 책성이라고 하는 행정통치 중심이라고 하기에는 적합하지 않다는 것
이다.

햇빛이 가까스로 비쳐드는 숲속에는 으스스한 기운이 안개처럼 감돌고
있었다. 어디선가 나뭇가지가 우지끈 부러지는 소리에 소름이 쫙 끼친다.
금세 뭔가 천년의 적막을 깨뜨리고 와당탕 소리를 지르며 뛰쳐나올 것
같다. 천년을 넘는 세월 속에서 산성에 서린 섬뜩한 기운은 아직도 남아
있는 듯 했다.

▲ 살기성 원경

북쪽 성벽을 따라 한참 걸었다. 옛날 고구려와 발해의 무사들도 이렇
게 성벽 위에서 순라를 했으리라. 산을 오르느라 지친 몸에 불현듯 알 수

없는 힘이 실리는 것 같다. 그러나 둔덕 위에는 키 넘는 나무들만 장승처럼 묵묵히 늘어서 있을 뿐이다. 허물어진 성벽 아래 군데군데 널려있는 돌덩어리들은 을씨년스런 풍경을 연출하고 있었다. 험요한 살기성 성안에도 고구려산성의 휘장처럼 시냇물이 흐르고 있었다.

산에서 내린 우리는 한동안 마을에 머물렀다. 양목림자촌은 석기 등 원시사회의 유물들이 출토된 것으로 학계에 널리 알려져 있다. 이런 유물들은 훈춘 일송정一松亭과 마천자馬川子 유적지의 문화내용과 비슷하고, 청동문화나 이보다 더 늦은 시기의 것으로 추정되고 있다. 또 양목림자촌에서는 많은 기와 유물들이 출토되기도 했다. 그런데 이런 유적지들은 전부 향 정부청사, 학교, 보건소,

▲ 살기성 표지석

민가와 경작지에 파묻혀 있다. 훈춘에서 양포향에 이르는 도로는 바로 이 유적지의 중부를 가로 지난다. 양목림자 유적지는 동서가 200m, 남북이 100m 정도 되는데 살기성과의 위치배치가 고구려 국내성과 환도산성의 위치배치와 사뭇 유사하다.

1970년대 한 촌민이 마을 동쪽에서 온전한 돌부처를 발견했다고 한다. 옛 사찰 터로 추정되는 이곳에는 얼마 전까지 1m 높이의 펑퍼짐한 둔덕이 있었다고 하는데 지금은 형체도 없이 파괴되어 있었다.

"이곳에 돌부처가 있었다고요?" 부근의 촌민은 그렇게 묻는 내가 오히려 어이없다는 표정이다. 이 돌부처는 이미 행방불명되어 있기 때문에 현지에서는 돌부처가 외계인처럼 믿기 어려운 존재로 된 것이다. 사실 사찰

유적지 역시 돌부처처럼 세간에 시야비야하는 물음표를 던지고 있다. 지금 이 사찰은 고구려가 아닌 발해 시기의 축조물로 일반에 알려져 있다고 한다. 그러나 사찰 터에서 발견된 기와의 모양과 무늬는 모두 살기성에서 발견된 유물과 동일한 것으로 전한다. 그래서 일각에서는 산성의 표지판 안내문처럼 액면 그대로 받아들이기 어렵다는 지적이 나오고 있다.

마을 남쪽에 웅크린 산성은 정오의 따가운 햇볕에 환영처럼 아물거리고 있었다. 산기슭에 웅기중기 엎드린 짚단들은 흡사 산성을 지키고 섰던 옛 보루를 방불케 했다. 살기성의 천년의 위용 역시 영영 만질 수 없는 허상으로 남은 게 아닐까.

돌이 없는 석축성, 석두하자石頭河子 고성

　난데없는 목장으로 둔갑한 그곳은 훈춘시 판석향板石鄉 태양촌의 반가구툰潘家溝屯이라고 불린 동네이다. 그러나 지금 동네이름은 현지에서도 무척 생소한 이름으로되어 있었다. 덕분에 우리는 엉뚱한 길에 들어가서 한동안 우왕좌왕 하기도 했다. 판석향 태양촌 5촌민소조에 이른 후 포장도로를 벗어나 왼쪽 갈림길에 꺾어들었다. 나중에 알아보니 이곳은 훈춘 시가지에서 불과 10km 정도 떨어져 있었다. 이때부터 누런 흙먼지가 풀풀 날리는 시골의 달구지길이였다. 발목을 적실까 말까하는 개울을 지나며 홀연히 부질없는 근심이 한줄기 흘러내렸다. 이 차가 과연 목적지까지 갈 수 있을지 우려되었던 것이다. 다행히 우리가 탑승한 택시는 자주 엉덩이를 들썩거렸지만 그래도 멈출 모양은 아니었다.

　“이보세요, 성곽이라는 게 저거 아닙니까?”

　기사가 귀띔하는 소리에 귀가 번쩍 뜨인다. 먼발치의 하곡평지에 웅크

리고 있는 기다란 둔덕이 반갑게 차창으로 뛰어들고 있었다. 가까이 다가
서면서 보니 이 둔덕에는 잡초가 무성했다. 둔덕 북쪽 길가에 세워진 표
지판에 '석두하자고성'이라는 글자가 쓰여져 있었다. 둔덕 자체가 성벽이
었던 것이다.

▲ 석두하자고성–동쪽에서 본 고성

우리는 차에서 내리기 바삐 높이 2m 정도 되는 둔덕 위에 냉큼 뛰어올
랐다. 밭을 울타리처럼 빙 둘러싼 둔덕이 한눈에 안겨들었다. 현지 학계
에서는 석축성이라고 주장하고 있었는데, 아무리 살펴보아도 온통 흙으
로 쌓아진 둔덕이다. 그럼 돌덩이들은 흙속에 묻혔을까, 아니면 고성은
원래 토석 혼축성이 아닌가? 기록이 잘못된 것인지, 아니면 세월의 풍운
속에 변모한 모습인지 당장 진위를 가리기 힘들었다.

▲ 석두하자 동쪽 성문터

▲ 석두하자 서쪽 성벽

그렇든 말든 성곽은 윤곽을 아주 똑똑하게 알렸다. 성곽은 거의 반듯한 네모모양이었으며, 성벽마다 한복판에는 성문 자리가 하나씩 있었다. 또 북쪽 성벽과 남쪽 성벽의 한쪽에 치우친 곳에는 일부러 파놓은 듯한 결구가 하나씩 있었지만, 위치나 모양을 봐서는 성문자리라고 하기 힘들었다. 이 고성은 주변의 산세를 따라 방향이 30도로 약간 기울어져 있는데, 동쪽 성벽의 길이가 123m, 서쪽 성벽의 길이가 134m, 북쪽 성벽의 길이가 288m, 남쪽 성벽의 길이가 287m인 등 둘레의 길이가 832m인 작은 규모의 성곽이다. 성곽의 네 모서리에는 모두 각루자리가 있었지만 치와 옹성, 해자 등의 시설의 흔적은 보이지 않았다.

성곽의 서남쪽 멀찌감치 실개울이 졸졸 소리 내며 흐르고 있었다. 조약돌이 유난히 많아서인지 석두하자라고 불리는 이 개울은 동쪽에서 서쪽 방향으로 흐르며 나중에 훈춘강으로 흘러든다. 만일 성곽의 주인이 성밖의 수비시설로 해자를 만들었다고 한다면 이 석두하자가 바로 천연적인 해자가 아닐까 하고 생각해봤다.

성곽 안팎은 모두 경작지였다. 성내에서 밭을 다루는 농부가 보여서 혹여나 하는 심정에 그에게 다가갔다. 송씨 성의 그 농부는 10년 전 여기의 빈터에 자리를 잡은 먼 타향의 이주민이었다. 그는 우리 일행이 곡식 그루터기만 덩그러니 남은 밭고랑을 누비고 다니는 게 사뭇 괴이쩍다는 눈치였다.

"뭘 그렇게 찾지요? 고성 옛터라고 하지만 문물 따위는 하나도 없지요"

애당초 문물 같은 데는 실오리 같은 희망도 품지 않았지만 송씨의 말에 공연히 실망만 더 늘어났다. 아닌 게 아니라 밭에는 기와조각조차 찾아보기 힘들었다. 옛날 이곳에는 돗자리무늬와 그물무늬, 끈 무늬의 기와조각이 발견되었다는데, 한나절이 지나도록 그런 무늬가 돋친 기와조각은 하나도 줍지 못했다. 대개 회색 기와나 붉은색의 기와였는데 간혹 천무늬가 있었으며 아무런 무늬가 없는 기와가 대부분이었다. 질그릇 조각도 한두 개 있었으나 역시 한줌에도 차지 않는 자잘한 조각들이었다. 그토록 많던 기와들은 대부분 해와 달과 더불어 편린으로 흙속에 사라진 것 같았다. 석두하자고성에서 발견된 기와조각들은 고구려 시기와 발해 시기의 특징이 아주 뚜렷하다. 이에 따라 고성은 고구려 때 축성되고 그 뒤 발해 때 계속 사용되었다는 견해가 지배적이다.

성내의 밭 가운데는 자그마한 언덕이 있었다. 언덕에는 돌로 쌓은 담의 흔적과 건물 흔적이 적지 않게 보였다. 안채와 뜰채, 담 등으로 구성된 건물 흔적은 어림잡아도 수십 평 크기로 짐작되었다. 건물 흔적의 동쪽에는 우물 자리가 하나 있었다. 현지의 노인들은 이 유적지가 근대의 어느 부자네 뜰이었다고 전한다. 혹여 이 자리가 천 년 전의 건물터인지도 모르지만 근대의 유물들은 옛 흔적을 불도저처럼 말끔히 밀어내고 있어 그 이상 판독이 불가능하였다.

더구나 현대판 '지주'들의 농사, 방목 등의 활동으로 성곽 내의 유적은 갈수록 흔적이 희미해지고 있었다. 송 씨는 성곽 내의 경작지를 연간 4,000위안의 임대비를 청부하고 밭에 콩을 심고 있었으며, 다른 한 이주민은 성곽 부근에서 양 300마리를 사육하고 있었다.

▲ 석두하자고성 중심부의 건물자리

"이전에는 기와조각들이 큰 게 많았어요. 토기조각도 꽤나 있었어요."

밭 저쪽에서 맹랑한 소리가 날아온다. 보아하니 우리 이 '불청객'들은 송씨에게 오랜만에 '말동무'를 만들어준 것 같았다. 송 씨에 따르면 몇해 전까지 지면에는 기와조각이나 토기조각이 적지 않게 널려 있었다고 한다. 소 발굽에 깨어지고 경운기 타이어에 부서져 오늘날의 꼴불견이 되었던 것이다.

어쩐담? 우리는 손에 든 기와 몇 조각을 그 자리에 놓아두어야 할지, 아니면 어디에 보관해야 할지 한순간 망설이게 되었다. 결국 밭 가장자리에 따로 놓아두기로 합의를 보았다.

426

성벽 위를 따라 고성을 한 바퀴 빙 돌아보는 데는 불과 10여 분 정도 밖에 걸리지 않았다. 하늘 위로 웬 새떼가 날아가면서 슬픈 울음소리를 떨어뜨리고 있었다. 그래서인지 흐릿한 하늘 아래 말없이 누워있는 고성 에는 한결 더 고독한 기운이 흐르는 듯하였다.

고성의 동쪽과 서쪽, 남쪽에는 험한 산발이 기복을 이루고 있었으며, 서북부는 개활지로서 훈춘평원과 이어져 있었다. 훈춘평원과 연해주의 보시트예만 사이에 놓인 험한 산발은 천연적인 성벽처럼 훈춘평원과 연 해주의 보시트예만 사이를 가로막고 있었다. 이 산줄기는 고구려의 책성 으로 비정되는 온특혁부성과 발해의 동경 용원부로 비정되는 팔련성에서 동남쪽으로 15km 되는 장령자長嶺子에 이르러 불시에 높이가 낮아지면서 산 어구를 형성한다. 지리적으로 볼 때 이 산 어구는 중국과 러시아의 분 수령이며, 훈춘평원과 연해주의 보시트예만을 연결하는 가장 편리한 요 로에 위치하고 있다. 청나라 말년, 유명한 국경답사 대신 오대징吳大澂은 러시아와 국경담판을 마친 후 이곳에 국경 표식의 구리기둥을 세웠다. 이 로써 장령자 산 어구는 세상에 이름을 날리게 되었던 것이다.

장령자는 바로 석두하자고성에서 동남쪽으로 2.5km 떨어져 있다. 지금 이곳에는 국경세관인 '장령자 세관'이 세워져 있어 장령자의 요충지 역할 이 그대로 피부에 와 닿는다. 그리고 보면 고구려와 발해는 벌써 천년을 앞서 성곽을 짓고 이 교통요로를 파수하고 있었던 것이다. 천년의 세월을 뛰어넘어 선인들의 혜안이 엿보이는 부분이었다.

발해는 나라가 존속한 200여 년 동안 일본에 사절을 무려 34차 파견했 으며, 일본은 발해에 사절을 13차 파견했다고 전한다. 이때 팔련성 – 석두하자고성 – 연해주의 보시트예만을 잇는 길은 발해와 일본의 사절이 오간 교통로였다. 석두하자고성은 고구려와 발해를 통틀어 중요한 역참인 동시에 교통로를 지키는 군사요새였던 것으로 보인다.

　그러나 분주한 동네의 소요騷擾는 어느덧 목장의 소 영각소리에 묻혀있었다. 부근 산기슭에 있는 주인 잃은 텅 빈집들은 흡사 사라진 역사의 단면을 보여주는 듯 했다. 산은 여전히 초목이 우거지고, 동해바다는 산 너머에 출렁이고 있었지만 석두하자고성은 더 이상 그 옛날의 역참도 아니고, 요새도 아니었다.

　표지판의 뒷면에 쓰인 안내문에서도 석두하자고성의 옛 모습을 그대로 읽을 수 없었다. 석두하자고성이 고구려가 아니라 그 후의 발해 시기에 축성된 것으로 적혀있었던 것이다. 어찌 보면 일본과 활발한 대외활동을 벌렸던 발해 시기의 석두하자고성이 사람들에게 더 깊숙이 각인되었을지도 모른다. 그렇다고 고성의 표지판에서 굳이 고구려의 이름을 지워버려야 했을까……

　강 건너 남쪽의 포장길로 트럭들이 경적을 울리며 지나고 있었다. 언제인가 그 길로 흙먼지를 뽀얗게 날렸을 사절들의 행렬은 어느덧 흘러간 천년의 세월에 아련한 추억으로 묻혀있었다. 돌이 보이지 않는 석축성, 인적이 드물어진 고성…… 석두하자고성은 그렇게 천년 세월의 어딘가에 원래의 모습을 모두 숨기고 있는 신비의 유적이었다.